적극적 상상과 치유의 글쓰기

한 성 우 지음

오늘의문학사

적극적 상상과 치유의 글쓰기

책머리에

　우리가 흔히 알고 있듯이 글은 사람의 사고와 감정을 표현하는 중요한 매개 수단이다. 그러나 언뜻 듣기에 이 말은 단지 효과적인 소통의 한 수단으로써의 글쓰기만을 얘기하고 있다는 느낌이 든다. 물론 표현 매체로써의 글이 이런 기능을 가지고 있고, 또 그것이 인간생활에 중요한 역할을 하고 있는 것이 사실이지만, 동서고금을 통해서 인류 역사 문화의 중심 축을 이루고 있는 글과 글쓰기가 평가절하되고 있다는 느낌을 지울 수 없다. 글은 단순히 우리의 사고와 감정을 표현하는 수단뿐만이 아니라 그 사고와 감정은 물론이지만, 인류의 문명과 역사를 창조, 발전시키는 원동력이기도 하다.

　그렇지만 지금과 같이 문명의 정보화가 지구적, 동시적으로 진행되면서 그 반작용으로 초래되는 인간 정신의 편린화와 인스턴트화는 글의 순수성과 전체성이나 창조성을 파괴하고, 글과 글쓰기를 단지 도구적 기능으로의 추락을 심화시키고 있다. 더욱 안타까운 것은 그러한 도구적 기능마저도 기본적인 어법과 언어적, 문화적 가치가 심각하게 왜곡·변형되고 있다는 사실이다. 우리들의 일그러진 마음과 정신이 그러한 일상어에 고스란히 반영되어 나타나고 있다. 그 대표적인 예가 인터넷상에서 발견할 수 있는 악성 댓글을 비롯한 갖가지 글들이다. 글과 글쓰기를 구원의 경지로까지 생각하며 글을 배우고, 또 글을 써온 필자에게 그것은 충격 그 자체다. 말과 글은 그 나라와 민족문화의 정수이고, 따라서 그것이 왜곡·변형되어 제 기능과 가치를 상실할 때 그 나라와 민족의 문화는 병들고 결국 소멸되게 될 것이다.

이런 측면에서 글과 글쓰기는 단지 표층적 소통의 기능뿐만 아니라, 심층적인 인간 정신과 문화의 창조적 원동력을 촉진, 발전시키는 일이라고 할 수 있다. 그러한 창조적 원동력은 글 자체에 있다기보다는 글을 쓰고 사용하는 인간 스스로에게 내재해 있다. 우선 글쓰기 주체로서의 사람의 마음과 정신이 바로 설 때, 우리의 펜 끝에서 나타나는 글은 자연히 그러한 사람의 마음과 정신, 더 나아가서는 인격 그 자체가 그렇게 될 수 있다. 오늘날 급격하게 변화되고 있는 언어적, 문화적인 환경 속에서 글과 글쓰기의 핵심적인 문제는 곧 인간의 마음과 정신의 본래성을 회복시키는 일이다. 그러한 글쓰기는 곧 치유의 글쓰기이다.

글쓰기에서의 치유 기능은 이미 고대 그리스의 의학과 시의 신이었던 아폴로로부터 시작되고 있다. 아리스토텔레스는 〈시학〉에서 감정을 치료하는 데 있어 '카타르시스'의 역할을 논했으며, 또한 통찰과 우주적 진리를 획득하는데 있어서 시의 가치를 언급했다. 그 이후 수많은 시인, 평론가, 심리학자들이 문학의 힘과 치료적 기능에 대해서 언급하고 또 실제적인 결과로 증명해 보이기도 했다. 성경 속에도 예수님의 치유 기적이 수없이 기록되어 있기도 하다. 이렇게 볼 때 근현대의 예술적이고 심미주의적인 글쓰기가 강조하는 문학사의 이면에는 분명히 문학-글쓰기의 치유 기능과 역할이 잠재되어 지금까지 이어져 오고 있다고 볼 수 있다. 그러한 실례들이 요즘 나타나고 있는 문학치료, 독서치료, 시치료, 저널치료, 더 나아가서 음악치료, 미술치료 등과 같은 말들이다.

이 말들은 모두 전통적인 순수 예술 중심 문학의 주변부로 밀려났던 문학 장르로, 그것이 비록 심리학, 정신의학, 사회학 등과의 긴밀한 관련 속에서일지라도, 이제 학계와 문단의 뚜렷한 한 현상으로 등장하고 있음을 볼 수 있다.

그런데 여기서 우리가 주목해야 할 점은 바로 이러한 현상들이 지금, 왜 우리나라에서 등장하고 있는가 하는 점이다. 앞에서 잠깐 언급한 것처럼, 그것은 글과 글쓰기가 처한, 아니 그 글과 글쓰기의 주체인 인간이 처한 시대·사회적인 위기 상황으로부터 비롯되고 있다. 어떤 정신과 의사가 현대인은 정도의 차이이지 모두가 정신 이상자라고 하는 말을 들은 적이 있다. 그만큼 현대사회는 인간 본래의 마음과 사고를 가지고 살 수 없는 변화무쌍하고 복잡한, 예측 불가한 시대와 사회 속에 살고 있기 때문이다. 특히 단기간의 압축성장으로 인한 기술발전과 물질적 풍요를 누리며 살고 있는 우리나라가 그 대표적인 예이다. 그러한 구체적인 예를 우리는 자고 나면 각종 미디어에서 쏟아져 나오고 있는 학교 폭력, 가정 폭력, 자살, 이혼, 성범죄 등의 비인간적이고 반문명적인 뉴스에서 확인할 수 있다.

이러한 때, 필자는 글을 쓰고 가르치는 한 사람으로서 글과 글쓰기의 또 다른 본래적 기능인 치유의 필요성을 절감하게 된다. 지금 우리에게 무엇보다도 중요한 것은 글의 주체인 사람의 마음과 정신을 바로 서게 하는 작업이다. 필자는 그러한 시대, 사회적 필요성을 인식하고 몇 년 전부터 시치료의 이론과 실제를 연구해왔으며, 그 연구의 일단을 2006년도에 『메디컬 문학』이라는 책으로 엮어내기도 했다.

그러나 시치료 분야는 문학과 심리학, 정신의학, 사회학 등의 통합적 학문으로 그러한 연구는 쉽지 않았으며, 많은 시간과 노력을 필요로 하는 학문 분야라는 것을 느꼈다. 현재 우리나라에서 문학(시)치료 분야는 이론적으로 괄목할 만한 성과를 거두고 있지만, 필자의 견해로는 보다 구체적이고 폭넓은 임상결과를 축적하는 일이 과제인 것 같다.

이론적, 임상적 연구와 실험에 여러 가지 시간적, 환경적 제약을 가지고 있는 필자는 그러한 과제를 일단 장기적인 과제로 남겨두고, 일상적인 실제적 글쓰기 작업을 통해서 글의 그러한 치유의 기능을 회복시켜보고자 했다. 그러한 글쓰기는 어떤 미학적 효과보다는 자아발견과 성장, 변화와 발전 등과 같은 자기-조력 혹은 자기-치유적인 글쓰기의 방법과 내용을 의미한다. C. G. Jung 자신도 음악, 미술, 춤, 조각 등 적극적 상상의 여러 가지 표현 매체가 있지만, 그 중에서도 글쓰기가 가장 중요하고 효과적인 방법이라고 말하고 있다. 따라서 작품의 수준이나 제재, 기법은 그렇게 꼼꼼히 따질 일이 아니다. 이 책에서 글쓰기에 대한 기초적인 이론이나 설명이 생략된 것은 그 때문이다. 이러한 맥락에서 남녀노소 누구든지 거부감을 갖지 않고 흥미롭게 글쓰기 작업에 임할 수 있도록 하기 위해서 일상생활 속의 친근한 상황이나 대상을 제재로 해서, 보다 쉽고 자연스럽게 작품 활동에 참여할 수 있도록 일정한 구조화된 패턴을 제시하고자 했다. 글쓰기 활동 과정은 이 책의 제 1부에서 설명하고 있는 '적극적 상상'을 통해서 더욱 활성화될 수 있으며, 그 구체적인 적용과 방법이 제 2부에 상세하게 제시되고 있다.

따라서, 본 텍스트 제 2부에서는 그룹 환경을 전제로 글쓰기 활동 방법을 제시하고 있지만, 글쓰기 연습 과제에서 제시되고 있는 '진행방법'과 '가이드'를 따르면 따로 인도자가 없이 얼마든지 혼자서도 작업이 가능하고 개인에 따라 좋은 결과를 얻을 수 있을 것이다.

다시 한번 말하지만, 이 책은 어떤 정신증상이나 질병들을 치료하는 심리치료나 의학서적이 아니고, 일상적인 평범한 글쓰기 환경에서 심리학적 이론을 원용한 자기치유 더 나아가서 자기 계발서라고 할 수 있다. 이상심리나 정신의 전문적인 치료의 필요성이 제기되기 이전에 자기 자신과 자신이 처한 환경을 자각하고 되돌아볼 수 있는 기회를 제공하는 데 일차적인 목적이 있다. 따라서 전환기적 인격 발달과정에 있는 청소년들에게 특히 유익한 책이 되리라고 생각한다.

2012. 6.
저자 한 성 우

목 차

책머리에 / 12

1부   적극적 상상(Active Imagination)

1. 문학 특성으로서의 想像 ······ 23

2. 적극적 상상의 개념 및 방법 ······ 27
   1) 적극적 상상의 기본 개념 ······ 29
   2) 적극적 상상과 개성화(Individuation) 과정 ······ 30
   3) 수동적, 적극적 상상 ······ 32
   4) 융의 무의식 체험과 적극적 상상 ······ 34
   5) 적극적 상상에 대한 융의 견해 ······ 39

3. 적극적 상상(Active Imagination)에 대한 4단계 접근법 ······ 59
   1) 1단계 : 초대(The Invitation) ······ 63
   2) 2단계 : 대화(The Dialogue) ······ 71
   3) 3단계 : 가치(T도 Values) ······ 82
   4) 4단계 : 의식(The Rituals) ······ 88

4. 적극적 상상의 활성화 방법 : 명상 ······ 93
   1) 명상연습 ······ 97
   2) 적극적인 그리고 수동적인 리듬 ······ 109
   3) 사고와 이미지의 분자들 ······ 115

목 차

2부　치유의 글쓰기(Therapeutic Writing)

1. 감정의 이미지화 ··· 123
   1) 감정의 은유적 표현 ·· 123
   2) 감정의 객관적 표현 ·· 128

2. 단어와 이미지 ·· 133
   1) 리스트 시 ·· 133
   2) 단어에 대한 이미지 ·· 140
   3) 레시피 시 ·· 144

3. 상상 기법과 상상적 대화 ·· 147
   1) 추측 시 ··· 147
   2) 초상화에 대한 질문 ·· 152
   3) 플래쉬백(Flashback) ·· 158
   4) 상상적 대화 ··· 163

4. 기억, 그리고 징검다리와 타임머신 ··· 167
   1) 과거에 관해 이야기 하기 ·· 167
   2) 기억 시 ··· 173

5. 기억의 현재화 ·· 177
   1) 처음 시간과 마지막 시간 ·· 177
   2) 지금 그리고 그 후의 시작품들 ·· 182

목 차

6. 무의식에의 접근 ·· 188
   1) 내적 그리고 외적인 시 ·· 188
   2) 내적 언어, 외적 언어 ·· 193
   3) 영상시 : 가서 문을 열어라 ··· 201

7. 관점 바꾸기 ·· 210
   1) 다각화(Cubing) ·· 210
   2) 인물묘사 ·· 214
   3) 나는 할 수 있다, 나는 할 수 없다 ································· 217
   4) 은유 시 ·· 222
   5) 동일한 단어에 대한 상반된 이미지 ································· 228

8. 변화와 성장 ·· 233
   1) 변화에 관한 시 ·· 233
   2) 나이에 관한 시 ·· 239

9. 자신의 여러 다른 모습 알아가기 ··· 243
   1) 우리 자신을 응시하기 ··· 243
   2) 좋아하는 것 ·· 248

목차

10. 관계의 치유 ··· 252
   1) 원인과 결과 논쟁 개발하기 ················· 252
   2) 가족들에 관한 시 ······························· 257
   3) 우편엽서 시 ······································· 266
   4) 인도자와 참여자의 일기 공유 ·············· 271

11. 이야기 치료 ·· 276
   1) 짧은 이야기 ······································ 276
   2) 독서일지 작성 ··································· 282
   3) 도입 문장 쓰기 ································· 287

12. 환경자각과 주의 집중 ··························· 290
   1) 지시문 작성 ······································ 290
   2) 묘사에 집중하기 위한 연습 ················ 295

참고서적 ··· 298
찾아보기 ··· 303

제1부

적극적 상상
Active Imagination

1. 문학특성으로서의 想像

　상상은 문학을 형성하는 구성요소의 하나로써 우리가 일반적으로 알고 있는 상상에 대한 개념은 바로 이러한 문학적인 개념이라고 할 수 있다. 우리나라의 문학 교육과정을 통해서 자연스럽게 그러한 문학의 한 특성으로써 상상의 개념을 알게 되고, 또 그 개념을 바탕으로 문학작품을 접하고 있다. 심리학적 개념인 적극적 상상에 대해 본격적으로 얘기하기에 앞서 그러한 문학 교육과 문학 활동 맥락에서의 상상에 대해서 알아보는 것이 적극적 상상의 올바른 이해에 도움이 될 것이다.
　문학에서의 '상상'의 요소는 이미지를 만들어 내고 이미지들을 결합시키는 심상형성기관(image-maker)으로 James(William James)는 "상상은 과거에 느꼈던 原物의 이미지를 재생하는 능력을 일컫는 명칭이다"라고 말하고 있다. Addison(Joseph Addison)은 "상상을 마음에 있어서의 특수한 경험"으로 파악했다. 제임스를 비롯한 많은 경험주의적인 미학자나 문학이론가들은 상상력을 마음과 체험의 관계로 파악하고, 그것을 풍부하게 하는 것은 기억이라고 말하고 있다. 상상은 기억 속의 구체적 이미지들이나 경험들을 현재의 지각으로 이끌어 내는 과정이다. 즉, 상상력이란 과거에 체험했던 사물의 이미지를 마음 속에 재생하는 능력을 말한다. 현대 프랑스의 유명한 비평가 Gaston Bachelard[1]의 말을 援用하면, 이때 작용하는 상상력을 형태적 상상력이라 하고, 이것에 의해 파악되는 대상, 즉 물체가 형태적 이미지이다. 이에 대해 좀 더 자세히 설명하자면, 어떤 물체에

---

1) 곽광수, 「바슐라르와 상상력의 美學」. 유근조 편저, 『한국현대시 특강』, 집문당, 1992. 3. pp.234~274 참조.

대한 상상적인 묘사에서 우리는 물체로서의 대상에 대한 상상력의 가장 뚜렷한 외곽선으로써 비타협적으로 다른 대상들과 경계를 짓고 나타나며 결코 그 외곽을 이지러뜨리지 않을 모습으로 파악하고, 또 위 사실의 결과로 상상력은 대상의 저항을 느껴 그것을 있는 그대로 내버려 두고 만다. 이리하여 상상력은 대상의 표면에만 머물다가 다른 대상으로 떠나가 버리고 마는 것이다. 전통적인 경험론에서는 표면적이기 때문에 가장 쉽사리 이해할 수 있는 이와 같은 형태적 이미지만을 상상력의 대상의 전부로 생각하여 결국 상상력을, 외계의 있는 그대로 기억하는 기능으로 생각했던 것이다. 콜리지의 말에 의하면 이러한 固定物과 限定物 밖에서 작용하지 못하고 시간과 공간에 구속되어 있는 것을 空想이라고 부르고 있다. 공상(fancy)은 외계로부터 지각되는 殘影만 있을 뿐 대상과 주체의 상호작용에 의한 초월과 통합의 기능을 가지지 못한다. 따라서 형태적 상상력으로는 어떤 주체가 대상의 본질에 접근할 수 없다.

그러나 이미지가 우리의 상상력 속에서 어떤 물체가 아니라 물질로서 나타난다면, 대상에 대한 상상력의 반응은 형태적 상상력의 경우와 좋은 대조를 이룬다. 우리의 상상 속에서 그 물질이 가지고 있는 무게와 부피의 구체적인 덩어리로 나타나기 때문에 대상을 우리와 직접적으로 교류할 수 있는 것처럼, 그리고 스스로 변화하는 가능성을 가진 것으로 파악하며, 따라서 상상력은 형태적 상상력의 경우에 있어서 처럼 대상과의 단절을 느끼지 않고 대상의 변화를 예기하게 된다. 이의 결과로 상상력은 차단되어 있지 않은 대상의 내부로 들어가 그의 표면적인 변화에 무관한 실체를 파악할 것처럼 느껴 그 실체를 막연히 상상하는 것이다. 바슐라르에 의하면 이때의 상상력과 이미지가 물질적 상상력, 물질적 이미지이다. 대상의 형태가 아니라 실체를 파악하고 그것과 공존하는 것처럼 느끼는 이 물질적 상상력은 그러므로, 한 대상의 표면에서 어쩔 수 없이 다른 대상의 표면으로 끊임없이 옮아가는 형태적 상상력과는 달리, 한 대상과의 관계에 있어서 그것을 쉽사리 놓치지 않는다. 이는 상상력 속에 나타나는 물체의 표면성과 내면성을 보여주는 것으로, 물질적 상상력의 토대인 자연은 우리 눈앞에 그의 형태로 나타나는 것이 아니라, 그 형태의 저변에서 그것이 가지고 있는 더 본질적인 것, 그 형태를 결정하는 그의 물질로서 나타나는 것이다. 이것은 형태의 심리적 표상작용 즉, 기억과 본질적으로 구별되는 상상력으로 우리 내부에 본래부터 있는 존재생성의 힘이다.

바슐라르는 이상으로 본 상상력의 물질론에 하나의 체계를 주려고 했는데, 바로 4元素論이 그것이다. 그에 의하면 물질적 상상력은 불, 물, 공기, 땅의 네 물질에 대한 그것의 민감도에 따라 네 가지 기본 유형으로 나눌 수 있다. 그리하여 우리 각자의 물질적 상상력은 이 네 가지 유형 가운데 어느 하나에 속한다. 예컨대, A의 상상력은 특히 불에 관한 이미지들을 자주, 많이 그린다든가 B의 상상력은 물에 관한 이미지들에 대해 그렇다든가 하는 따위이다. 물론 바슐라르는 이 4원소론의 힌트를 고대 철학자들의 생각에서 얻어 온 것이지만, 고대 철학 자체가, 인류 전체에 적용될 수 있는 원시적이며 인류학적인 상상형태를 보여주는 물질적 상상력에 침윤되어 있음을 생각하면, 이 생각의 차용은 오히려 바슐라르의 주장을 올바른 것으로 중명하는데 도움이 되는 사실이다.

이후 바슐라르의 물질적 상상력은 계속해서 力動的 상상력, 原型的 상상력 등으로 확대 발전되게 된다. 역동적 상상력은 〈상상력의 자주성〉으로 인해 우리의 객관적인 외계, 과거의 지배를 받지 않으며, 그 자신 이외의 다른 어떤 것에 의해서도 결정되지 않는 〈인간 최초의 정신 기능〉, 〈인간의 정신활동 가운데 개방적인 경험, 새로

움의 경험 그 자체〉로 간주된다. 그 미래지향적 기능 때문에 〈정신적 動性의 한 유형, 가장 크고 가장 활발하고 가장 생동하는 정신적 동성의 유형〉으로, 〈전 영혼을 움직이게 하는… 총체적 성격〉을 가지게 하고, 〈이성보다 더〉 〈인간 영혼의 통일적인 힘〉이 되게 한다. 이리하여 일체를 지배하고 〈이미지의 저편(피안)〉으로서 나타나는 〈절대적 상상력〉, 〈비현실의 기능〉이라는 자격으로 〈선험적 환상학〉의 토대를 주는 절대적 상상력이 정립되는 것이다. 그리고 4원소에 관한 이미지들을 연구해 가는 가운데, 시공을 초월하여 끊임없이 여러 상이한 작가들에게 되풀이해 나타나는 이미지들이 있음을 발견한 바슐라르는 이 이미지들이 바로 원형이라고 했다. 그것은 작가의 상상력의 자주적 활동의 결과로 비롯된 것들로, 〈기본적 이미지〉 혹은 〈원초적 이미지〉로 불리고 있다. 이 이미지들은 상상력의 보편적인 가치 판단의 기준을 갖추고 있다.

 지금까지 개략적으로 살펴본 '상상'의 문학적 개념에서 우리는 전통적인 경험주의적 문학이론가들의 피상적, 수동적, 구속적인 형태학적 상상력으로부터, 콜리지를 거쳐 테마비평의 비조인 바슐라르에 이르러 상상력은 물질적, 능동적, 초월적인 작가와 독자의 정신활동으로 변화 발전하게 되는 것을 볼 수 있다. 바슐라르의 이론은 물론 문학이론이었지만, 그 구체적인 내용이나 방법, 지향점에서 융의 분석심리학의 무의식이나 상상력 이론과 일치하는 점이 많다. 예컨대, 바슐라르의 원형은 융의 그것을 상기시키고 있다. 사실 원형이라는 용어는 융한테 빌려온 것이고, 바슐라르의 상상력의 궁극성은 그것을 융의 무의식에 접근시킨다. 바슐라르 자신의 말에 의하면 그가 융의 저서를 접하게 된 것은 이미 그의 상상력 이론이 정립된 후의 일이었다고 하나, 어쨌든 우리는 인간의 정신 작용의 궁극성에 대한 생각에 있어서 그의 견해가 융의 그것과 같다는 사실을 금방 알아볼 수 있으며, 또 바슐라르 자신 융을 발견한 뒤에는 프로이드의 고전적 정신분석에 반대하여 융의 큰 지지자로 머물러 있었다.

우리는 융에 있어서 무의식의 개념이 프로이드의 그것보다는 훨씬 폭넓은 것임을 알고 있다. 무의식의 내용은 의식의 내용이 억압됨으로써 이루어진다는 프로이드의 생각을 융은 전적으로 부정하지는 않지만, 그러나 융에게 있어서 무의식의 내용은 단순히 억압된 의식의 내용만으로 이루어지는 게 아니다. 융에 있어서 억압된 의식의 내용은 무의식의 표층을 채우고 있는 것이며, 그보다 더 들어간 심층에는 무의식 자체의 적극적인 내용이 있다. 융의 경우, 이 무의식 자체의 적극적인 내용이 원형인데, 이것은 만인에게 공통되는 것으로 선험적이며 초월적으로 인간에 내재한다. 원형은 그의 초월적인 가치로써 인간의 정신활동을 그 근본에 있어서 지배하며 그리하여 인간의 정신활동의 궁극성으로 나타난다.

바슐라르 상상력이 절대적으로 인간의 정신 작용 위에 군림하는 것이라면, 그것의 궁극성인 바슐라르의 원형은 바로 융의 그것을 가리키며, 사실 양자가 찾아낸 원형은 거의 같다. 그러니까 문학적 측면에서의 상상은 바슐라르로부터 융으로, 분석심리학적 측면에서의 상상은 융으로부터 바슐라르로 수렴되고 있으며, 이 지점은 곧 문학과 심리학이 이론적, 경험적으로 만나는 곳이기도 하다.

2. 적극적 상상의 개념 및 방법

앞에서 살펴본 바슐라르의 문학이론으로써의 상상력을 본격적으로 융의 분석심리학의 측면에서 고찰하게 될 때 '적극적 상상'의 개념은 좀 더 명확해 진다. 왜냐하면 융의 '적극적 상상'은 우리가 지금까지 살펴본 것처럼 바슐라르 상상력의 심리학적 변용이라고도 할 수 있기 때문이다. 바슐라르가 지적한 형태적 상상력이나 형태적 이미지가 자의식의 결과라면, 그것에 대한 대안으로 주장하고 있는 물질적, 역동적, 원형적 상상력은 표면적인 의식의 심층에 있는 거대한 무의식에 닿아 있기 때문이다. 흔히 의식이 수면 위에 떠있는 작은 콜크 마개라면 무의식은 수면 아래 감춰져 있는 타이타닉호를 침몰시킬 수 있는 거대한 빙산으로 묘사되고 있다. 그 묘사처럼이나 무의식은 의식 못지 않게 인간의 정신생활 더 나아가서는 인간의 삶 자체에 필수적이고 중요한 존재다. 그러한 사실은 이미 무의식을 처음 발견한 프로이드나, 그것을 집단 무의식 이론으로 발전시킨 융의 분석심리학 이론에서 확인 할 수 있다. 건강한 인격의 조화와 균형을 유지하거나 혹은 좀 더 창조적인 삶을 살기 위해서는 무의식의 계발과 활용이 중요하다. 정신과 의사이기도 했던 프로이드나 융은 정신증상의 치료에 그것을 직접 이용해서 당시에 놀랄만한 치료결과를 얻기도 했다. 그 후로 무의식 이론은 정신치료나 심리치료 분야에서 매우 중요한 이론과 방법으로 연구, 적용되고 있다.

 우리가 지금 살펴보고자 하는 '적극적 상상'도 그러한 심리치료 방법의 하나로 융 자신의 직접적인 체험의 결과를 바탕으로 확립된 이론으로, 오늘날 문학치료, 음악치료, 미술치료 등을 비롯한 각종 예술치료뿐만 아니라 여러 가지 창조적 삶을 위한 상상력의 중요한 이론으로 자리잡고 있다. 융은 프로이드와는 대조적으로 상상력을 통해 인간의 총체적인 정신세계를 규명하는 것에 평생 동안 관심을 기울였고, 치료장면에서도 이를 전제로 환자들을 치료하였다. 그 결과 프로이드가 미처 설명하지 못한 인간의 무의식 내용을, 융은 상상현상의 연구를 통하여 더욱더 심층적으로 설명하였다. 융은 자신의 치료기법을 '적극적 상상'으로 명명하기 이전에는 곧 초월기능, 그림 기법, 적극적 환상법, 상상내용 시각화 하기, 하강 기술, 자기 관찰 등이란 이름으로 소개하였다(Chodorow, 1997).

1) 적극적 상상의 기본 개념

적극적 상상법은 상상을 통하여 개인이 추구해야 하는 이상적 자아실현 획득에 가치와 비중을 두는 치료기법이라 할 수 있다. 이 방법은 참여자의 신경증, 성격장애, 심리적·정신적 문제 등을 자연 그대로의 심층적 수준에서 참여자가 스스로 자아실현의 마음 체험방법을 통하여 해결하도록 인도하기 때문에 상담자의 역할이 결정적으로 중요하지는 않다. 적극적 상상법은 곧 인간의 모든 심리적·정신적 문제 및 마음 문제점들이 자연 정신에 입각하여 이해되고 극복되고 해결되는 것이 올바른 치유방법이라는 관점 위에 있다. 적극적 상상에서 의미하는 치료란 곧 각 개인이 진정한 인생의 인도자인 자연을 접촉하고 만나는 경험과, 이를 통하여 각자 자기 인생의 본질적인 의미를 자연적 흐름의 정신에서 발견하는 체험을 말한다. 적극적 상상에 의하면, 인생이란 본질적으로 개인이 외적 환경 및 현실세계를 자신의 마음으로 그린 형상적 모습의 반복되는 경험에 불과하기 때문에, 인간은 자신의 고유한 마음 세계를 반영하는 심상을 통하여 이들을 자각하고 깨달아야 비로소 자신의 진정한 인생을 찾게 되고 나아가 이를 토대로 자아실현을 체험하게 된다는 것이다. 다시 말해 인간이 갖는 '심리적·정신적 문제'란 곧 한 개인이 고유한 개체로서 자신의 독립적인 개성화 과정을 제대로 밟지 못해서 발생하는 것이고, 이에 개인이 개성화 과정을 경험해야 진정한 치유가 이루어진다는 것이다. 그러므로 융이 이해한 치유는 곧 각 개인이 터득한 자신의 고유한 개성화 과정과 실제의 삶에서 이상적인 자아실현의 구체적인 체험 그 자체인 것이다. 이 과정을 실제로 가능하도록 인도하는 방법이 곧 적극적 상상이다.

  융은 꿈, 환상, 집단 무의식, 만다라 像 등의 연구를 통해 적극적 상상에 관한 연구를 깊이 있게 하였다. 융이 이해한 적극적 상상은 궁극적으로 외부 환경적 조건들에 대한 인간의 단순한 심리적 반응으로 발생되는 현상이 아니라, 각 개인의 깊은 수준의 마음으로부터 직접 야기되어 나오는 현상이다. 적극적 상상은 각 개인의 마음, 심리적 활동 등에 의하여 나타난 현상이며, 무의식 세계에서 나오는 역동 에너지 체험을 전제한다(Strobel, 1983). 적극적 상상이 체험될 때는 그 의미나 내용이 은유적이고 상징적으로 나타나는데, 그 이유는 이 현상이 체험자의 깊은 마음세계 즉, 무의식 속에 있는 내용물의 간접적인 표현이기 때문이다. 따라서 적극적 상상의 가장 기본적인 목표는 무의식에의 접근이다.

2) 적극적 상상과 개성화(Individuation) 과정

  '개성화'는 융이 미분화 상태로 태어날 수밖에 없었던 인간존재가, 일생을 통해서 완전한 자기인 상태 혹은 자기실현에의 목표에 도달하기 위해 노력하는 것을 언급하기 위해서 사용했던 용어이다. 또 개성화는 우리의 의식적인 성격들이 전의식 수준에 있는 우리 각자 속의 타고난 모든 기본적인 요소들을 의식화 할 때까지 발달하도록 하는, 우리의 전체적인 자기에 대한 깨어 있음이다. 즉, 모든 인격의 궁극적인 목표는 자기임(self hood)과 자기실현의 상태를 달성하는 것이다. 이러한 자기의 상태에 도달하기 위해서 인격이 개성화를 통해 충분히 발달되어 있어야 한다.

  왜 이것이 "개성화"라고 불러져야만 하는가? 이것은 자아실현과 더욱 완전한 자기의 상태에 이르는 과정은 또한 사람의 특별한, 개인적인 구조를 드러내기 때문이다. 그것은 보편적인 인간 특징과 가능성들이 그 외의 누구와도 다른 방식으로 각 개인 속에 어떻게 결합되어 있는가를 보여준다.

융은 각 사람의 심리학적 구조의 특수성을 강조했다. 따라서 그가 이 과정에 부여했던 명칭은 우연이 아니었다. 즉, 그것은 사람이 무의식에 더 대면하고 그것의 내용과 의식적인 마음속에 있는 것 사이에 통합을 이룰수록, 사람은 자신의 독특한 의미를 개별적으로 이끌어낸다는 확신을 반영하고 있다.

그렇지만 또한 개성화는 보편적 인류로부터 격리되는 것을 의미하지 않는다. 일단 우리가 개인으로서의 정체성을 더욱 느끼고 또 우리 스스로 내면에서 더욱 완전함을 느낀다면, 우리가 인간 종족 속에 우리를 함께 결합하는 가치, 관심, 그리고 본질적인 인간의 보편적 특징들을 모색하는 것은 또한 당연하다. 만일 우리가 면밀하게 살펴본다면, 우리는 우리의 개별성이 우리가 보편적인 심리학적인 패턴들과 모든 인간 존재들이 공통적으로 가지고 있는 에너지 체계를 결합하는 특별한 방식에 있다는 것을 발견한다. 융은 이들 유형들을 '원형'이라고 불렀다.

원형들은 보편적이기 때문에, 그들은 모두 각 사람의 무의식 속에 나타나는 모든 것들을 의미한다. 그러나 그들은 개인적인 인간의 정신을 창조하기 위해서 무한한 변이형들을 결합한다. 우리는 이 모든 것들을 물리적인 인간의 몸에 비교할 수도 있는데, 몇 가지 방법들에서 우리의 몸들은 모든 다른 인간 존재들의 그것들과 비슷하다. 우리는 모두 한 가지 형태나 또 다른 형태로 팔, 다리, 심장, 간, 그리고 살갗을 가지고 있다. 그들은 인종의 보편적인 특징들이다. 그러나 만일 내가 나의 지문들이나 내 머리카락들을 다른 사람들의 그것들과 비교한다면, 나는 어떤 두 인간의 몸들이 정확하게 같지 않다는 것을 발견할 수 있다.

똑같은 방법으로 인간에게서 보편적인 심리학적 에너지들과 능력들은 우리들 각자 속에서 다르게 결합되어 있다. 각 사람은 구별된 심리학적 구조를 가지고 있다. 사람이 그것이 개인적이 되게 의미하는 것을 발견하는 것은 오직 그러한 생리적인 구조를 사는 것에 의해서이다.

우리가 개성화 작업을 한다면, 우리는 우리 자신의 자기로부터의 가치와 생각과 우리가 우리 주위의 세계로부터 흡수하는 사회적인 의견 사이에서 차이를 발견하기 시작한다. 우리는 단순히 사회나 인맥의 부속품이기를 중지할 수 있다. 우리는 우리의 선천적인 성격으로부터 자연적으로 발달된 우리 자신의 가치, 우리 자신의 삶의 방식을 가지고 있다는 것을 알게 된다.

커다란 정체성은 이러한 개성화의 과정으로부터 발달된다. 사람은 그 밖의 어떤 사람 같이 되기 위해서 투쟁할 필요가 없다는 것을 이해하기 시작한다. 왜냐하면 자기 스스로의 자기를 살아 감으로써, 사람은 확실한 기초 위에 설 수 있기 때문이다.

3) 수동적, 적극적 상상

분석 심리학(1912)에서 융은 먼저 상상 방법을 적극적 상상과 수동적 상상으로 구분하여 연구하였다. 적극적 상상은 체험자가 자기 마음을 보다 적극적이고 능동적인 입장과 태도로 상상체험을 하는 것이고, 수동적 상상은 체험자가 스스로 의도하지 않았음에도 불구하고, 자연히 그리고 은연중에 체험되는 상상을 말한다. 수동적 상상은 체험자가 스스로 노력하고 애를 써서 체험하는 상상이 아니라, 어떤 외부 자극을 받게 되면 자연히 체험되는 상상을 말한다. 일반적으로 우리는 상상 내용의 대부분을 스스로 해석하거나 자각할 수 없다. 수동적 심상은 마치 영화 스크린 장면과 같이 체험될 수 있으며, 청각적 소리로도 체험될 수 있고, 집중력이 매우 떨어진 상태에서도 체험될 수 있다. 수동적 상상은 어느 정도의 심층적 마음 세계의 내용이 수반된 상상으로 프로이드의 자유연상이나 꿈, 백일몽 등이 대표적인 예이다.

이러한 수동적 상상과는 달리, 적극적 상상은 무의식에 내맡겨진 환영이나 망상이 아니라 의식과 무의식이 상호보완적으로 체험자 자신이 자기 마음을 보다 적극적인 입장과 태도로 체험해서 스스로 자아발견을 하도록 깨우쳐 주는 상상방법이다. 융의 '적극적 상상(Active Imagination)'은, 한 마디로 상상 과정에서 무의식에 내재된 기억이나 자아 콤플렉스의 내용을 구체적인 이미지나 경험을 통해서 그와 관련된 像을 의식의 수면위로 떠오르게 하는 과정을 의미한다.

융에 의하면, 우리는 오직 적극적 상상을 통해 무의식에 집중할 수 있고, 무의식 세계나 깊은 마음의 내용물을 의식화할 수 있으며, 각 개인의 정신활동에 많은 변화를 일으키게 할 수 있다. 그러나 수동적 환상에서는 무의식체험이나 긍정적인 정신활동의 변화는 거의 일어나지 않는데, 그 이유는 수동적 환상에서는 적극적인 마음으로 상상에 개입하지 않기 때문이다. 다만, 무의미, 무감각, 답답함, 힘듦 등에 사로잡힐 뿐이다.

이러한 적극적 상상 방법을 통해서 우리는 삶 속에서 자신의 무의식 세계를 체험하여 이를 직면하고 수용하는 개성화 과정을 확립할 수 있다. 여기에서 융의 무의식은 프로이드의 억압적, 병리학적인 무의식이 아니라, 무의식이 그 자체로 의식의 결함을 보완하는 자율적인 질서와 기능을 가지고 있는 것으로 파악된다. 그는 인간의 무의식을 개인 무의식과 집단 무의식으로 구분하고 있으며, 개인 무의식이 개인의 과거 경험의 요인들로부터 발생된다면, 집단 무의식은 태어나기 이전부터 선조들의 정신세계의 요인들로부터 계통발생적으로 이어받아 형성된 무의식 세계라고 말한다. 융에 의하면, 인간은 삶에서 자신의 무의식 세계를 체험하는 것과 이를 직면하고 수용하는 것에 매우 높은 가치를 두어야 한다. 그 이유는 우리가 자신의 무의식 세계를 체험하면, 이는 곧 심오하고 이상적인 자신의 정신활동 확장을 의미하기 때문이다. 이와 같은 방식으로 살아가는 삶이 곧 인간으로서의 가장 올바른 삶이라는 것이 융의 관점이다.

C. G. Jung의 심리분석 방법은 궁극적으로 상상력의 자연적 치유 기능에 기초를 두고 있으며, 그리고 그것을 분명하게 표현할 수 있는 많은 방법들이 있다. 모래놀이는 물론, 모든 창조적인 예술심리치료(예술, 춤, 음악, 드라마, 시)는 그들의 뿌리가 융의 초기 작업에 닿아 있다고 할 수 있다. 이제 융의 그러한 모습을 그의 전기적 사실과 그의 논문을 중심으로 해서 좀더 구체적으로 살펴보자.

4) 융의 무의식 체험과 적극적 상상[2]

Jung은 1913~1916년 사이에 적극적 상상 이론을 발견했다. 1912~13년 사이에 그의 스승이었던 프로이드와 결별한 후, 그는 한동안 방황하면서 강력한 내면적인 혼돈의 시간을 경험했다. 이 기간에 대학교수이자 의사였던 그는, 업무는 어느 정도 수행할 수 있었으나 거의 3년 동안 전공 서적을 읽을 수 없었고, 따라서 저작활동도 부진했다. 그는 무기력과 공포감으로 고통을 겪었다. 그의 정서 상태는 그를 압

---

[2] Joan Chodorow, 『Jung on Active Imagination』, Princeton University Press. 1977. p.p.1~3 참조.

도할 정도로 위태로웠고, 어떻든 그는 그의 삶을 위해서 내면으로부터 자신을 치료할 방법을 스스로 찾아야만 했다. 그렇지만 그는 처음에 무엇을 어떻게 해야 할 지를 몰랐지만, 무의식의 충동과 이미지의 연구작업에 전념하기로 결심했다.

    1925년 세미나와 그리고 그의 회고록에서, 융은 자기―치료로 인도되는 그의 실험에 관해 유명한 이야기를 한다. 그것은 모두 어린 시절의 상징적인 놀이에 대한 그의 재발견으로 시작한 것이었다. 위기에 처한 중년 남자로서, 융은 창조적인 정신과의 접촉을 상실하고 있었다. 집 짓기 게임에 심취해 있었던, 10~11살 소년 시절에 대한 기억이 떠올랐다. 그 기억은 넘쳐나는 감정으로 가득 찾고, 그는 그 어린이가 살아있는 것을 느꼈다. 이제 그의 과제는 분명해 졌다. 그는 자신의 내면에 있는 이 생생한 정신과 계속적인 관계를 발달시켜야만 했다. 그러나 그가 어떻게 그 시간적 거리를 뛰어넘을 수 있었던 것일까? 그는 그의 상상 속에서 그 시간 속으로 되돌아 가서 그에게 다가오는 환상들을 재현할 것을 결심했다. 그래서 그는, 그가 소년 시절에 했던 것과 아주 똑같이 그렇게 놀이를 시작했다. 상징적인 놀이의 과정은 그를, 불가분 그의 가장 깊은 곳에 있는 콤플렉스의 하나로 인도해 갔다. 그리고 그는 그의 어린 시절로부터 무서운 꿈을 기억해 냈다. 이 놀라운 순간은 집 짓기 놀이의 한 과정에서 나타났다. 그가 교회 미니어처 내부에 조그만 제단-돌을 놓았던 것 같이, 그는 제단에 관한 어린 시절의 악몽을 기억해 냈다. 그러한 연결은 그에게 깊은 인상을 주었다. 우리는 그의 회고록으로부터 아주 어린 아이로서, 그가 주 예수를 죽음과 연상시키게 되었을 때 그의 종교적인 태도가 산산이 부서졌다는 것을 알고 있다. 그때 그는 그의 기도로부터 느끼곤 했던 행복감 대신, 불쾌감과 불편함을 느끼기 시작했다. 오직 빛, 밝음, 사랑하는 하나님에 대해서 얘기했던 성인들에 둘러싸여, 어느 누구에게도 그의 여러 가지 생각에 관해서 얘기할 수 없었다(1961, pp. 9~14). 그가 종교적인 태도로 정신에 접근하는 방법을 발달시켰을 때, 그는 그가 상실했던 것을 재창조하면서 그의 모든 삶을 살 수 있었다. 그의 초기 악몽은 문제를 표현하며 또한 해결을 암시했다. 무섭고, 오랜 동안 묻혀 있던 꿈을 회복하는 것과 함께 그는 그것에 대해 더욱 성숙한 이해를 하게 되었다. 적극적 상상을 통해서 무의식 속에 묻혀 있던 악몽의 원인을 찾아 내어 해소시켰을 때 드디어 그의 상실되었던 에너지는 돌아오기 시작했다. 그리고 그의 생각은 분명해 졌다. 그는 지금 내면에서 움직이는 더 많은 환상들을 느낄 수 있었다. 그가 그의 집 짓기 놀이를 계속할 때 끝없는 환상의 흐름이 이어졌다.

대략 같은 시기에, 그는 그의 환상들에 집중하기 위해서 특별한 명상 절차, 여러 가지 '참여의식'을 실험하기 시작했다. 예를 들어서, 그가 깊은 곳(무의식)으로 '내려' 가기 위해서 의식적인 결정을 했을 때, 그는 어느 날 그의 두려움에 관해 생각하면서 책상 앞에 앉아 있었다. 그가 그런 위태로운 상황에서 무사히 빠져 나와 내면의 그림들이 길게 펼쳐진 장면의 첫 번째 그림을 만났던 곳에서, 이상한 내면의 풍경을 탐구하기 시작했다. 이들 환상들은 그의 두려움과 또 다른 강력한 감정들을 상징화시키는 듯이 보였다. 반복해서 그는, 그가 가까스로 그의 감정을 이미지로 번역했을 때, 그는 마음 속으로 차분해지고 다시 자신을 갖게 되는 것을 느꼈다. 그는 그의 과제가 감정 속에 감춰진 이미지를 발견하는 것이었다는 것을 알게 되었다. 그는 자발적으로 그의 환상 속으로 들어가기 위한 다른 길들을 찾는 노력을 하면서 그의 실험들을 계속했다. 때때로 그는 가파른 내리받이 아래로 기어 내리는 것을 상상했다. 다른 때는 한 번에 한 삽 가득 흙을 퍼내며 구멍을 파는 것을 상상했다. 각각의 내리받이와 함께 그는 풍경을 탐구하고, 내면의 모습들을 더 잘 알게 되었다. 그는 그의 경험에 상징적인 형태를 부여하기 위해서 다수의 표현 기술(주로 글쓰기, 그림, 드로잉)을 사용했다. 여기서 상징적 표현과 무의식적 융합이나 일치 상태 사이를 구별하는 것이 중요하다. 이 말은 곧 적극적 상상은 의식과 무의식의 병행작용 과정임을 의미한다. 융에게 적극적 상상의 커다란 장점은 '무의식적인 내용으로부터 우리 자신을 구별하는 것'이다(1928b, par. 373). 그가 무의식에 개방되고, 일어나는 환상에 몰입할 때 조차도, 그는 의식적 관점인 자기—사고를 유지하기 위해서 모든 노력을 했다. 이것을 또 다른 방식으로 말하면, 그는 그의 신비성을 상상의 내적 세계를 향해서 돌렸다. 그의 과학적 관심은 그를 민감하고 주의 집중하도록 했다. 그 과정은 그에게 새로운 방향을 주는 통찰은 물론 에너지의 거대한 해방으로 인도했다.

융은 무의식과 의식의 양극간의 대립 속에 의식이 강화되고 그것이 사고능력뿐만 아니라 감각과정도 높여준다고 보았다. 이러한 통찰은 집중적이며 의식적으로 관여하고 있는 영역의 무의식적 수준에서 생겨난다. Rollo May도 창조적 활동에 대한 의식의 개입에 대해 "창조성에는 의식적인 만남을 위한 개인의 자발적인 노력과 의지가 동반되며 창조활동이라고 하는 것도 강도의 차이가 있을 뿐 결국은 의식적인 수준에서 진행된다."고 덧붙인다. 다음 글은 실제로 융 자신이 적극적 상상의 과정에서 스스로가 지나친 격정으로 휩싸이는 것을 어떻게 경계했는지를 잘 보여주고 있다.

> 나는 자주 너무나 흥분되어 내 감정을 요가로 정지시켜야 했다. 그러나 나의 목표는 내 속에서 무엇이 일어나고 있는지를 경험하는 것이었기 때문에 요가를 그저 내가 안정되어 무의식과의 작업을 다시 착수할 수 있게 될 때까지만 하였

다. 다시 내 자신으로 돌아왔다는 느낌을 갖게 되기가 바쁘게 나는 의식적인 조절을 풀고 무의식의 像과 안에서 나오는 소리로 하여금 다시 새롭게 말하도록 하였다.

실제로 융의 적극적 상상의 과정에서 무의식의 의식화를 결정하는 것은 자아(ego)의 태도이다. 자아는 의식의 구심점 역할을 하는데, 의식적 자아가 무의식적 이미지들을 받아들이느냐 그렇지 않느냐에 그것에 대한 이해와 분석이 비로소 시작될 수 있다. 그러므로 융이 말한 의식이 관여하고 있는 무의식적 수준이란 곧 무의식에 대한 자아의 적극적인 개입을 뜻한다. 다른 말로 하자면 이것은 개인이 완전한 무의식적 수준에 머무르는 것이 아니라 의식과 무의식의 중간차원에 있다는 의미를 함축하고 있다.

환상체험은 궁극적으로 그의 인생을 재 형태화 했다. 그가 내부 이미지에 열중했던 시기로부터 벗어 났을 때(1919년 경), 그는 프로이드 학파로부터 독립해서 자신의 심리학파를 주도하게 된다.

융의 분석 심리학의 많은 기본 개념은 그의 적극적 상상 체험으로부터 왔다. 예를 들어서, 그림자(Shadow)[3], 아니마(Anima)와 아니무스(Animus)[4], 페르소나(Persona)[5], 자아(the Ego)[6] 그리고 자기(the

---

[3] 그림자 : 당사자 자신의 性을 대표하고 同性인 사람과의 관계에 영향을 미치는 원형으로, 다른 어떤 원형보다도 인간의 기본적인 동물적 본성을 많이 포함하고 있다. 모든 원형 중에서 아마도 가장 강력하고 잠재적으로 가장 위험하다.
[4] 아니마와 아니무스 : 융은 페르소나를 정신의 '외면'이라고 부르고, 정신의 '내면'에 대해 남자의 경우에는 '아니마', 여자의 경우에는 '아니무스'라고 불렀다. 아니마의 원형은 남성 정신의 여성적 측면이고, 아니무스의 원형은 여성정신의 남성적 측면이다.
[5] 페르소나 : 본래 페르소나란 극중에서 특정한 역할을 하기 위해 배우가 쓰는 가면을 말한다.(인물 person이나 인격 personality도 같은 어원에서 유래). 개인은 페르소나에 의해 반드시 자기 자신의 성격이 아닌 성격을 연기할 수 있다. 페르소나란 개인이 공개적으로 보여주는 가면 또는 외관이다.
[6] 자아 : 자아란 우리가 의식적으로 조정할 수 있는 마음의 부분이며, 우리가 사는 현실(즉, 외계)과의 관계를 수립하는 마음의 부분이다. 이들의 욕망을 현실에 맞추어 억제, 조정하고, 초자아의 요구와 희망을 현실에 맞추어 억제, 조정한다.

Self)7) 등 들은 개념이었다. 그러나 동시에 그들은 정신의 다른 구조들과 작용들의 상징화이다. 정서(Affect), 원형(Archetype)8), 콤플렉스(Complex)9), 본능(Libido)10) 이들 모든 단어들은 실제, 인간 경험에 기초를 두고 있다.

비슷한 방식으로 그는 우리에게 적극적 상상은 자연적, 선천적 과정이라는 것을 상기시킨다. 그것이 학습될 수 있을지라도, 그것은 기술이라기 보다는 오히려 내적 필요성이다. 그는 그래서 "나는 치료 방법을 제안하고 있는 것이 아니고 실제로 일어나고 있는 것에 관해서 쓴다." 라고 말하고 있다(1928b, par. 369).

5) 적극적 상상에 대한 융의 견해11)

적극적 상상에 대한 융의 견해를 설명하는 것은 간단한 일이 아니다. 그의 글에서 대부분 마치 그가 이야기 하기 위해서 다른 내면의

---

7) 자기 : 융심리학의 중심적인 특징으로 전인격 또는 정신의 개념을 말한다. 태양계의 중심이 태양인 것처럼 자기는 집단무의식 속의 중심적인 원형이다. 자기는 질서, 조직, 통일의 원형이다.
8) 원형 : 집단무의식의 여러가지 내용은 '원형(archetype)'이라고 불린다. 이 용어는 다른 동류의 것들이 그에 기초를 두고 모조되는 원 모델을 의미한다. 융이 설명하고 있는 원형에는 출산, 재생, 죽음, 권력, 영웅, 신, 악마, 대지, 태양, 달, 바람, 강, 불, 동물 등과 같은 많은 자연물 등이 있다.
9) 콤플렉스 : 개인 무의식의 흥미있는 하나의 특징은, 일군의 내용이 모여 하나의 집단을 형성하기도 한다는 것이다. 융은 그것을 콤플렉스라고 부른다. 이것은 전인격 속의 다른 작은 인격과 같은 것으로, 독립적이고 그 자신 추진력을 갖고 있으며, 우리의 사고와 행동을 매우 강하게 지배할 수 있다. 어떤 사람이 콤플렉스를 가지고 있으면 그것은 그가 무엇인가에 크게 마음을 빼앗기고 있어 다른 것은 거의 생각할 수 없다는 의미이다. 융은 '어머니의 콤플렉스'를 대표적인 예로 들고 있다.
10) 본능 : 본능적 욕구란 어떤 특정한 자극이 올 때 이에 전형적, 정형적인 방법으로 반응하는 타고난 능력을 말한다. 이때 반응한다는 말은 행위는 포함되지 않고 다만 그 자극으로 흥분된 상태만을 의미하는 것을 사용된다. 만일 행동을 하는 경우에는 '욕구충족'이라는 말을 사용한다. 또 인간이 행동하도록 하게끔 본능적 욕구가 지니고 있는 속성을 정신 에너지라 부르는데, 그런 의미에서 이 본능적 욕구를 '본능적 동력' 또는 '본능 욕동' 이라고도 부를 수 있다.
11) 앞의 책, p.p.3~11. 참조

목소리를 초대하는 것 같다. 과학자로서, 그는 그의 생각을 분명히 이해할 수 있는 방법으로 설명한다. 그러나 그 후에 맨 처음의 것에 모순되는 것처럼 보일 수 있는 또 다른 관점을 탐구하기 위해서 그 설명이 바뀐다. 때로 그는 아름다움이 수반된 단어 이미지를 직조하는 시인이고, 또 다른 때에는, 고대의 예언가들과 신비주의자들이 그를 통해서 얘기하는 듯 하다. 장난꾸러기 신이 나타날 때, 그의 글은 의도적으로 모호하고, 몽롱하게 조차 보일 수도 있다. 우리가 더 듣기를 원하는 바로 그때, 그는 대개 "나는 스스로 이들 암시들에 만족해야만 한다."고 말한다. 독자는 의문과 혼란 상태에 빠지고 그들 자신의 상상 속으로 되돌아올지도 모른다. 1915~29년 사이 융의 초기 모임의 성원이었던, Tina Keller 경은 적극적 상상의 시작을 묘사하는 놀라운 회고록을 썼다. 여기서 그녀는 중요한 개념에 대한 융의 다양한 국면의 접근을 위한 실마리를 제공하고 있다.

> 나는 융이 연구작업을 진행하고 명백한 계통적 논지를 가지고 있지 않았던 시기에 C. G. Jung을 만났던 것을 특권으로 생각한다. 나는 그 때 내가 그에게 어떤 얘기를 했는지를 기억한다: "그러나 당신이 오늘 말한 것은 바로, 당신이 지난주에 말했던 것과 모순되는 것이다." 그러자 그는 대답했다: "그럴 수도 있을 것이다, 그러나 이것은 진실하다, 그리고 또 다른 것 또한 진실이었다 인생은 역설이다." 그것은 가장 흥분되는 경험이었다(Keller 1982, p. 282).

융의 치료적인 방법은 그가 적극적 상상이라는 단어를 확정하기 전에 많은 다른 이름들을 가지고 있었다. 처음에 그것은 '초월적 기능(transcendent function)[12]'이었다. 이후 그는 그것을 '그림 방법

(picture method)'이라고 불렀다. 또 다른 이름들은, '적극적 환상 (active fantasy)', 그리고 '적극적 판타징(active phantasying)'이었다. 때때로 그 과정은 '최면(trancing)', '환시(visioning)', '연습(exercise)', '변증법적 방법(dialectical)', '차별화의 기술(technique of differtiation)', '내향성의 기술(technique of introversion)', '내성(introspection)', 그리고 '하강의 기술(technique of descent)'로써 언급되었다. 그가 1935년 런던에서 Tavistock 강의를 했을 때, 그는 처음으로 공식적인 '적극적 상상'이라는 단어를 사용했다. 그가 올바른 명칭을 찾는데 왜 이렇게 오랜 시간이 필요했는지 의심하는 것은 자연스럽게 보인다. 많은 형태의 적극적 상상이 있기 때문에, 아마도 그는 그것을 묘사하기 위해 많은 이름들이 필요하다는 생각에 수용적이었다. 그 단어들 중 어떤 것은 특별한 명상적 절차와 내부 목소리나 이미지에 대한 집중을 암시한다. '그림 방법(picture method)'이라는 단어는 상징적인 그림과 드로잉을 창작하기 위한 예술 자료들의 사용을 가리킨다. 우리는 융이 언젠가 그 단어들을 '조각방법(sculpting)', '신체운동 방법 (bodily movement method)', '음악방법(music method)', '변증법

---

12) 초월적 기능(Transcendent Function); 융의 초월적 작용이란 개념은, 무의식과 조화를 어떻게 이룰 수 있을까 하는 문제를 이해하기 위한 노력으로부터 발생되었다. 그는 인간의 마음 속에는 서로 상반되는 입장을 결합하는 선천적인 역동적 과정이 있다는 것을 발견했다. 그것은 양극화된 에너지를 공동의 경로로 이끌어내고, 두 관점을 포함하는 새로운 상징적 관점을 만들어 낸다. 다시 말해서, 개인의 의식과 무의식을 함께 다룰 수 있는 심리적 자질을 뜻한다. 융은 이것을 의식과 무의식이 만나 대화하면서 더 큰 자기(Self)로 나아가는 과정을 보았다. 초월적 작용의 목적은 개인이 자신의 전체나 자기를 온전히 경험하도록 돕는데 있다. 융은 이러한 무의식의 산물에 대한 개인의 반응에는 형상화와 이해라는 두 가지 경향이 있다고 보았다. 다시 말하면 떠오르는 이미지에는 예술적으로 형상화될 수 있으며, 이해의 원칙이 우세한 곳에서 개인은 그러한 무의식적 산물의 내용을 이해하려고 깊이 몰두하게 된다는 것이다. 하지만 이 둘은 보상적 관계에 놓여 있기 때문에 심미적 조형은 의미의 이해를, 이해는 심미적 형상화를 필요로 한다. 그리고 이 둘은 초월적 기능을 위해 서로 보충한다. 융은 이러한 무의식에 떠오르는 이미지를 의식적 차원으로 끌어올려 형상화 하고 그것을 이해하도록 돕기 위해 다양한 기법을 사용했는데, '적극적 상상' 은 바로 그러한 방법 중 하나이다.

적 방법(dialectic method)', '드라마 방법(dramatic method)', '상징적 놀이방법(symbolic play method)' 이라는 단어들이든지, '글쓰기 방법(writing method)'이든 지로 생각했었는지를 알지 못한다. 개성화(individuation) 과정 그 자체가 "많은 것을 하나에 종속시킨다" (융, 1933/50, par. 626).

Ruth Fry는 그녀가 1950년대에 언젠가 취리히에서 그녀가 공부하고 있을 때 있었던 융과의 대화를 보고하고 있다. 그는 그녀에게, 그가 사람들과 의견을 나누기 전에, 언제나 14년 동안 그의 이론을 테스트했다는 것을 이야기 했다. 그는 똑같은 일을 적극적 상상으로 했으며, 그는 그것을 14년 동안 경험적으로 그리고 과학적으로 테스트 했다(Fry 1974, p. 74). 우리가 아는 바와 같이, 융의 무의식과의 대면은 내적 필요성에 의해서 추진되었으나, 동시에 그는 그것을 과학적인 실험으로써 생각했다. 그가 그의 실험을 자기-치료로 느꼈을 때, 그는 그 방법을 그의 환자들 중 몇 사람에게 가르치기 시작하고, 또한 그 발견에 관해서 썼다.

적극적 상상에 대한 그의 첫 번째 전문적인 글은, 1919년에 '초월적 기능(The transcent function)'으로 제목이 붙여진 글이었으나 수년 동안 발표되지 않았다. 그가 그것을 썼던 시기에 그의 에너지는 회복되었으나 개인적, 문화적 그리고 원초적인 무의식으로부터의 자료는 아직도 그에게 쏟아지고 있었다. 그가 나중에 발간을 위해서 원고를 밀쳐둔 것은 놀라운 일이 아닌 듯이 보였다. '초월적 기능'(1916/58)은 그의 새로운 심리치료적인 방법과 그가 정신의 성격에 관해 얻었던 더 깊은 이해 모두를 설명한다. 융은 적극적 상상을 이용한 방법으로서 '초월적인 기능'이 분석을 수행하는 과정 동안 특정한 상상을 형성하는 형상을 촉진시킬 뿐만 아니라, 개성화 과정을 이끌 수 있는 특수한 심리치료의 방법으로 보고 있다. 그의 생각을 설명하기 위한 이 초기 시도에서, 융은 적극적 상상과 그것의 많은 형식들의 단계를 서술함은 물론, 적극적 상상을 꿈과 전이관계와의 작업에 연결시킨다.

융은 감각적 기능 장애를, 언제나 의식적인 자아태도의 과대-평가에 의해서 주도된, 심리적인 편향성의 가장 흔한 문제로써 바라본다. 그와 같은 일방적 관점에 대한 자연적인 보상으로써, 똑같이 강한 역관점(counter position)이 자동적으로 무의식 속에 형성된다. 이때 있을 법한 결과는 긴장, 갈등, 그리고 부조화의 내적 조건이다. 융은 무의식적인 逆 관점을 서술하기 위해서 '감정적으로 억양이 붙은 콤플렉스'라는 단어를 사용했다. 모든 사람은 요즘, 사람들이 "콤플렉스를 가지고 있다."는 것을 안다. 이론상으로 훨씬 더 중요하지만, 그렇게 잘 알려지지 않은 것은, 콤플렉스는 "우리를 가질 수 있다"는 것이다(융 1934, par. 200).

초월적 기능에 대한 그의 초기 개념은, 어떻게 무의식과 타협하는 가를 이해하기 위한 그의 노력으로부터 나타났다. 그는 정신 안에서 반대 입장을 통합하는 선천적인 역동적 과정이 있다는 것을 발견했다. 그것은 양극화된 에너지를 공통의 경로로 이끌어 낸다. 그래서 양쪽의 입장을 포함하는 새로운 상징적 관점으로 귀결된다. 전혀 새롭고 예기치 못한 방식으로 'Either/or' 선택이 'both/and'로 된다. 초월적 작용은 하나의 태도로부터 또 다른 태도로의 전환을 촉진한다. 융은 그것을 "존재의 새로운 수준, 새로운 상황으로 인도하는 생생한 탄생, 두 반대 사이의 지연으로부터 비롯되는 움직임"으로 묘사했다(융 1916/58, par. 189). 다른 시기에 그는 그것을 단순히 '반대 사이의 명상의 작용'으로써 정의 했다(1921, par. 184).

'초월적 기능'이라는 단어는 정신의 '방법'과 선천적인 '기능'을 모두 포괄한다. 반대로, '적극적 상상'이라는 단어는 다만 방법에 관계

한다. 그러나, 분명하게, '방법'(적극적 상상)은 정신의 이미지—생산 '작용' 즉, 상상력에 기초를 둔다. 초월적 작용과 상상력의 역동적 작용 두 가지 모두는 다른 작용들을 구성하는 복잡한 정신적 작용들이다. 두 개는 의식과 무의식적 요소들을 결합한다. 두 개는 활기 있는 상징을 형성하고 변형하는 창조적, 통합적 작용들이다. 융의 가까운 동료 Barbara Hanna(1953)는 초월적 기능을, 융의 이후 통합의 원형에 대한 개념, 자기(The Self)에 일체화된 융의 초기 생각의 하나로 이야기한다.

(1) 놀이, 환상 그리고 상상력

현대 심리학자들의 대부분은 인격형성과 개인의 심리적인 문제가 주로 생의 초기단계에 형성된다고 보는데, 문학치료에서 과거의 기억을 불러오는 작업은 참여자의 심리적 퇴행과도 깊은 관련성을 지닌다. 여기서 퇴행이란 어린 아이와 같은 자유로운 의식의 상태를 의미하는 것으로써, 퇴행을 통하여 참여자에게 자신의 내면의 소리에 귀를 기울일 수 있는 분위기를 조성한다. 생의 초기 단계에 유아는 언어보다는 비언어적인 매체 즉, 동작, 소리, 이미지 등을 통해 의사소통을 한다. 또한 언어매체를 이미 어느 정도 획득한 아동의 경우에도 성인과 같이 자신의 경험과 기억을 언어를 통해 표현하고 저장하는 체계적인 장치가 미숙하다. 따라서 비록 언어가 인간이 경험을 저장하고 불러오는데 결정적인 역할을 한다 하더라도 그것을 통해 그 당시의 기억이나 정서를 불러오는 일이란 쉬운 일이 아니다.

그러므로 문학치료에서는 생의 초기 단계와 아동기와 관련된 참여자의 정서와 감정을 보다 효과적으로 불러오기 위해 유희나 놀이와 같은 기법을 사용한다. 이러한 유희나 놀이와 같은 활동은 내적으로 동기화된 활동으로써 적극성과 자발성을 불러오며 심리적 저항을 완화시키는 역할을 한다.

상상력의 성격에 대해 심사숙고 끝에 얻은 의견에서, 융은 개인의 발달은 물론 또한 인간 문화에 대한 발전에 평가할 수 없는 가치를 인식했다.

> 모든 훌륭한 생각과 모든 창조적인 작업들은 상상력의 결과이다. 그리고 사람들은 유아기 환상을 불러내는 것을 즐거워한다는 것에서 그들의 근원을 가지고 있다. 다만, 예술가만이 아니라, 모든 창조적인 개인은, 무엇이나 그의 인생에서 가장 위대한 모든 것은 환상의 결과이다.
> 환상의 역동적인 원칙은 '놀이'이다. '놀이'는 또한 어린이의 특징이고, 그와 같이 그것은 진지한 작업의 원칙에 불일치해서 나타난다. 그러나 환상과의 이러한 놀이가 없다면, 어떠한 창조적인 일이 지금까지도 태어나지 않았다. 우리가 상상의 놀이에 빚지고 있는 채무는 계산할 수 없다.
> (융 1921, par. 93)

우리가 놀이, 환상과 상상력에 대해서 이야기 할 때, 그의 정신은 상기되는 듯 하다. 융은 사람들은 오직 그들이 놀고 있을 때 완전히 인간들이라는 것을 말했던 Schiller를 인용했다. 집 짓기 놀이에 대한 그의 실험으로부터, 그는 상징적인 놀이의 창조적, 치료적인 힘을 알고 있었다. 후속 연구들은 융의 생각을 확인시켜주고 있다. Allan(1988), Erikson(1963), Roberts와 Sutton-Smith(1970), C. T. Stewart(1988), L. H. Stewart(1982), 그리고 Winnicott(1971)들은, 놀이와 상상의 치료적 작용을 인식한 사람들에 속한다. 수많은 그의 생각과 같이, 융의 초기 놀이에 대한 이해는 치료적인 주류에서 후기의 발달을 기대했었다(Samuels 1985, pp. 9-11). 놀이, 환타지, 그리고 상상력의 커다란 기쁨은 한동안 우리가 무엇인가를 상상하기 위하여 아주 자발적이고, 자유스럽다는 것이다. 순수한 존재의 그와 같은 상태에서, 아무런 생각이 "있을 성 싶지 않다." 아무것도 "상상할 수 없다." 그것은 놀이와 상상이 우리를 일상적으로 억압되어 있는 자료에 접하도록 하는 경향이 있는 이유이다. 어린 시절의 자발적인 극적인 놀이에서, 마음을 뒤흔드는 삶의 상황들은 상징적으로 재현되지만, 이 때 어린이는 통제 속에 있다. 어린이는 인형, 박제된 동물 혹은 아마도 상상적인 동반자, 혹은 애완동물, 형제, 혹은 친구와 함께 자발적으로 작은 드라마를 끝까지 함으로서 승리감을 얻는다. 압도적인 것이 있을 수도 있는 원래의 경험과 같지 않게, 놀이에서 어린이는 모든 종류의 변이형과 창조적인 해결을 상상하게 된다. 예를 들어서, 상상적 동반자는 필요한 것이 무엇이든— 용기, 힘, 마술적인 힘을 가져다 줄 수 있다. 때때로 역할 바꾸기가 도움이 된다. 변화의 치유과정에서 핵심은, 놀이는 즐겁다— 는 것이다. 비슷한 마술적인 인생-강화 방식으로, 감정(즐거움과 재미)은 위기의 감정을 조정하고 변화시킨다(Stewart 1987a, 1987b). 상징적인 놀이가 감정적인 고통을 치유하는 선천적인 심리학적 과정에 바탕을 두고 있다는 것은 분명해 보인다.

    융에게 상상은 "일반적으로 마음의 재생산적 혹은 창조적인 활동이다 상상적인 활동으로써 환타지는 정신적 에너지의 흐름과 같다."(1921, par. 722). 우리가 어린이든 성인이든 그리고 우리가 그것을 의식하든 의식하지 않든, 상상적 활동은 항상 계속된다. 그것은 놀이, 꿈, 환타지, 창조적인 상상과 적극적인 상상을 포함해서 많은 방식들로 표현된다.

(2) 적극적 그리고 수동적인 환상(fantasy)

융은 사람들의 환타지들을 향한 적극적이고 수동적인 '태도'를 구분했다(1921, pars. 712-14). 우리가 우리의 주의를 기대감으로 무의식에 집중할 때 적극적 환타지가 환기될 수 있다. 즉, 분명한 일이 일어나게 된다. 그와 같은 준비상태는 무의식으로부터 비롯되는 새로운 힘과 의식을 가공되지 않은 자료로 가져온다. 주제는 병행요소들의 연합을 통해서 정교해 진다. 이러한 과정을 통해서 무의식적인 감정과 이미지들은 분명해 진다. 그리고 의식에 좀 더 가까이 가져온다. 의식과 무의식의 그러한 적극적, 능동적 참여는 적극적 상상 방법에 부합된다.

반대로, 환타지를 향한 수동적 태도는 전혀 아무것도 하지 않는다. 수동적인 태도로, 환타지는 환기되지 않는다. 오히려 그것은 눈에 띄지 않는 주변을 표류하거나, 초대되지 않은 의식 속으로 분출된다. 의식의 적극적인 참여가 결여되면, 기분이나 꿈, 환타지를 동일시 하는 위험이 있다. 예를 들어서, 어떤 사람은 그들이 어떤 것을 생각하거나 느끼고 있다는 그 이유 때문에 "사실임에 틀림없다." 라는 것을 가정할 수도 있다. 억누를 수 없는 생각이나 기분에 대한 좀더 건설적인 반응은 "그것은 진실일까?"라는 질문을 생각하는 것일 것이다. 그런 다음에, "그것은 어떻게 진실한가?— 그리고 그것이 어떻게 진실하지 않은가?" 하는 질문을 해야 할 것이다. 사람들은 그 때 그들이 전혀 동의할 수 없는 그들의 마음 속에서 여러 가지 생각을 발견할 지도 모른다. 소극적 환타지는 언제나 일상의 관점에서 의식으로부터의 비판적 평가, 내성의 필요성이 있다. 적극적 환타지는 비판을 필요로 하지 않는다. 오히려, 상징적인 자료가 이해될 필요가 있다(융 1921, par. 714).

(3) 출발점

무의식의 가공되지 않은 자료는 주로 감정, 충동 그리고 이미지이다. 모든 사람은 그들 스스로의 방식으로 그것에 도달한다. 어떤 사람은 몽롱한 기분으로 시작하거나, 불합리한 감정적인 분출일 수도 있다. 융은 시각화된 기분, 이미지가 나타날 때까지, 감정적으로 혼란된 상태에 집중할 것을 암시한다.

> 그는 감정적인 상태를 절차의 기초나 출발점으로 삼아야만 한다. 그는 가능한 한 그가 느끼는 의식의 기분으로 그 자신을 만들어야만 한다. 그리고 그 스스로 거침없이 그 속에 가라 앉으며 떠오르는 모든 환타지들과 다른 연상들을 종이 위에 기록한다. 환타지는 가장 자유스러운 가능한 놀이로 허용되어야만 한다. 그러나 그것이 그것의 대상 궤도 즉, 정서를 떠난 그와 같은 방법이 아니다.
>
> (융 1916/58, par. 167)

시작을 위한 또 다른 방법은 꿈, 비전 혹은 환타지로부터의 하나의 이미지를 선택하고 그것에 집중하는 것이다. 그것은 시각적인 이미지, 내면의 목소리, 정신신체적인 증상일 수도 있다. 우리는 또한 한 장의 사진, 그림이나 다른 물건을 선택할 수 있으며, 그것이 생생해질 때까지 그것에 집중할 수 있다. 독일에서, 어떤 것에 집중함으로써 그것을 잉태하게 만드는 것을 의미하는 'betrachten'이라는 단어가 있다. '보기(looking)'의 이 특별한 방식은 상징적인 놀이에 흡수될 때 어린이의 경험에 회상적이다.

> '보기'는 심리학적으로 대상의 활성화를 초래한다. 그것은 마치 어떤 것이 사람의 비전의 대상을 환기하거나 활성화시

키는 사람의 정신적인 눈으로부터 발산되는 것 같다.

영어 동사, '바라보기'는 이러한 의미를 전달하지 않는다. 그러나 동등하다는 독일어 'betrachten'은 또한 잉태하게 만드는 것을 의미한다 그리고 그것이 잉태되면, 그 다음에 어떤 것이 그것으로부터 나오게 되어 있다. 즉, 그것은 살아 있고, 그것은 생산한다, 그것은 증대시킨다. 그것은 어떤 환상이미지에도 그렇다 사람은 그것에 집중한다, 그리고 그 다음에 사람은 그것을 조용히 유지하는데 커다란 어려움을 갖는다는 것을 발견한다. 그것은 가만히 있지 않고, 그것은 변화한다, 어떤 것이 첨가된다, 혹은 그것은 그 스스로 증가된다 사람은 그것을 살아있는 힘으로 가득 채운다. 그리고 그것은 잉태하게 된다.

(융 1930-4a, Vol. 6, Lecture 1. May 4. 1932, p. 3).

(4) 그것에 형식을 부여하기

때때로 적극적 상상은 주로 마음 속에서 일어난다. 또 다른 때, 상상은 그림 그리기, 드로잉, 조각, 춤, 글쓰기를 통해서 혹은 다른 방식으로 형태화 된다. 다음의 설명은 45세 여자 환자가 그녀의 첫 번째 조각을 창작했을 때의 경험을 서술하고 있다.

요즘 우울증이 아직 사라지지 않았다. 그러나 그것은 좋아졌다. 나는 마치 내가 거미집 속에 있는 것처럼 느낀다. 나는 점토로 어떤 것을 만들고자 하는 의도를 가지고 있었다. 그리고 그것은, 비록 내가 그것이 나를 도울 것이라는 것을 느꼈다 할지라도, 그것을 하는데 대한 나의 저항을 극복하기 위해서 많은 노력이 소요되었다. 나는 어떻게 시작할지를 몰랐다. 처음에 나는 요즘 아주 많이 나의 환상들을 점유하고 있었던 흑인 남자를 생각했다.

그래서 나는 점토를 반시간 동안 내 손가락 사이로 주무르고 반죽했다. 그리고 생겨나는 형태를 관찰했다. 나는 동물들의 머리들을 보았다 나는 차가운 찰흙을 느꼈다, 그리고 점차로 생각을 중단했다. 그런 다음에 나는 땅으로부터 솟아나는 듯이 점토로부터 어린이의 모습이 마침내 어떻게 나타났는가를 보았다. 이 어린이는 치통을 가지고 있었다. 그리고 그녀의 어머니의 가슴 속에 머리를 눕히기 위해서 그녀를 향해서 달려갔다. 따라서 그녀의 어린이와 함께 있는 어머니의 모습이 점점 생겨났다.

(Dieckmann 1979, pp. 185-6)

그녀는 그것을 매우 아름답게 말하고 있다. 때로 하나의 이미지나 생각이 마음의 눈에 맨 처음 나타난다. 그러나 그것은 나타나길 원하거나 원하지 않을 수도 있을 것이다. 매우 자주, 우리가 표현적인 매체로 작업할 때 이미지들이 완전히 자발적인 방식으로 일어난다. 곧 상상은 물리적인 형태를 부여 받는다. 융은 의식과 극적인 재현은 물론 글쓰기, 소묘, 그림 그리기, 조각, 매듭, 음악, 춤을 표현하는 다양한 형식으로 서술된다. Marie-louis Von Franz는 융이 한 번은 그녀에게 몸으로 하는 상징적인 實演이 '일상적인 적극적 상상' 보다 더 효과적이라는 것을 이야기했다고 말한다. 그러나 융은 왜 그런지는 말하지 못했다(Von Franz 1980 p. 126).

모래놀이는 역시 적극적 상상의 한 형태이다. 그리고 융은 그것의 예상을 초월한 효과를 증명한 첫 번째 사람이다. 상징적 놀이에 대한 융의 경험은 가장 강력한 치료적인 효과를 가지고 있었다. 그러나 그가 그것을 직접적으로 이야기한 유일한 시기는 1925년 세미나와 그리고 다시 그의 회고록에서이다. 아마도 그가 적극적 상상을 의식, 혹은 극적 實演으로써 언급할 때, 그는 그의 집 짓기 놀이에 관해서 생각했을 것이다. 그가 어린이처럼 놀았던 수 년 후— 돌로 지은 집, 환상적인 성과 교회가 있는 미니어쳐 타운을 건설한— 그는 그의 학생들과 동료 Dora Kalff에게 상징적인 놀이의 방법을 개발하도록 격려했다. 그녀는 어린이들이 모든 문화에서, 이야기를 통해서 놀이를 했던 모래 상자와 마루 놀이에 바탕을 둔 치료적인 기술을 개발했다. 그녀는 수 백 개의 미니어쳐 그림들, 문화적인 상징과 자연적인 사물들을 상담실로 가져와서 그것들을 선반 위에 정리했다. 이 모든 것이 모래놀이에 필요한 자료들이었다. Dora Kalff(1980)는 무의식으로부터 주제를 정교화 하고 발전시키기 위해서 가장 즐거운, 통찰력 있는 방법들 중 하나인, '모래놀이'라는 단어를 만들었다.

융이 적극적 상상에 관해서 글을 쓸 때, 그는 그것을 수많은 중첩되는 관점으로부터 묘사되는 것처럼 보인다. 때로 그는 표현적인 매체, 예를 들어, 신체동작, 그림 그리기, 드로잉, 조각, 매듭, 글쓰기를 가리킨다. 때로 그는 마치 내부 사건의 속성을 묘사하는 것처럼, '극적', '변증법적', 혹은 '제의적'과 같은 단어들을 사용한다. 그 후 그가 감각들의 유형학을 서술하는 것처럼 보일 때들이 있다. 예를 들어, '시각적 형태'는 환타지 그림들을 보길 기대할 수도 있다. 그리고 '청각—언어적 형태들'은 내부 목소리를 듣는 경향이 있다(1916/58, par. 10). '근육 감각 상상력(motor imagination)'을 가지는 이것들은 만다라(혹은 다른 모티프)를 가질 수 있고, 그것을 아름다운 춤으로 만들 수 있다(1928-30, p. 474).

하나의 양식은 종종 또 다른 양식으로 이어진다. 융의 환상들 중 몇몇은 간략한 시각적 인상들로써 시작된다. 그리고 그 다음에 극적 구조를 가지고 있었던 이야기들을 향해서 발전되었다. 마침내 소리와 언어의 요소들이 나타났다. 그리고 그와 내부의 모습들은 서로 이야기 하기 시작했다. 대화들은 때때로 '속삭여 졌다'(1961 p. 178). 그리고 아마도 역시 큰 소리로 얘기 되었다. 우리가 가진 생각의 풍요로움이나 범위는 한 표상 체계에서 다른 표상 체계로 옮겨 가거나 연결시킬 수 있는 능력에 달려 있다. 그래서 자신의 유도체계가 청각이고 선호표상체계가 시각이라면, 청각에 해당하는 목소리를 통해 어떤 사람을 기억해낸 후에 시각차원의 이미지로 그의 얼굴을 떠올리며 그에 대해 생각할 수 있을 것이다. 그리고 이 과정에서 그 사람에 대한 느낌을 얻을 수 있다.

그래서 우리는 하나의 감각을 통해서 정보를 받아들이지만 내적으로는 다른 감각을 통해서 그 정보를 표상하여 떠올릴 수 있게 된다. 소리도 시각적인 기억이나 추상적인 시각 이미지를 유도해 낼 수 있다. 음악에 있어서도 음조의 색깔에 대해서, 따뜻한 소리에 대해서, 그리고 요란한 색깔에 대해서도 이야기 할 수 있다. 이 경우에 여러 가지 감각이 동시에, 그리고 무의식적으로 서로 연결되어 경험되는데, 이를 공감각(synethesia)이라고 부른다. 그래서 어떤 사람의 유도체계는 강력하고 전형적인 공감각 패턴이 될 수도 있다.

공감각은 우리가 생각하는 방식에 있어서 중요한 역할을 담당한다. 그리고 몇 가지 공감각은 너무나 충만하게 퍼져 있어서 우리가 태어날 때부터 우리의 두뇌에 입력되어 있었던 것처럼 보인다. 예를 들어서, 색깔은 대개 기분과 관련이 있는데, 조사연구에 따르면 빨간색은 화를 나타내고 푸른 색은 고요함을 나타낸다. 실제로 혈압이나 심장박동은 전적으로 적색환경에서 증가되고, 주위가 푸른 색이면 대개 감소된다.

공감각은 자동적으로 발생한다. 때때로 우리는 마음속, 즉 내부의 감각을 의도적으로 연결시킴으로써 자신이 의식하지 못하는 전체적인 표상체계에 접근할 수 있게 된다.

어떤 사람이 시각화에 어려움을 크게 느끼고 있다고 가정해 보자. 이때 우리는 먼저 그에게 행복하고 편안한 기억, 어쩌면 바닷가에 있었던 경험을 떠올려 보라고 할 수 있다. 그리고 그에게 마음 속으로 바다 소리를 듣도록 하고, 그때 다른 일행과 함께 나누었던 대화도 들어 보도록 할 수 있다. 그러면 그는 이러한 내적 이미지를 견지하면서 동시에 얼굴에 스쳐가는 바람을 느끼고 피부에 와 닿는 햇살의 따뜻함을 느끼며 발가락 사이로 스며드는 모래에 대한 느낌을 중복해서 느낄 수도 있을 것이다. 이 정도가 되면 발 아래에 있는 모래나 하늘의 태양을 마음으로 그려 보고 시각화하는 것은 쉬운 일이다. 이러한 중첩(overlapping)의 기법으로 이미지, 소리 그리고 느낌을 포함하는 완전한 기억을 되살릴 수 있다. 한 언어를 다른 언어로 번역할 때 언어의 형태는 바뀌더라도 그 의미는 보존되듯이 내적인 감각 사이에서도 의미는 보존된 채로 그 형태는 바뀔 수 있다.

어떤 사람들은 점토, 그림 그리기, 모래놀이, 혹은 운동과 같은 비-언어적 매체로 시작했다. 그런 다음에 그것의 의미에 대해서 심사숙고하고 그 과정에 관해서 글을 쓴다. 다른 사람들은 글쓰기로 시작한다. 예를 들자면, 융과 함께 한 분석 시간을 마친 후에, Christiana Morgan은 호텔로 돌아가곤 했다. 그리고 그녀의 일지에 그날의 분석내용을 요약해서 글로 썼다. 그 다음에 그녀는 눈을 감고 내면의 소리를 주의하여 들었다. 환시(vision)를 기다리고 그것을 썼다. 마침내 그녀는 예술 자료들로 가득한 작업실로 향했다. 그리고 환시를 그리거나 그것에 대한 드로잉을 했다. 이것은 그녀가 융과 함께 분석 중에 있었던 취리히에서의 그녀의 생활의 리듬이었다(Douglas 1993, 1995).

표현적인 운동은 때때로 자연스러운 방식으로 모래놀이, 드로잉, 점토 모델링이나 글쓰기로 이어진다. 그것은 또한 대략 다른 방식으로 일어날지도 모른다. Mahlendorf(1973)는 운동과 조각의 자연발생적인 상호 혼합을 말하고 있다. 운동에서 처음으로 나타났던 주제들이 점토에서 좀 더 정교해 졌다. 점토로 이미지들을 형성해서, 그녀는 운동에서 가능할 수 있었던 것보다 더 오랜 시간 이상 특별한 표현을 지속할 수 있었다. 그녀가 작업하고 있었던 모습의 신체적 태도를 그녀가 가정했을 때, 점토 작업이 운동으로 거꾸로 인도되었던 때들이 또한 있었다. 반복적으로, 비-언어적인 변증법이 움직임 속의 그녀 자신의 몸에 대한 경험과 그녀가 점토로 조각하고 있었던 모양 사이에서 발달되었다. 이러한 변증법이 창조적인 과정을 나아가게 했다. 그리고 더 깊은 그것의 의미의 이해로 인도했다.

내가 점토로 충분하게 표현을 탐구할 수 없었고, 그래서 불완전한 느낌을 몸짓으로 변형할 필요가 있었던 시간들이 있었다 점토 像이 쭉 펼쳐졌던 것은 충분히 표현적이었으나, 나는 그것의 불쾌함에 관해 불편하게 느꼈다. 내가 像이 있는 쪽으로 기지개를 켰을 때, 마치 내가 탕 닫히길 원하는 것처럼, 거의 참을 수 없는 긴장감을 느꼈다. 나는 열려 있는 것을 향한 저항에 反해서 기지개를 펴고 있다는 것을 느꼈다. 왜냐하면 뻗음은 오직 하나의 목표를 향해서 뻗는 것을 의미하고, 목표에 대해 열려 있고, 그리고 전체적인 환경을 향해 방심하고 있는 것을 의미하기 때문이다. 나는 내가 그와 같은 전체적인 책무와 그것의 부수되는 방심을 두려워했기 때문에 불쾌함으로 긴장했다.

내가 어떤 상황과 그것의 감정을 충분하게 탐구하길 원했을 때, 점토는 매체로써의 매력이 점점 떨어졌다. 나는 그만큼 쉽게 부서지지 않을, 더욱 탄력 있는, 그래서 움직임에서 더욱 유연성을 허용하는 매체를 원했다. 나는 또한 그것의

> 감정적인 중요성을 충분하게 느끼기 위해 像에 대한 실제적
> 인 작업과정을 연장하길 원했다. 나무가 올바른 선택처럼 보
> 였다. 像에 대한 나의 기본적인 생각은 나를 사로잡은, 그러
> 나 내가 철저히 느끼지 않은 감정으로부터 왔다. 나는 바로
> 느낀 것을 경험하기 위해서 다른 춤 동작을 철저히 시험해 보
> 았다. 나는 그들이 내가 마음 속에 가지고 있는 동작의 종류
> 에 대해 올바른 지를 시각화 하기 위해서 나무토막들을 바라
> 본다. 내가 나무 조각을 정했을 때 거친 형태가 거기 있었다.
> (Mahlendorf 1973, pp. 323-4)

이 유명한 이야기는 어떻게 하나의 형태가 또 다른 형태로 인도될 수 있는지를 설명한다. 그것은 또한 상상에 흥미를 갖게 되는 방법이 자기—반영적, 심리학적 태도의 발달을 촉진한다는 것을 보여준다. 그녀가 그녀의 점토상의 경험을 '시도'하거나 상상하기 위해 그녀 자신의 몸을 사용했을 때, 그녀는 더욱 깊이 환타지 속으로 들어갔다. 그러나 동시에 적극적, 호기심 있는 자기—반영적 관점을 유지했다. 의식과 무의식 사이의 긴장을 지탱하는 능력은 적극적 상상의 본질이다. 융이 그것을 설명한 바와 같이, 빛을 향한 무의식의 노력과 실체를 향한 의식의 노력을 구체화 하면서 의식과 무의식 모두에 의해 영향 받는 하나의 형태가 창조된다(1916/58, par. 16).

(5) 적극적 상상의 단계들

적극적 상상은 크게 두 가지 부분 혹은 단계들을 가지고 있다. 첫 번째, '무의식이 떠오르도록' 하고, 두 번째, '무의식과 절충' 하는 단계들이다. 우리가 융을 이해한다면, 그에게 그것이 수 년 이상 계속되었을 수도 있다는 것은 자연스러운 추측이다. 때때로 자료를 이해하기 위해서 오랜 시간이 소요되었으며, 융은 그의 인생의 나머지 50

년을 맨 처음 그를 압도했던 감정과 환상들과 타협하면서 살았다. 그러나 하나의 적극적 상상 경험이 두 단계를 모두 포함하고 그것이 온전히 느껴진 시기들 또한 있었다. 두 개의 부분이 전후로 혼합되고, 혹은 그것이 동시에 일어날지도 모르는 시간들이 있었다. 그가 "다루기 힘든 붓과 색깔들과 함께 수 시간 동안 싸우는 것"이 무엇인가에 대해 이야기할 때, 그는 무의식이 떠오르도록 하고 그것을 적극적으로 형태화 하도록 했다. 앞의 Mahlendor에 의한 예는 통찰이 어떻게 자기—반영적인 신체적 행동으로부터 나타나는가를 보여준다. 상징적인 표현(그것에 형식을 부여하기)은 어느 단계의 부분, 혹은 둘이 될 수 있다.

첫 번째 단계에 대한 그의 토론에서, 융은 의식에서 비판적인 주의를 제거하고 진공 상태를 만들기 위한 체계적인 연습의 필요성에 대해서 말한다. 경험의 이러한 부분은 많은 심리학적 접근들과 명상의 형태와 비슷하다. 그것은 환타지에 자유스러운 고삐를 쥐어주기 위해서 우리의 이성적, 비판적인 능력의 지연을 포함한다. 사물들을 살아있게(betrachten)하는 '보기'의 특별한 방법은 적극적 상상의 이 단계에 관련될 것이다. 그의 『해바라기의 비밀』에 대한 해석(1929)에서, 융은 일들이 자연스럽게 일어나도록 하는 도교 사상으로 첫 번째 단계에 대해 이야기 한다. 첫 번째, 의식적인 자아가 주의 깊은 내부 목격자로서 존재하는 동안 무의식은 안내를 시작한다. 여기서의 과제는 무의식의 내용에 대한 접근을 획득하는 것이다.

적극적 상상의 두 번째 부분에서는, 의식이 안내를 맡는다. 무의식이 감정들과 이미지들의 자각 속으로 흐를 때, 자아가 적극적으로 경험 속으로 들어간다. 이 부분은 통찰의 자연발생적인 단서로 시작할 것이다. 즉, 평가와 통합의 커다란 과제가 남는다. 통찰은 윤리적인 이행으로 전환되어야만 한다. 인생에서 그것을 살아내기 위해서 융에게, 두 번째 단계는 그것이 의미와 도덕적 요구의 질문들을 포함하기 때문에 더욱 중요한 부분이다. 독일어에서 이것은 auseinandersetzurg (논술, 토론, 논쟁, 설명 ; 대결 ; 협정, 화해라는 뜻을 가지고 있음. 이 독일어 단어는 한 실재와 다른 실재 사이에 계속 이어지는 대화를 의미함)이다. 실제의 변증법과 함께 해야만 하는 거의 번역 불가능한 세계 즉, 차별화 과정이다. 한 가지 문제의 모든 부분들은 차이들이 보이고 해결될 수 있도록 펼쳐진다. 융의 글에서 auseinandersetzurg은 항상 무의식과 함께 '절충'하는 것으로써 번역된다.

 시인 Rilke는 그러한 내면의 대화의 속성을 묘사한다. 아래 인용에서 그는 자기—비판적인 경향에 의해 위축되어 있는 젊은 시인에게 충고한다. 그의 젊은 동료는 의심으로 가득 차 있다. Rilke는 그 자신의 경험으로부터 무의식 속에 흐르는 골치 아픈 기분이나 감정과 자아의 차별화된 도덕적 언질의 가치를 알고 있었다는 것이 분명하다. 이윽고, 그것은 변형될 것이다. 그리고 파괴적인 공격이 건설적인 비판이 될 것이다. 릴케는 적극적 상상이라고 불리는 심리학적인 방법에 대한 지식을 가지고 있지 않았다. 그러나 젊은 시인에 대한 1904년의 편지는 자아와 무의식 사이에서 auseinandersetzurg에 대해 내가 아는 가장 훌륭한 묘사의 한 예이다.

> 그리고 당신의 의심은, 당신이 그것을 '훈련'시킨다면 훌륭한 특성이 될 수 있다. 그것은 '아는 것(knowing)'이 되어야만 한다. 그것은 비판되어야만 한다. 그것이 당신을 위한 어떤 것을 망치게 하려 할 때마다 그것을 질문하라. '왜' 어떤 것이 추하고, 그로부터 증거를 요구하고, 그것을 시험하고, 그리고 당신은 그것이 아마도 당황하게 했던 그리고 당혹하게 했던 것을 발견할 것이다. 아마도 또한 저항하면서. 그러

나 굴복하지 마라, 논쟁을 계속하라, 그리고 이러한 방식으로 행동하라, 주의 깊고 지속적으로, 매 순간 그리고 파괴자가 되는 대신 그날이 올 것이다. 그것이 당신의 가장 훌륭한 작업자들 중의 하나가 될 것이다— 아마도 당신이 인생을 건설하는 모든 것들 중에서 가장 지혜로운.

(Rilke, 1903-8/1984, p. 102)

융은 릴케에게 커다란 찬사를 보냈다. 그는 시인이 깊이 심리학적이었다는 것을 인식했다. "릴케는 내가 했던 것같이— 동일한 깊은 샘으로부터 이끌어 내었다— 집단 무의식. 시인과 공상가로서의 그. 심리학자와 경험주의자로서의 나" (융 1951-61, pp. 381-1).

적극적 상상이 두 부분들 혹은 단계들을 가지고 있다고 융이 주장할 때, 많은 융 학파 저자들이 4~5개의 다른 단계들로 적극적 상상의 하위 단계를 제안했다. Marie-Louise Von Franz(1980)은 그 첫 번째이다. 그녀는 다음과 같이 제안했다: (1)자아의 '미친 마음'을 비우라 (2)무의식적인 환상 이미지가 일어나도록 하라 (3)그것에 표현의 어떤 형식을 부여하라 그리고 (4)윤리적인 직면. 이후 그녀는 "그것을 일상생활에 적용하라."는 내용을 첨가시킨다. Janet Dallett(1982)와 Robert Johnson(1986)은 어떤 도전을 하면서, Von Franz이론에 의존했다. Dallet에게 그 단계들은: (1)무의식을 향해 열기 (2)그것에 형식을 부여하기 (3)자아에 의한 반작용 (4)그것을 실행하기. 그녀는 그것을 더욱 세밀하게 바라보기 위해서 과정을 더 작은 부분들로 분할하는 것이 유용하다는 것을 지적한다. 그러나 어느 누구든지 이전에 그와 같은 철저한 순서로 적극적 상상을 실제로 했던 것 같지는 않다. 존슨은 다음과 같이 제안한다: (1)초대(무의식을 초대하라) (2)대화(대화와 경험) (3)가치(윤리적 요소를 첨가하라) 그리고 (4)

의식(그것을 물리적인 의식으로 구체화하도록 하라). 각각의 저자는 모두 융의 두 단계 원칙을 심사숙고하고 확대시킨다. 그들을 함께 바라보는 것은, 우리에게 적극적 상상에 접근하기 위한 수많은 방식들이 있다는 것을 상기시킨다. 그러나 중요한 것은, 우리 각자가 스스로 자신의 길을 발견하는 일이다.

3. 적극적 상상(Active Imagination)에 대한 4단계 접근법13)

이 장에서는 우리가 우리 스스로 적극적 상상을 시작하는데 사용할 수 있는 4단계 접근법에 대해서 살펴보고자 한다. 여기서 우리는 적극적 상상에 대한 전반적인 접근법과 적극적 상상을 위한 단계를 시작하기 위해서 우리가 필요로 하는 것들에 관해서 이야기하고자 한다. 구체적으로 말하자면, 우리가 적극적 상상 작업을 효과적으로 할 수 있는 장소는 어디이며, 프라이버시는 어떻게 확보할 수 있으며, 또 그것을 기록할 수 있는 방법은 무엇인가에 관해서 알아보고자 한다.

적극적 상상의 4단계는 다음과 같이 진행된다.

1. 무의식의 초대.
2. 대화와 경험
3. 가치의 윤리적 요소의 부가.
4. 그것을 물리적 의식으로 구체화 하기

---

13) Robert A. Johnson, 『Inner work』 Harper Collins, New York, 1986, P.P.160~199. 참조

Maria Louise Von Franz 박사는 적극적 상상이 자연적으로 네 개의 기본적인 단계들로 시작된다는 것을 보여주고 있다. 그의 네 단계는, 1)자아—마음을 비운다, 2)무의식이 진공 상태로 흐르도록 한다, 3)윤리적인 요소를 덧붙인다, 4)상상을 일상생활에 통합 시킨다 등이다. 그러나 사람들은 각자 약간 다른 방식으로 그들 자신만의 적극적 상상의 이들 단계들을 경험할 수도 있다.

■ **우리의 상상을 기록하기 위한 물리적 양식의 선택**

우리가 4단계의 적극적 상상을 시작하기 전에, 우리의 방법에 대한 물리적 디테일이 도출되도록 하는 것이 대단히 중요하다. 즉, 우리는 적극적 상상의 환경과, 그것의 기록 방법을 결정할 필요가 있다. 이들 디테일은 우리가 생각하는 이상으로 훨씬 더 중요하다. 많은 사람들이 상상이 흘러나올 때 그것을 기록할 편리한 방법을 발견할 수 없기 때문에, 시작도 하기 전에 포기하는 경우가 종종 있기 때문이다.

우리는 앞에서 우리의 내면 작업과 적극적 상상에 대한 기록의 중요성을 이야기 했다. 우리의 내면의 대화는 기록되거나 타이핑되어야만 한다. 이러한 일은 그것이 수동적인 환상으로 바뀌는 것을 방지하는 일종의 보호 장치이다. 기록은 또 우리 자신을 우리가 하고 있는 일에 집중하도록 하는 것을 돕고, 자의적인 백일몽으로 배회하지 않도록 도와준다. 그것은 우리가 이야기되고 행하는 것을 기록 가능하게 하고, 그래서 훗날 그 경험을 기억하고 이해할 수 있게 해준다.

글쓰기만이 우리의 적극적 상상을 기록하는 유일한 방식은 아니다. 앞장에서 언급한 것처럼 여러 가지 방법들이 있지만, 글쓰기는 가장 쉽고, 가장 효과적인 방법이다.

■ 어떻게 쓸 것인가

첫 번째 방법은 노트에 손으로 직접 상상된 것을 기록하는 것이다. 대화에 등장하는 인물들은 이니셜 등을 통해서 약자로 표기할 수 있다. 이러한 방법 외에 컴퓨터 사용에 익숙하다면 그것을 사용하는 것이 매우 도움이 될 수 있다. 상상 내용을 기록할 때에는 될 수 있는 한 빠르게 기록하는 것이 좋다. 많은 사람들이 손으로 직접 써서 기록하는 것을 선호한다. 이것은 융이 사용한 방식이기도 했다. 어떤 사람들은 기록하기 위해서 펜과 잉크를 사용하는 것을 더 '자연'스럽게 느낀다고 말하고 있다. 자신만의 독특한 필체로 기록함으로써, 그들의 적극적 상상에 어떤 의식이나 고전의 미를 부여하기도 한다.

■ 적극적 상상을 기록하는 다른 방식들

많은 사람들이 특별한 방법으로 그들의 적극적 상상 작업을 한다. 그들은 춤을 통해서, 음악, 드로잉, 그림 그리기, 조각 혹은 큰 소리로 대화함으로써 그들의 내면의 이미지들을 표현할 수도 있다.

Johson은 언젠가 무용가였던 환자를 만난 적이 있었는데, 그녀는 오로지 '춤'으로써 그녀의 상상 속의 사건들이나 대화들을 표현할 수 있었다. 그녀가 그렇게 하는 것을 처음 보았을 때, 그는 정말로 말문이 막힐 지경이었다. 그녀는 그녀가 춤추는 동안 내내 그녀의 내면의 삶에서 진행되어 왔던 모든 상처, 모든 아름다움, 드라마, 투쟁, 비극을 완전히 實演하고 있었다. 그녀는 각 인물들을 춤추게 했다, 각자의 역할을 실연했다, 동물들을 표현했다, 으르렁거렸다, 꿀꿀거렸다, 소리쳤다, 싸웠다, 울었다.

실연이 끝난 후 그녀는 그녀가 춤추었던 것, 그녀의 상상 속에서 그녀가 느끼고 보았던 것, 그리고 그것이 그녀에게 의미하는 것을 그에게 말로 해석해 주었다. 그는 무용에 문외한 이었기 때문에 이렇게 해주는 것이 그에게 도움이 되었고, 그것을 더욱 의식적으로 만들어 주기 때문에 그녀에게도 도움이 되었다. 만일 우리가 상상을 실연하거나 그것을 기록하기 위해서, 춤이나 그림 그리기, 모래놀이와 같은 다른 방법들 중의 하나를 사용한다면, 그것은 얼마간의 글쓰기를 하는데 더욱 더 좋다. 글쓰기는 항상 집중하고 그것을 의식화 하는데 도움이 된다. 대부분의 사람들에게, 글쓰기는 가장 좋은 그리고 가장 접근 가능한 형식이다.

■ 물리적인 환경

이제 우리가 우리의 상상을 어떻게 기록할 것인지를 결정했다면, 우리는 잠시 동안 외부로부터 충분히 차단되어 우리가 조용하고 혼자 있기에 적당한 방을 마련하는 것이 필요하다. 문을 여닫는 소리나 전화벨 소리, 방안 여기저기를 뛰어다니는 아이들, 쉴새없이 짖어대는 개나 애완동물, 여러 가지 납부 고지서, 신문지 등이 방안에 어지럽게 흩어져 있다면, 우리는 산만해져서 실제로 우리는 우리의 내면의 자기와 대화할 수 없다.

우리는 방을 따로 준비하고 우리 자신만을 위한 시간을 고집해야만 한다. 집안의 모든 사람들에게 원자폭탄이 터졌거나 예수가 재림한 것 외에는 우리는 어느 것으로부터도 방해 받지 않고 싶다고 말하라. 당신은 그런 종류의 자유, 프라이버시, 그리고 안전을 보장받을 만하다. 당신은 당신의 내면의 세계 속으로의 여행을 위해서 그것이 필요하다.

우리는 또한 혼자 있을 필요가 있다. 우리가 함께 있는 또 다른 사람이 아무리 친하다 해도, 방안을 배회하고 어깨너머로 당신이 쓰고 있는 것을 넘겨다보는 사람이 있다면, 당신의 비밀한, 무의식의 깊은 곳에 감춰져 있는 모든 것을 밖으로 쏟아내는 것은 언제나 불가능하다. 당신이 방안을 걸어 다니며, 저주하고, 내면의 어떤 인물에게 큰 소리로 이야기 하고, 벽을 주먹으로 치고, 울고 싶다면 - 당신은 어느 누군가가 당신을 보고 그리고 듣고 있다는 것을 걱정하지 말고 당신의 생생한 감정과 생각을 밖으로 해방되도록 할 수 있어야만 한다.

다른 사람이 그것을 읽게 될 경우에 그들에게 그것이 아름답고 인상적으로 들리게끔, 적극적 상상의 짜 맞추기를 시작하려는 유혹이 또한 있을 수 있다. 오로지 당신만이 이들 페이지들을 읽게 될 것이라는 것을 분명히 해야만 한다. 그렇지 않을 경우, 당신이 기록하는 것에서 정직해지는 것이 매우 어려울 것이다.

당신의 무대를 설정하고, 작업하기 위한 개인적인 장소도 발견했고, 문을 잠그고, 그리고 당신이 적극적 상상을 어떻게 기록하거나 타이핑할 것인가를 결정했다면, 당신은 이제 시작할 준비가 완료되었다.

1) 1단계: 초대(The Invitation)

적극적 상상에서 1단계는 무의식의 창조물들이 표면으로 떠오르도록 '초대'하고 우리들과 접촉하도록 하는 것이다. 우리는 내부의 사람들에게 대화를 시작하도록 초청한다.

우리는 어떻게 이러한 초청이 만들어지게 할 수 있는가? 우리는 우리의 마음을 외부 세계로부터 분리되도록 하고, 상상에 집중하는 일로부터 시작할 수 있다. 우리는 우리의 내면의 눈을 우리 정신을 향하게 한 후, 거기에 누가 나타날 것인가를 기다린다.

많은 사람들에게, 첫 번째 단계인 이러한 '초대'는 처음에는 매우 어려운 작업이다. 그들은 떠오르는 이미지를 기록하기 위해서 컴퓨터 앞에, 혹은 손에 펜을 들고 자리에 앉지만, 이내 마음이 공백 상태가 되는 것을 발견한다.

이런 일이 발생하면, 우리에게 무엇보다도 필요한 일은 인내심을 가지고 기다리는 것이다. 우리의 마음을 우리의 상상 속에서, 집중된 상태를 계속 유지하고 있으면, 이미지들이 언젠가는 나타날 것이다. 만일 그렇지 않다면, 그 땐 아래의 여러 가지 특별한 기술들 중의 하나를 이용할 필요가 있다.

때로는 어떤 일을 시작하는 것이 어렵다. 우리는 우리 내부에 있는 사람들의 면전에서 수없이 많은 문들을 꽝 닫을 수도 있다. 그 결과 우리가 마침내 문이 열렸을 때, 그들은 우리를 맞이하기 위해서 반갑게 쫓아 나오지 않는다. 만일 그들이 쫓아 나온다면, 그들은 화를 내기 쉽고, 그리고 "주목하라, 당신은 나를 무시하고 수 차례 내 면전에서 문을 꽝 닫아 버렸다. 그리고 나는 지금 당신의 주목을 받기 때문에, 나는 당신에게 할 말이 많다!"라고 말한다. 따라서 한 번 우리가 초대했다면, 우리는 상상 속에 나타나는 것을 받아 들여야만 한다.

초대한다는 것은 '조작'하는 것을 의미하지 않는다. 이러한 기술을 사용하기 시작한 모든 사람은 누가 거기에 '있어야만' 하고, 이들 인물들이 무엇을 말'해야만 할' 것인가에 관한, 많은 예상된 생각을 가지고 있다. 사람들은 위대한 어머니에 의한 고상한 말이나 내면의 정신적 지도자로부터 심오한 지혜의 말을 즉시 듣기를 기대 한다. 이러한 일들이 종종 일어나지만, 곧바로 우리가 대면하길 거부하는 우울, 고독, 공허 혹은 우리가 언제나 흘러나온 열등감을 바라보는 우리 자신을 발견하는 것뿐이다. 만일 이것이 우리가 초대할 때 일어나는 것이라면, 그것을 받아 들여라. 이러한 부정적인 요소는 우리의 전체적인 현실의 다른 측면이다. 조만간, 우리는 그것과 대화해야만 한다. 개인적인 성장을 위한 우리의 가장 큰 기회는, 확실히 우리가 가장 큰 고통 속에, 그리고 가장 놀랍게 느끼는 곳에 있다고 융은 말했다.

마음속에서 이들 기본적인 원칙들과 함께, 우리는 당신이 당신의 초대를 만들기 위해 사용할 수 있는 몇 가지 특별한 접근법을 살펴 볼 수 있다.

■ 주의—집중하고 기다리기

아마도 적극적 상상의 가장 순수한 형태는 우리가 단순하게 우리의 마음을 맑게 하고 우리의 상상 속으로 들어가서 누가 나타날 것인가를 기다리는 데 있다. 이것은 Von Franz가 '자아—마음 비우기'라고 부른 접근법이다. 우리는 외부 세계의 모든 생각들로 가득 찬 마음을 깨끗하게 하고, 방심하지 않고 주의 깊은 태도로 누가, 혹은 무엇이 일어날 것인가를 보기 위해서 단순하게 기다린다.

때때로 이러한 접근법은 대단한 인내와 집중을 필요로 할 수도 있다. 한동안 아무것도 나타나지 않을 지도 모른다. 우리로 하여금 그것들을 감당하지 못해서 거부하도록 하면서, 정작 떠오르는 것은 우리의 자아-마음에 중요치 않거나 가치 없는 것처럼 보일 수도 있다. 만일 우리가 우리의 마음에 충분히 오랜 동안 집중한다면, 우리는 언제나 어떤 이미지가 날개를 펼치고, 기다리고, 무대 위로 나타날 준비가 되고, 그리고 우리의 주위를 향해 그것 스스로를 보일 것이라는 것을 발견할 것이다. 이러한 모습이 정말 나타날 때, 우리는 판단해서는 안 되고, 편견에 빠지거나 그것을 거부해서는 안 된다. 그것은 우리 자신과 관계되는 어떤 것을 얘기하기 위한 것이라고 가정하는 것이 가장 좋다.

지난 밤 우리의 꿈으로부터의 모습이 나타날 수도 있고, 우리는 꿈속의 중단된 곳에서 이미지가 계속하길 원하는 것을 발견할지도 모른다. 전에 우리가 전혀 보지 못했던 어떤 이미지가 나타날 지도 모른다. 우리는 이것이 누구이고, 우리의 상상 속에 왜 그 혹은 그녀가 나타났는가를 의심할 수도 있다. 그래서 가장 단순한 초대가 분명하다. 즉, "당신은 누구인가? 당신은 무엇을 원하는가? 당신은 무슨 말을 하려고 하는가?" 우리의 대화는 시작 된다.

필자는 이것이 아마도 가장 '순수한' 형식의 적극적 상상이라고 생각한다. 왜냐하면 자아가 당신이 대화할 사람이나, 상상 속에서 무엇이 나타날 것인가를 선택하지 않기 때문이다. 우리는 어떤 선입관이나 부수된 기대 없이 나타나는 무엇이든 지에 대한 완전한 수용의 태도를 보인다.

■ 어떻게 시작할 것인가?

많은 사람들은 순수한 수용의 방법이나 자아—마음을 깨끗하게 하는 방법에 쉽게 적응하지 못한다. 그들은 그들의 상상을 단순하게 마음에 집중하고 기다리는 것으로써 시작하는 것이 어렵다는 것을 발견한다. 그들은 오랜 시간에 걸쳐서 단지 철저한 공백상태만을 이끌어 낼 지도 모른다.

이들 경우에는 '펌프에 마중 물을 붓는 것' — 즉, 상상력의 작동이 시작되도록 하기 위한 어떤 특별한 일을 의도적으로 하는 것이 필요하다. 우리는 이제 당신이 이것을 할 수 있는 여러 가지 합리적인 방법을 찾아보고자 한다.

사전에 지켜져야만 하는 注意가 하나 있는데, 일단 우리가 이미지를 발견하고 내면의 대화가 시작되면, 우리는 통제를 포기해야만 한다는 것이다. 개성화가 한번 만들어지고 이미지가 나타나면, 우리는 우리의 상상의 집중을 명령할 수 없고, 우리는 그것을 어떤 특별한 방향으로 밀고 나갈 수 없다.

(1) 우리의 환상들을 사용하기

환상을 이용하는 것은 수동적인 환상을 적극적 상상으로 전환하는 방법이다. 그것의 가장 단순한 형태로, 우리는 오늘 우리의 마음속에서 진행되어 온 환상들을 살펴본다. 그리고 우리는 하나의 이미지, 내면의 사람, 혹은 상황을 선택한다. 그 다음에 우리는 그 장소와 그 사람에게로 간다. 그리고 그것을 적극적 상상을 위한 출발 장소로 사용한다. 그 환상에 참여해서 인물들과의 대화 속으로 들어가서, 행해지고 얘기되는 모든 것을 기록한다. 그리고 그렇게 해서 수동적인 환상은 진정한 적극적 상상으로 전환된다.

적극적 상상에 대한 이러한 접근은 특히, 우리가 너무 많은 환상 재료를 가지고 있을 때 도움이 된다. 적극적 상상은 무의식으로부터의 압력을 해소함으로써 환상의 양과 강도를 감소시킬 것이다. 우리가 하루 종일 우리의 마음속에 머무르는 반복되는 환상을 가지고 있을 때, 그것은 작업될 필요성이 있는 어떤 내면의 문제가 있다는 것을 지시한다. 수많은 환상들이 우리의 마음속을 넘쳐흐를 때, 그것은 종종 우리가 무의식에게 충분한 주의를 하지 못했다는 것을 의미한다. 그것은 우리를 무의식적인 내면의 삶 속으로 압박하는 — 우리의 환상으로 넘쳐흐름으로써 외부세계를 향한 우리의 불균형을 보상한다.

이들 상황에서, 융은, 우리가 우리의 환상의 주제를 택할 수 있고, 그것의 이미지들과 양심적인 대화를 시작할 수 있다고 말했다. 우리의 마음속에서 그 스스로 반복적으로 되풀이 되는 동일한 환상을 수동적으로 바라보는 대신, 우리는 적극적 상상 속에서 재료를 발전적으로 움직인다. 우리는 관심 받는 우리 자신의 다른 부분들 사이에서 대화를 트고, 갈등을 해결에 이르게 한다. 우리는 환상을 의식으로 바꾼다.

환상은 예언하는 훌륭한 지팡이라는 것을 기억하자. 오늘 환상이 우리의 마음의 등뼈를 통해서 흐른다면 우리는 틀림없이, 그것이 상징형식으로 중요한 역동들의 하나, 혹은 갈등, 혹은 정신적 에너지가 당신 속에 집중되는 구역을 표현하고 있다는 것을 가정할 수 있다. 우리는 그 환상에게로 가서 그것을 적극적 상상을 향한 출발점으로써 받아들인다면, 우리는 자동적으로 즉각적, 관계적 그리고 중요한 내면의 문제에 집중될 것이다.

그래서 우리가 수동적인 환상을 이용하고, 그것을 적극적 상상으로 돌리는 것을 학습함으로써 성취할 수 있는 두 가지 중요한 것들이 있다. 첫 번째, 그것은 우리가 '메말라질 때', 아무런 이미지들이 떠오르지 않고 우리의 마음이 공백상태일 때, 그리고 우리가 우리의 상상을 시작하는 것처럼 보이지 않을 때, 우리가 '초대'하는 것을 도울 것이다. 두 번째, 우리가 우리를 압도하는 환상들의 흐름을 가지고 있다는 것을 발견할 때, 그것은 환상에 집중하고, 그것을 표면으로 가져오고, 그리고 적극적 상상을 통해서 의식적으로 '그것을 살아나게' 하기 위한 훌륭한 방법이다. 환상의 흐름을 그 스스로 소극적으로 반복되도록 하거나 그것을 외부적으로 實演하기 위해 노력하는 대신에, 우리는 그것을 그것이 속하는 층위- 상상의 층위에서 의식적으로 만든다.

(2) 상징적인 장소 방문하기

우리가 초대를 하는 아주 간단한 방법의 하나는 우리의 상상 속에서 '어떤 장소로 가는 것'이다. 그리고 우리가 거기서 만날 사람을 보기 위해서 탐색하기 시작하는 것이다. 항상 우리가 이렇게 할 때, 우리의 상상력은 우리를, 우리가 갈 필요가 있는 내면의 장소로 데려가고, 우리가 만나길 원하는 내면의 사람들에게 우리를 연결시킬 것이다.

나에게 해변은 나의 꿈속에서 종종 나타나는 마술적인 장소이다. 내가 나의 적극적 상상을 어떻게 시작할지를 모를 때, 나는 빈번하게 내 마음 속 해변으로 가서 걷기 시작한다. 걷는 중에 필연적으로 어떤 것이 나타나거나 어떤 사람이 나타난다. 그리고 상상이 시작된다. 내가 며칠 동안 걷고 또 걸었지만, 거의 아무것도 일어나지 않았다. 이렇듯 때로 우리는 피곤한 산보로 이어질 수 있다. 그러나 일반적으로, 우리가 내면의 장소로 가서 탐색한다면, 우리는 결국 우리를 기다리는 어떤 사람을 발견할 것이다.

우리의 내면의 장소는 정글 속의 작은 숲일 수도 있고, 그림자 속에 잠복된 Pan神이 있는 목가적인 초원, 혹은 수도원의 작은 방 일지도 모른다. 우리는 에너지가 있는 우리 내면의 장소를 발견할 수 있다. 그리고 우리는 그것에 되돌아가는 우리의 길을 어떻게 발견하는가를 학습할 수 있다. 우리의 내면의 장소로 가는 것은 정신세계를 초대하는 우리의 방식이 된다.

(3) 의인화 사용하기

우리는 우리의 강박 감정을 의인화함으로써 '초대'할 수 있다. 우리가 가지고 있는 어떤 내면의 감정을 재현하기 위한 어떤 이미지를 찾는다. 이것은 우리에게 마중물의 또 다른 방식이 될 수 있다. 우리 주위에서 이어지는, 우리의 발자국을 따라 다니는 어떤 감정을 가지고 있다면, 우리가 떨쳐버릴 수 없는 어떤 감정을 가지고 있다면, 이것은 우리에게 우리가 무의식과의 대화를 시작하기 위해 어디로 가야만 하는 지에 대해서 강력한 암시를 주는 것이다. 압박되고 있는, 위축되고 있는, 혹은 어떤 다른 분위기 속에 있는 우리의 내면으로 가라.

우리의 상상 속으로 들어가서 말하라 "나의 한쪽 내면이 압박되고 있는 이유는? 당신은 어디에 있는가? 당신은 무엇처럼 생겼나? 미안하지만 내가 볼 수 있고, 떠올리고, 얘기할 수 있는 어떤 형태를 택하라. 나는 당신이 누구이고, 당신이 무엇을 원하는 가를 알고 싶다."

(4) 꿈 모습과의 대화

융이 적극적 상상을 위해서 발견했던 가장 초기의 사용법 중의 하나는 '확대된 꿈'의 수단으로서였다. 꿈이 해결되지 않고, 혹은 우리가 똑같은 꿈을 반복해서 다시 꾼다면, 우리는 상상을 통해서 그 꿈을 확대시킬 수 있고, 그것을 해결 할 수 있다. 이것은 꿈과 상상이 무의식의 동일한 원천으로부터 비롯되기 때문에 상상력의 정당한 용법이다.

이것은 차례로 개성화를 만들기 위한 또 다른 길을 제공한다. 우리는 상상 속에서 꿈으로 되돌아가서, 거기에 있는 인물들과의 대화 속으로 들어간다. 우리는 꿈속에서 우리가 얘기할 필요성을 느끼는 특별한 사람을 골라낼 수 있다. 우리는 단 하나의 꿈 모습과 이야기 할 수 있거나, 꿈속의 상황으로 되돌아오고, 꿈이 떠났던 곳에서 전체적인 우연한 마주침을 선택할 수 있다. 우리는 효과적으로 꿈을 계속할 수 있고, 그것을 우리의 적극적 상상으로 확대해서 그것과 상호 작용할 수 있다.

이런 형태로, 적극적 상상은 우리의 꿈 작업에 가치 있는 부가적인 일이 된다. 이것은 우리를, 우리가 떠났던 곳에 매달려 있는 꿈으로 가는 것을, 상황이 해결되지 않았던 곳으로 가는 것을 허용하고, 꿈이 제시했던 내면 상황을 발달시키도록 한다. 그것은 우리에게 '이야기를 계속 하고', 꿈이 인도되고 있는 다음 단계를 향하여 통과하고, 그리고 모든 문제를 해결에 이르도록 허용한다.

그래서 우리가 우리 자신이 적극적 상상을 하길 원하는 것을 발견하지만, 시작하거나 출발점을 발견한 것처럼 보이지 않을 때, 최초의 꿈에게로 가라. 그것은 우리가 이어지는 적극적 상상에 도달하는 것을 도와줄 뿐만 아니라, 우리의 꿈에 대한 우리의 관계와 내면의 사람에 대한 우리의 관계를 변화시킬 것이다. 왜냐하면 우리는 꿈에 우리의 의식적인 참가를 부가하고 있을 것이기 때문이다.

2) 2단계: 대화(The Dialogue)

우리는 무의식을 초대했다. 이미지들이 우리의 상상 속에 나타난다. 이제 우리는 대화를 시작할 준비가 되어 있다.

대화를 하는 것은 대부분 우리 스스로를 상상에 맡기고, 그것을 흐르도록 하는 문제이다. 우리가 따를 수 있는 여러 가지 방법들이 있다. 그러나 경험상 무엇보다도 중요한 것은, 그 밖의 어떤 것보다 더 내면의 모습들이 그들 자신의 생명을 가지도록 하는 데 있다.

실제로, 우리는 우리의 마음속으로 적절하고 윤리적으로 느끼게 되는 무엇이든 지를 말하거나 행한다. 어떤 모습이 상상 속에서 나타나고, 처음에 아무것도 말할 것이 없는 것처럼 보인다면, 우리는 그 혹은 그녀가 누구인지를 질문함으로써 대화가 시작되도록 한다. 그 사람이 원하는 것, 그 사람이 이야기 하고 싶어 하고, 행하고 싶어 하는 것을 질문하라. 설명 하거나 공표하기 시작하는 것보다 질문을 하는 것이 더 좋다. 왜냐하면, 우리가 보여주길 원하는 기본적인 태도는 우리가 '기꺼이 들어 줄 준비가 되어 있음'이라는 메시지이기 때문이다.

내면의 모습이 우리에게 어떤 것을 원한다면 그것을 기록한 다음, 그에 대한 우리의 반응이 무엇이든지 그것을 하거나 말하라. 종종, 내면의 사람이 우리를 어떤 활동으로 이끌기를 시도하고, 어떤 곳으로 데려가고, 우리를 오솔길이나 여행으로 끌고 갈 것이다. 그러한 것이 우리에게 올바른 것처럼 보인다면, 그대로 따르고, 길을 따라서 일어나는 것들을 기록한다. 우리가 그 사람을 따르는 것이 잘못이라는 것을 느낀다면, 혹은 우리가 내면의 사람이 암시하는 활동이나 접촉을 좋아하지 않는다면, 우리는 그렇게 말할 권한을 가지고 있다. 우리는 거부할 권리와 우리의 이유를 설명할 권리를 가지고 있다. 그것은 필연적으로, 이 내면의 사람과, 우리가 생각하기에 우리가 원하는 ─ 혹은 원하지 않는, 혹은 인정하지 않는, 혹은 두려워하는 것 사이의 갈등에 대한 열띤 토론으로 인도할 것이다. 이 모든 것은 적극적 상상에 관한 훌륭한 자료로서, 대화는 이렇게 시작되고 자기의 다른 부분들은 서로에게로부터 학습하게 된다.

우리가 내면의 인물이 이야기하기를 원하지 않는 것을 발견한다면, 그것은 '펌프의 마중 물'의 원칙에 맞는 일이다. 우리가 수줍고 비소통적이었던 어떤 손님에 충실하다면, 곧 우리가 할 수 있는 바와 같이 변화를 주도할 수 있다. 질문을 하라. 우리의 감정을 표현하라. 우리가 나타난 사람을 두려워한다면, 그렇게 이야기 하라. 그 사람이 우리에게 우리의 경험이나, 꿈, 혹은 바깥세상에서 우리가 아는 어떤 사람을 기억하게 한다면, 그 사람에게 그것에 관해서 이야기 하라.

아마도 아무것도 감정의 표현이 하는 것같이 대화를 신속하게 혹은, 깊은 수준에서 진행되게 하지 않는다. 우리가 우리의 감정이 분출되도록 하고, 우리 내면의 사람이 똑같이 하도록 초대할 때, 그것은 언제나 대화를 매우 직접적으로 활성화 시킨다. 이것은 감정들이 대부분, 누가 혹은 우리가 사랑하고 좋아하는 것, 우리가 두려워하는 것, 우리가 부정직하다고 느끼는 것이나 불합리하다고 느끼는, 우리가 우리 자신들과 다른 사람들을 열망하는 것과 같은 '가치'와 관계되기 때문이다. 그리고 우리가 발견한 가치들은 우리 인간 삶의 주 원천들이다. 그러한 것이 일어나는 모든 것과 이야기되는 모든 것들을 기록하는 것이 정말로 중요하다. 기록은 우리가 마음의 가장 자리로부터 기어오는 수동적인 환상들 속으로 빠지는 것으로부터 우리를 보호한다. 그것은 우리가 더욱 집중하고, 더욱 깊이 경험하는 것을 돕는다. 물리적인 글쓰기가 경험을 의식적인 마음속에 더욱 생생하게 새겨 넣는다.

■ 하나의 이미지와 이야기하기

본질적인 상상 행위를 하기 위해서, 우리가 처음 시작한 이미지에 머물러서 어떤 종류의 해결이 있을 때까지 그 상황에 머무르는 것이 필요하다. 일단 우리가 특별한 이미지를 우연히 만나거나 그것과 대화를 시작했다면 거기로부터 계속하고, 마음속으로 뛰어들어 적극적 상상과 경쟁할 지도 모를 다른 이미지들이나 환상들에 의해서 자기 자신이 산만해지지 않도록 하는 것이 중요하다.

우리의 마음을 이미지로부터 이미지로, 그리고 상황에서 상황으로 표류하도록 한다면, 우리는 오직 우리 자신을 그 아무 것도 어떤 곳으로 인도하지 않을, 의미 없는 시작과 멈춤의 연속을 체험하게 할 것이다. 우리의 자아가 진심으로 내면의 모습들로 다가 가서 그들과 상호 작용한다면, 최초의 모습들과의 계속적이고 일관적인 경험을 하게 될 것이다. 우리의 마음이 하나의 이미지로부터 또 다른 이미지로, 하나의 필름 클립으로부터 또 다른 것으로 표류하는 동안 수동적으로 남아 있지 마라.

적극적 상상은 시작, 중간, 그리고 끝을 가지고 있는 완전한 경험이다. 꿈과 같이, 그것은 항상 문제에 대한 설명, 문제와의 상호 작용 기간과 환자에 대한 다른 관점들, 그리고 마침내 갈등이나 문제의 해결을 도출한다. 이것은 한 회기 내에 일어날 수도 있거나, 며칠이나 심지어는 몇 년 동안 계속되는 회기의 연속을 필요로 할 수 있다.

■ 우리의 감정에 참여하기

충분한 참여는 적극적 상상의 본질이다. 적극적 상상과 수동적 환상 사이의 차이에 관해서 우리가 얘기한 모든 것들은 이 단계에서 특별하게 중요한 것들이다. 그것은 대화에서 완전한 파트너로서 참여하는데 중요하다. 우리가 대등한 것들 사이의 어떤 대화에서 하려는 모든 것 — 목적을 제안하고, 주도하고, 질문하고, 논쟁할지도 모른다.

이것의 가장 중요한 측면은 우리의 '감정' 속에 표현되고, 우리의 감정들에 참여하는 것이다. 그것이 외부보다 내부에 있다 할지라도. 우리는 그것이 사실이고, 그것이 실제로 '일어나고' 있다는 것을 느껴야만 한다. 만일 우리가 그것으로부터 분리된다면, 혹은 그것이 우리가 안전한 거리에서 바라보는 환상 외에는 아무것도 아니라는 것을 당연히 느낀다면, 실제 경험은 없다. 우리가 감정 측면에 실제로 참여하지 않는다면, 그것은 진실한 적극적 상상이 아니다.

우리는 항상 어떤 사람이 드러내는 감정반응들에 의해서 실제로 적극적 상상을 하고 있는지를 이야기할 수 있다. 상상 속의 상황에 대한 정상적인 인간의 반응이 분노, 공포, 혹은 강렬한 기쁨이지만, 이들 감정들의 아무것들도 표현되지 않는다면, 또 실제로 참여하지 않고, 그것을 진지하게 받아들이지 않고, 단지 멀리로부터 관찰하는 것이라는 데서, 우리는 그 사람이 적극적 상상 행위로부터 분리되어 있다는 것을 알 수 있다.

우리는 완전하게 참여해야만 한다. 그러나 건너지 말아야만 하는 하나의 선이 있다. 우리는 참여의 영역으로부터 '통제'의 영역으로 방황해서는 안 된다. 적극적인 상상에서 우리는 내면의 사람들에게 혹은, 일어나고 있는 일에 대해 어떤 통제를 행사할 수 없다. 우리는 무엇이 일어날지, 무엇이 이야기 될 것인지, 무엇이 행해질 것인지를 미리 결정하려고 시도하지 말고, 그것이 흘러가는 곳으로 상상력이 흐르도록 하고, 경험이 발전되어 가도록 해야만 한다.

때때로 충분한 참여와 통제 시도 사이의 차이를 발견하는 것이 어렵다. 우리는 외부의 사람들과의 대화로부터 훌륭한 유추를 끌어 낼 수 있다. 우리는 어떤 사람과 대화하고 있을 때, 정중함과 존중이 우리를 다른 사람에게 '균등한 기회'를 주도록 인도한다. 우리는 대화를 지배하지 않기 위해서 노력 한다. 즉, 우리는 다른 사람들의 활발한 의견 개진으로 인해, 어떤 견해를 표현하려는 그의 혹은 그녀의 기회를 차단시키지 않도록 해야만 한다. 정중함, 절제, 존중의 동일한 규칙들이, 우리가 내면세계의 인물들과 대화할 때 적용된다.

때때로 우리 내면의 사람이 말하고 있는 것이 어리석고 원시적이고 혹은 무의미하게 들린다. 혹은 그것이 마음에 없이 너무 완벽하게 우리에게 주입되어서 우리가 화나게 된다. 하지만, 우리는 그것이 이야기되도록 해야만 한다. 단 한 번이라도 통제를 멈추도록 노력하라. 우리 자아의 표준에 따라서 내면의 모습들이 지적이거나 의미 있게 들리게 만들기 위한 노력을 중단하라. 그리고 그것들을 그들이 누구이든, 무엇이든지 그대로 존재하도록 하라.

통제를 포기하는 것은 무엇이 일어나야만 하고, 무엇이 이야기되어야만 하고, 무슨 메시지나 의미가 이 모든 것으로부터 나와야만 하는가에 관한 우리의 지각을 놓아주는 것을 의미한다. 사실, 우리는 이 단계에서, 그것이 도대체 무엇을 '의미'하는가에 관하여 생각해서는 안 된다. 왜냐하면, 그것이 올바른 '메시지'로 나타나기 위한 경험을 조종하기 위한 시도로 우리를 이끌기 때문이다. 우리는 자아의 기대를 행동에 강요하는 것을 보류할 필요가 있다. 우리는 '해야만 하는(ought-to)' 정신을 포기할 필요가 있다. 그리고 대신에, 존재하는 것- 감정, 갈등, 그리고 진실로 표면 아래 우리 안에 살고 있는 성격들을 자유롭게 흐르도록 해야 한다.

■ 듣기 위한 학습

적극적 상상은 무엇보다도 듣기의 과정 속에서 이뤄진다. 우리 내면의 사람들과의 모든 대화나 상호작용이 다 언어를 통한 것은 아닐 것이다. 전체적인 경험이 비언어적 행위를 통해서, 그리고 보는 것과 행하는 것을 통해서 일어나는 적극적 상상의 회기들이 있다. 그것은 여전히 대화 즉, 말이 없는 대화이지만, 매우 빈번히 이야기된 대화가 있을 것이다. 어느 경우든지 우리는 이것을 듣기 위해서 노력해야만 한다.

종종 우리는 적들 — 말이 없이 단지 나태한 저항, 신경증, 비생산적인 악, 미성숙성의 전달자로서 우리의 상상 속에 떠오르는 이미지들 즉, 우리 자신들의 이들 부분들을 지금 경험하고 있으며, 그것은 그들이 자아를 바라보는 방법이다. 그러나 지금, 우리가 싸워 온 관습적인 삶의 전투의 장소에서 대화를 시작하고자 한다면, 우리는 듣기를 시작해야만 한다.

우리 자신의 이들 부분을 너무 오랫동안 무시해온 탓으로, 우리 인성에서 그것들을 열등한 성격으로 간주해 왔다. 그러나 우리가 마침내 그것들을 듣게 될 때, 그들이 우리에게 무엇인가 매우 불쾌한 일들을 이야기 하는 것을 발견한다. 내가 수년 이상, 몇 명의 내면의 사람들에게 얼마나 폭군으로 군림해 왔고, 내가 어떻게 내 자아의 자세를 무의식의 목구멍 아래로 밀어내 왔는가 하는 것은 놀라운 일이 아니다.

우리는 기꺼이 말해야만 한다: "당신은 누구인가? 당신은 무엇을 말하려고 하는가? 나는 당신이 하는 말을 들을 것이다. 당신은 당신이 원한다면, 이 모든 시간에 발언권을 가질 수도 있을 것이다. 그리고 당신이 원하는 어떤 말을 사용할 수도 있다. 나는 듣기 위해서 여기에 있다."

이것은 우리들의 대부분에게 해답이 곤란한 태도의 재편성을 필요로 한다. 우리 자신 속에서, 생산적인 삶에 대한 허약함, 패배, 무서운 장애로써 우리가 보는 어떤 것이 있다면, 우리는 그럼에도 불구하고 우리 자신의 그 부분을 '나쁜 놈'으로서 간주하는 것을 중단해야만 한다. 한 번쯤, 적극적 상상을 하는 동안, 우리는 그 '열등한' 존재가 마치 그 혹은 그녀의 지혜의 목소리처럼 듣기 위해서 노력해야만 한다. 우리의 억압이나 허약함이 의인화된 형태로 우리에게 나타난다면, 우리는 그러한 인물들을 전체적인 자기의 부분으로써 존중할 필요가 있다.

우리의 열등감, 죄의식 혹은 후회를 선택해서, 우리의 그 부분을 증인석에 앉혀 놓고서 말하는 것은 무서운 일이다 : "당신은 모든 기득권을 가지고 있다. 당신은 내가 모르고 이해하지 못하는 그것에 대해 증인이 되는 그 사람이다. 당신은 시간에 관계없이, 당신이 원하는 것을 무엇이나 얘기할 수도 있다. 당신은 존중받고 영예롭게 될 것이다. 그리고 당신이 얘기하는 것은 기록될 것이다." 그러나 적극적 상상의 진정한 힘이 생겨나는 것은 이것으로부터이다. 즉, 우리는 목소리를 내지 않는 사람들을 듣는 것을 학습하는 것이다. 우리는 우리가 존중하지 않았던 그들을 존중하는 것을 배운다.

■ 대답을 위한 학습

우리가 듣기를 학습한다면, 또한 대답하는 것 — 우리 자신의 정보, 견해, 그리고 가치를 제공하는 것을 학습해야만 한다.

사람들이 맨 처음에 무의식의 목소리를 존중하고, 그것을 진지하게 받아들이는 것을 배우게 될 때, 종종 탈선해서, "이 자아는 아무것도 모른다"고 결정하고, 내면의 모습들이 결정적인 권위자로써 말하는 모든 것을 받아들이는 경향이 있다. 이것은 우리의 이전의 자아 중심적인 접근과 똑같이 어리석고 편향적일 것이다. 자아가 무의식에게로 다가감으로써 그것의 관점들을 균형을 이룰 필요가 있었던 것과 같이, 또한 무의식도 의식적인 마음의 태도에 의해서 균형이 유지될 필요가 있다.

융의 관점을 기억해 보자. 그는 거대한 무의식에 대한 자아의 관계가 대양 속에 떠 있는 작은 코르크의 마개와 같다고 말했다. 우리는 종종 그것을 느낀다. 우리는 완전히 우리를 밀고, 끄는 폭풍과 파도에 내맡기어 인생의 바다에서 흔들리고 있는 코르크와 같이 느낀다. 우리는 다만 어떤 것에 대한 작은 통제나 힘을 가지고 있는 것처럼 보인다.

융은 깜짝 놀랄만한 일로 그의 유추를 계속 했다 : 그럼에도 불구하고 코르크는 도덕적으로 바다와 동등하다. 왜냐하면 그것은 의식의 힘을 가지고 있기 때문이다! 자아가 작다고 할 지라도, 그것은, 우리가 의식이라고 부르는 자각의 이러한 특별한 힘을 가지고 있다. 그리고 그 특별한, 집중된 힘은 자아에게 겉보기에는 무의식의 무한의 풍부함처럼 필요하고, 강력하고, 그리고 가치 있는 태도에 힘을 부여한다. 의식에 대한 자아의 능력은 그것에 힘, 올바르고 동등한 조건 위에서 거대한 무의식과 싸울 의무와 가치의 통합을 산출 의무로 부여한다.

■ 조종하지 않기

적극적 상상의 이 두 번째 단계에서 가장 중요한 원칙들 중의 하나는 우리가 절대로 준비된 대본으로 작업하지 않는다는 것이다. 우리는 그것이 일어날 때까지 일어나려고 하는 것이 무엇인지 알지 못한다.

우리는 우리가 어떤 것에 관해 어떻게 느끼는 가를 알지도 모른다. 즉, 우리는 우리가 내면의 사람에게 무엇을 말해야만 하는지를 알지도 모르고, 우리의 상상 속으로 들어갈 때 우리가 누군가를 찾고 있는가를 알지도 모른다. 그러나 우리는 다른 사람이, 그 혹은 그녀가 그것을 말할 때까지는 무엇을 말하려고 하는지를 알지 못한다. 우리는 그들이 그것을 할 때까지 내면의 사람들이 하려고 하는 것이 무엇인지를 알지 못한다. 우리는 우리의 아니마, 아니무스 혹은 그림자의 모습을 끌어낼 권리를 가지고 있다. 그러나 우리는 그들이 말하려고 하는 것을 계획할 권리는 가지고 있지 않다. 그리고 우리는 한 번 그들이 나타나기 시작하면 그들을 지배할 권리를 가지고 있지 않다.

예기치 않은 것이 된 삶, 놀라운 삶은 적극적 상상의 가장 유익한 것이다. 우리는 아무런 계획이나 각본을 만들지 않는다. 우리는 단순하게 시작하고, 그 다음에 나타날 것이 나타나도록 한다. 무의식으로부터 자연발생적으로 흐르는 것은 무엇이나, 조종되지 않고, 안내나 통제 되지 않은 적극적 상상의 재료가 된다.

우리는 지금 주변에 적극적 상상과 혼동될 수 있는, 그러나 완전히 그것과 구별되는 수많은 체계들이 있기 때문에, 이것을 분명하게 이해할 필요가 있다. 중요한 차이는 그것들은 모든 것이 미리 결정된, 준비된 각본으로 작업한다는 것이다.

이들 체계들은 때때로 '유도된 심상', '창조적 심상'으로 불리거나, 그 밖의 어떤 것으로 불린다. 그들 모두가 공통적으로 가지고 있는 것은 모든 것이 '미리 결정된' 것이다. 우리는 미리 우리의 상상 속에서 무엇이 일어날 것인지를 결정한다. 자아는 무의식으로부터 벗어나기 위해서 무엇을 시도해야 할 것인지를 결심하고, 각본을 준비한다. 생각은 무의식을 '프로그램'해서 결국 자아가 그것이 원하는 것을 할 것이다.

하나의 체계에서 심상 이용의 전체적인 자인된 목적은 '우리가 원하는 것을 얻는' 것이다. 우리는 눈을 감고 새로운 자동차나 새 직장이나 우리가 원하는 나라에 있는 집을 시각화 한다. 그리고 우리는 이러한 것들을 얻기 위해서 시각화의 힘을 사용한다. 또 다른 체계에서, 우리는 자기—심상을 이용해서 우리 자신에 관해 더 좋은 태도를 갖도록 노력한다. 우리는 우리가 하고 싶은 대로 — 가냘프고, 매력적이고, 효과적이고, 능률적이고, 혹은 무엇이든 우리 자신을 시각화 한다. 자기-심상의 사용으로 우리는 자아가 그것이 우리가 되고 싶은 것을 결정하는 이상화 된 사람이 되도록 노력한다.

심상에 대한 이들 접근문제는 모든 결정을 하는 것은 자아라는 것이다. 무의식은 아무런 그것 자신의 견해, 이바지할 지혜를 가지고 있지 않은 어리석은 동물의 한 종류로써 보인다. 대화의 모든 요점은 자아가 원하는 것을 하도록 무의식을 훈련시키는 것이다. 자아의 결정은 좋은 것으로 보일 수도 있지만, 문제는 무의식이 그것을 만드는 데 고려되지 않는다는 것이다.

적극적 상상은 무의식에 관하여 완전히 다른 생각으로부터 출발한다. 우리는 무의식이 그것 자신의 지혜, 그것 자신의 견해를 가지고 있고, 자아-마음의 그것들과 같이 그들이 종종 균형 잡히고, 현실적이라는 것을 확인한다. 적극적 상상의 목적은 무의식을 '프로그램' 하지 않지만, 무의식을 '듣는' 것이다. 그리고, 우리가 정말로 듣는다면 무의식은 순서를 따르듯, 자연스럽게 우리를 들을 것이다.

우리가 어떤 커다란 계획을 성취하길 원하고, 무의식이 그에 反해 저항하고 있다는 것을 우리가 발견한다면, 무의식이 우리의 생각에

동의하도록 '계획'하기 위하여 노력함으로 해서 반응해서는 안 된다. 대신에, 우리는 무의식에게로 가야만 한다. 그리고 누가 저항, 혹은 억압을 야기시키는 가를 발견해야만 하고, '왜' 그런지 그 원인을 찾아야만 한다. 우리가 이것을 한다면, 우리는 종종 무의식이 우리의 계획이나 우리의 목적에 불일치 하는 아주 상당한 이유를 가지고 있다는 것을 발견하고 놀랄 것이다.

아마도 우리는 실제로 불가능한 어떤 것을 성취하길 시도하면서, 커다란 자만심이나 강박관념에 빠지기 쉽다. 우리의 무의식은 저항하고, 우리를 우리의 감각으로 데려갈 듯 하고, 그 결과 우리는 우리의 자원과 능력 안에 있는 어떤 것에 대한 우리의 계획으로 규모를 축소한다. 아니면 우리의 계획들이 우리 가족의 삶, 우리의 결혼, 관계, 혹은 우정에 영원한 상처를 주는 것을 의미할지도 모른다. 우리의 삶 속에서 활력 있는 어떤 것을 파괴하려는 옆길로 벗어나는 것으로부터 우리를 예방하기 위해서, 무의식은 우리에게 신체적인 증상들, 우울증이나 마비증세를 발생시킬 수도 있다. 적극적 상상은 우리가 무의식을 존중해야만 하고, 그것이 가치 있는 이바지할 어떤 것을 가지고 있다는 것을 느껴야만 하는 원칙으로 시작 된다. 따라서 대화는 서로 간에 존중하는 두 지적인 대등한 사람들 사이에 있어야만 한다. 그것은 다른 것을 '프로그램' 하기 위해 시도하는 사람의 어떤 예일 수 없다.

적극적 상상에서, 이것이 각본이 없다는 이유이다. 우리는 계획된 과정을 따르지 않는다. 우리는 미리 목표가 무엇인지를 결정하지 않는다. 우리는 목표를 세우지 않고, 따라서 무의식을 그것과 함께 하도록 조종하려고 시도하지 않는다.

3) 3단계 : 가치(The Values)

지금까지 우리는 무의식으로부터 어떻게 인물들을 초대하고, 그들과 어떻게 대화 속으로 들어가는지를 살펴보았다. 그러나 이것만으로는 충분하지 않다. 우리는 또한 윤리적인 자세를 가져야만 한다. 의식적인 인간 존재로서 윤리적인 요소를 행동에 도입하는 것은 우리의 의무이자 책임이다.

한 번 상상적인 과정이 시작되면, 일단 원시의 본능적인 힘들이 표면에 나타나도록 초대되고, 우리가 그것을 듣게 느끼게 되면, 어떤 한계가 설정된다. 비인간적이거나 파괴적으로 되거나 극단화 되어 폭발하는 것으로부터 상상적인 과정을 보호하기 위해서 한계를 정해야만 하는, 윤리의 의미에 의해 유도된, 의식적인 자아가 요구된다.

융은, 인간은 창조에서 특별한 역할을 할 수 있다는 대담한 관점을 가지고 있었다. 그것에 대한 최선의 의미는 양심적인 행동과 도덕적인 견해를 바치는 것이라고 생각했다. 우리는 무섭고 아름다운 우주에 의해서 둘러싸여 있다. 그러나 그것의 힘은 윤리 도덕에 관계없는 방식으로 움직인다. 우리 인간과 같이 정의라던가 공정성, 약자들의 보호, 동료 인간들에 대한 이바지, 삶의 가치와 목적 등의 특별히 인간적인 가치에 그것은 무관심하다. 이들 가치들을 우리 주변의 세계로 도입해야만 하는 것은 우리 인간들이다. 그리고 우리의 적극적 상상 속에서 일어나는 창조물들은 종종, 모든 실용적인 목적을 위한 자연의 비인간적인 힘의 의인화이기 때문에, 윤리적이고 인정 있는, 그리고 실용적인 요소들을 적극적 상상 속으로 가져와야만 하는 것은 바로 우리 자신이다.

융은 또한 인간적인 의미에서, 윤리적인 갈등 없이 양심의 발달이 없다는 것을 관찰했다. 양심은 항상 윤리적인 대립들을 포함한다.

즉, 우리는 갈등적인 가치, 태도, 그리고 우리에게 열려있는 행동방법들을 자각하게 된다. 그리고 우리는 도덕적인 선택을 해야만 한다는 것을 발견했다.

모든 이들 원칙들은 적극적 상상 속에서 그들의 길을 발견한다. 내면의 모습들이 그들 스스로를 제시할 때, 다른 태도들과 가능성들이 표면으로 나타날 때, 필연적으로 우리는 이들 가치들 중에서 비교, 선택하기 위해서 윤리적인 결정을 해야만 한다.

> 그것이 이미지들에 대한 약간의 이해를 하는데 충분하고, 그 지식이 여기서 중지될 수 있다는 것을 생각하는 것은, 똑같이 중대한 실수이다. 그들에 대한 통찰은 윤리적인 복종으로 전환되어야만 한다. 그렇게 하지 않는 것은 강력한 법에 먹이를 떨어 트리는 것이다. 그리고 이것은 다른 사람들뿐만 아니라 알고 있는 사람들에게도 파괴적인 위험한 효과를 도출한다. 무의식의 이미지들은 커다란 책임을 한 남자에게 남겨둔다. 그것들을 이해하는 데에 실패, 혹은 윤리적인 책임의 회피는 그에게서 전일성을 박탈하고, 그의 삶에 고통스러운 불완전성을 강요한다.
>
> (융, MDR, 192)

융은, 그의 여자 친구가 얼어붙은 호수에 미끄러져 물 밑에서 허우적거리는 것을 꿈꿨던 젊은 사람에 대해서 이야기했다. 융은 그 남자는 바르게 앉아 있을 수 없었고, 운명의 냉정한 힘이 내면의 여성을 죽이도록 했다는 이야기를 효과적으로 했다. 그는 그 남자에게 적극적 상상으로 들어가고, 물속에서 그녀를 끄집어내기 위해 무슨 일을 시작하고, 그녀를 위해 불을 피우고, 그녀를 위해서 약간의 마른 옷을 준비하고, 그리고 그녀의 생명을 구할 것을 충고했다. 이것들은 실천하기 위한 윤리적, 도덕적, 그리고 인간적인 것이다. 그것은 마치 우리가 외부 세계에서 우리 동료 인간들의 복지에 주의하는 것 같이, 내부 세계의 창조물에 대한 이러한 책임감을 불러일으키기 위한 자아의 의무와 같은 것이다. 그것은 바로 우리 자신의 건강, 위태로워져 있는 내면의 자기들이다.

우리가 사용하는 단어 윤리 'ethics', 그리고 우리의 윤리적 태도에 대한 개념은 '적절한 행동(proper conduct)'을 의미했던 희랍어와, 한 사람이나 사람들의 '본질적이 성격이나 정신'을 의미하는 희랍어, 'ethos' 로부터 파생되었다. 따라서, 'Ethics'의 본래적 의미는 인간의 진실한 내면의 성격과 일치하는 행동의 인간적인 표준을 의미 한다.

윤리는 통일성과 일관성의 원칙이다. 윤리적으로 행동하는 사람들은 그들의 가치에 따라 그들의 행동을 하도록 하기 위해 정직한 노력을 하는 사람들이다. 한 사람의 행동이 총체적으로 한 사람의 본질적인 성격과 불일치 한다면, 그것은 항상 인성의 파편화를 반영한다. 융이 말했던 것과 같이, "윤리적인 책임의 회피는 그에게서 그의 전체성을 박탈한다. 그리고 그의 삶에 고통스러운 불완전성을 강요한다."

지금까지 우리가 얘기한 것으로부터, 우리는 적극적 상상의 윤리적 측면을 보존하는데 포함된 세 가지 특별한 요소들을 요약할 수 있다.

첫 번째, 우리는, 우리의 성격과 우리의 본래적인 가치와 일치하는 태도와 행동과의 합치를 위해서 윤리적 요소를 첨가시킨다.

두 번째, 윤리적 균형은 우리가 하나의 원형이나 우리 자신들의 한 부분이 다른 원형이나 부분들을 이용해서 우세해 지지 않도록 하는 것을 필요로 한다. 우리는 하나의 편협한 충동이나 목표를 추구하기 위하여 본질적인 가치를 희생시킬 수 없다.

세 번째, 우리는 인간의 삶에 봉사하고, 실용적인 일상 생활이 유지되도록 하고, 우리의 인간관계를 살아 있게 하는 특별한 인간 가치들을 육성하고 보존해야만 한다.

집단 무의식의 커다란 힘은 너무 압도적이라서 우리는 갑자기, 의식적인 마음을 사로잡는 원시적인 집단 무의식의 본능적인 목표를 향해 질주하는, 일상적인 인간 삶이나 우리 주변 사람들을 현혹시킬 수도 있는 부주의한 영향에 상관하지 않는 에너지의 흐름에 휩쓸려 갈 수 있다. 필연적으로 강력한 형상이 우리의 적극적 상상 속에 나타날 것이다. 그리고 이러한 미증유의 힘을 움직이도록 활성화 시킬 것이다. 그것은 우리에게 가장 강력한 말로써, 우리가 원하는 것을 획득하는 길 위에 있는 모든 도덕관념을 버리고, '우리를 절제하는' 약속과 책임을 버리도록 충고할 지도 모른다. 이들 생각은 항상 우리 자신을 주장하고, 우리가 작업하는 상황을 통제하고, 우리의 가족이나 친구들과 함께 우리의 길을 가는, 한 가지 방법 혹은 또 다른 방법으로 우리의 가락에 맞춰 모든 사람이 춤추게 하는 환상을 생산한다.

이러한 종류의 환상이 움직이기 시작할 때, 단순히 우리 주변의 사람들과 기준을 정하고, 우리의 길에 있거나 반대편에 있는 사람들에게 직접 설명하고, 그리고 정확하게 우리가 원하는 것을 함으로 해서 우리는 우리가 모든 갈등을 해결하려 하고 모든 것을 처리시키려 한다는 것을 확신하게 된다.

이들 극단적인 수단들은 그 속에 어떤 진리 — 부분적인 진리가 있기 때문에 아주 매력적이다. 우리 자신은 물론 우리 주변의 모든 사람들은 허약해져 있고, 우리가 태도를 취하는 데에 실패한 영역을 가지고 있다. 우리가 의지가 약하다면, 우리가 우리 자신의 강박 충동에 의해서 주변으로 밀려난다면, 삶의 일상적인 모순 속에 빠진다면, 우리가 무의식의 정반대의 유혹에 빠지는 것은 놀라운 일이 아니다. 우리는 힘과 의지의 순수하고 깨끗한 행동으로 모든 것을 해결하고자 하는 환상에 의해서 사로잡힌다. 그러나 우리가 이러한 메시지를 문자적으로 받아들이고, 그것을 그것의 미증유의 미발달된 형식으로 행동에 옮기려고 시도한다면, 우리는 야만인 같은 행동으로 인도된다. 이럴 경우 우리는 우리 뒤에 파멸의 길을 남길 뿐이다.

윤리적 가치에 대한 우리의 감각이 평형상태로 되어야만 한다는 것은 정확하게 이 지점이다. 그렇지 않다면 우리는 파괴적 — 궁극적으로 '자기'—파괴적인— 극단으로 갈 것이다. 우리의 삶은 황폐화 될 것이다. 인간적인 가치나 인간적인 관계를 상실할 것이다.

공정성과 범죄와 같은 인간 가치에 대해 자기변명하고, 강력히 자기 주장하는 것만이 자아의 결정적인 과제가 된다. 자아는 질문해야 한다, "이러한 극단적인, 공상적인 교의가 나의 일상적인 삶에 무슨 영향을 끼치게 될까?" 자아는 그들의 압도적, 때론 비인간적 성격으로 이들 무의식의 비인간적인 힘을 완화하고 인간화하기 위한 길을 발견해야만 한다.

어떤 상황이 우리의 실존을 파괴하고, 우리 가족과의 관계에 상처를 주게 되고, 우리 직장에 문제를 야기하거나 우리를 모든 사람과 세력 싸움으로 몰고 가게 될 우리의 무의식이 으르렁거리며 나타난다면, 그 때에 우리는 타당한 윤리적인 대안을 제시할 의무와 책임을 모두 갖고 있다.

우리는 이렇게 말할 수 있다. "주목하라, 여기 나에게 매우 중요한 몇 가지 인간적인 가치들이 있다. 나는 그것들을 포기하지 않을 것이다. 나는 사랑과, 내가 나의 가족과 친구에게 가지고 있는 관계를 포기하지 않을 것이다. 나는 모든 사람들과 그 밖의 모든 것과의 관계를 훼손하고 어떤 이상화 된 목표를 추구하길 원치 않는다."

우리는 이미 이것은 대등한 관계의 대화여야만 한다는 것을 알고 있다. 이것은 우리가 적극적 상상 속에서 우리에게 이야기하는 원형을 존중할 뿐만 아니라, 또한 도덕적으로 이야기 하면서 그들과 대등한 우리 자신을 생각해야만 한다. 따라서 우리 자신이 윤리적인 태도로 저쪽에 이야기 하고, 그쪽의 입장을 가정하고 그것을 진실한 대화로 만들 수 있어야 한다. 우리는 지배하려 하지 말고 또한 우리 자신이 지배되지 않도록 해야만 한다.

자아 수준에서 윤리적 의미에 대한 중요한 필요성은 무의식의 천성 그 자체로부터 나타난다. 어떤 의미에서 무의식은 도덕에 관계 없다. 도덕성에서 무의식은 정신의 영역에 대한 강력한, 비인간적인 핵심 생각을 표현하고 살아남는데 관심이 있다. 집단 무의식 안에서 모든 원형, 모든 힘은 자연의 다른 힘과 같이 도덕적으로 중립적이다. 그 스스로 그것은, 그것이 하는 것이나 그것이 요구하는 것에 대한 도덕적이거나 윤리적인 한계를 부여할 수 없다. 보존되어야 하는 다른 가치들, 균형이 충돌되고, 삶이 낭비되기 보다는 이바지 되도록 하기 위한 내면의 요구나 목소리에 부응되어야만 하는 한계들을, 오직 인간 의식만이 고려할 수 있다.

원형은 원시적인 밀림의 모든 감금된 본능적인 힘과 함께 의식으로 폭발한다. 그리고 자연 속의 야생동물들과 같이, 그들은 공평성, 정의, 혹은 도덕성에 대한 인간적인 생각에 대해 관심을 거의 갖고 있지 않을 수 있다. 그들은 본능에 가까운 힘으로 작용한다. 원시적 원형들은 정글 속의 사자들에 비유될 수 있다: 우리가 그들의 거친 화려함 속에서 그들을 볼 때, 그들은 고상함의 걸어 다니는 화신과 같이 나타난다. 그러나 그들은 또한 자연의 비인간적인 그 스스로에게 각각 법이 있고, 자연의 비인간적이고 초 도덕적 법을 따르고, 연민, 친절, 희생과의 일치, 사랑-관계, 혹은 공평함의 인간적인 고려에 의하면, 자격이 없는 힘들이다.

전체적인 인간 성격을 구성하는 많은 원형들은 사냥, 생존, 공격, 영토주권의 순수하고, 生본능으로써 표현된다. 그들이 인간적인 가치에 의해서, 사랑과 도덕적 책임감에 의해서 자격이 갖춰지면, 그들은 놀라운 힘들이다. 그러나 그들이 그러한 다른 것, 인간적인 감정이 없이 우리를 지배한다면, 그들은 우리를 단순한 짐승들로 격하시킨다. 적극적 상상 속에서 우리에게 나타나는 모든 형상 속에는 어떤 진리와 지혜가 있다. 항상 각각은 우리가 특별히 우리 자아의 일방적 편향성과, 인생을 바라보는 우리의 습관적인 방식들을 보충하기 위하여 필요한 지혜를 가져다 준다. 우리들 각자가 가지고 있는 중요한 과제는, 따라서, 우리가 무의식의 '뚜껑을 열 때', 독립적으로 그리고 분명하게 생각하는 것이다. 우리는 내면 목소리의 과도한, 유혹적인 극적인 충동 뒤에 감춰져 있는 진리를 주의 깊이 들어야만 한다. 우리는 그러한 진리를 더 문명화 된, 더 인간화 된, 더 참을 수 있는 어떤 것 ― 그것을 제거하지 않고 일상적인 인간의 삶으로 통합될 수 있는 어떤 것으로 정제해야만 한다. 그리고 그 진리를 향해, 우리는 우리 자신의 인간적인 윤리적 위치를 발견해야만 한다.

4) 4단계 : 의식(The Rituals)

우리가 적극적 상상을 구체화 하는 것은 그것을 추상적, 이상화된 수준에서 가져다가 일상적인 삶으로 연결시키기 위해서 그것에 물리적인 속성을 부여하는 것을 의미한다. 적극적 상상의 네 번째 단계는 꿈 작업의 네 번째 단계와 아주 똑같다. 이것은 우연의 일치가 아니다. 우리가 어떤 형식의 내면 작업을 행하고, 그것으로부터 어떤 통찰이나 해결을 얻고자 할 때, 일반론적으로 우리는 그것을 구체화하기 위해서 무슨 일인가를 해야만 한다는 것을 알고 있다. 즉, 물리적인 의식을 행하거나 혹은 적합하다면, 그것을 우리의 실제적인 일상적 삶의 구조 속으로 통합할 어떤 일을 하는 것이다.

이 네 번째 단계에 관해서 설명할 필요가 있는 한 가지 매우 중요한 요점이 있는 데, 그것은 바로 우리는 '實演'해서는 안 된다는 것이다. 심리학적인 전문용어에서, '실연하는 것'은 기본적으로, 우리의 내면적, 주관적 갈등과 자극을 받는 것과 또 그것을 외부적, 물리적으로 수행하기 위해 노력하는 것을 의미한다.

극단적인 치료 상황에서, 실연은 자기 자신이나 다른 사람들을 향한 폭력의 형식을 취할지도 모른다. 그러나 우리들 중 대부분은 우리의 일상적인 삶 속에서 그것을 느끼지 못하고 결국 어떤 미약한 실연이 되는 행동을 한다. 예를 들어서, 그가 할 수 없는 어떤 결정 앞에서 내면의 무서운 갈등 속에 빠져서 그의 아내에게 분노로 폭발시키고, 그녀와의 싸움을 통해서 그것을 해결하려 한다.

적극적 상상은, 그것이 아주 많은 환상 재료를 이끌어 내기 때문에, 이러한 실연에 대한 기회들을 제공한다. 앞의 이 남자가 조심하지 않고 적극적 상상 속에서 그의 아니마와 논쟁한다면, 이후에 곧바로 실제의 현실 속에서 그의 아내와 똑같은 논쟁을 시작할 것이다. 그는 외부적으로 그리고 글자 그대로 상상을 실제로 수행하기 위해서 노력할 것이다.

이러한 네 번째 단계에서, 우리의 상상을 구체화 한다는 것은 글자 그대로의 방식으로 우리의 환상들을 행동에 옮기는 것을 의미하지 않는다. 오히려, 그것은 그것으로부터 여과한 '본질'— 우리가 경험으로부터 이끌어낸 의미, 통찰, 혹은 기본적인 원칙— 을 취하는 것, 그리고 물리적인 의식을 수행함으로 해서, 혹은 우리의 실제적인 삶 속에 그것을 통합함으로써 그것을 구체화 하는 것을 의미한다. 우리는 문제에 말려들 수 있고, 우리가 이것을 구별하는데 실패한다면 상처를 받을 수 있다. 우리는 이 네 번째 적극적 상상의 단계를 우리의 환상들을 가공되지 않은, 글자 그대로의 형식으로 행동에 옮기기 위한 허가증으로 받아들여서는 안 된다.

  이러한 원칙이 극단적인 형태로 떠오를 때, 그것이 얼마나 무서운 일인가에 대한 예를 들어 보자. 우리들로 하여금 내가 적극적 상상을 하고 있으며, 내가 검으로 적들과 싸우는 고대의 시간 속에 있는 나 자신을 보도록 가정하도록 하자. 이러한 검술이, 정신적으로 행해진다면 나에게 유효한 일일지도 모른다. 그러나 이러한 상상력을 구체화 해서 검을 획득하고 그것을 내가 분노하고 있는 사람들에게 실제로 사용한다면, 현실적으로 엄청난 결과가 발생할 것이다. 그러나 만일 적극적 상상의 주제가 일상적 환경에 좀 더 가까이 밀착돼 있다면, 현실과 상상의 차이를 발견하는 것이 더욱 어렵고, 그래서 환상을 행동으로 옮기려는 유혹이 더욱 강해진다.

  이런 이유로 필자는 적극적 상상에서 외부적, 물리적인 사람들의 이미지들을 우리가 사용해서는 안 된다는 것을 강조하고자 한다. 우리는 마음속에 우리의 배우자, 우리의 친구, 혹은 직장의 동료를 불러 모으지 말아야만 한다. 그리고 상상 속의 그 사람들과 이야기를 시작하지 말아야 한다. 만일 우리가 그렇게 한다면, 우리가 다시 그 사람 주위에 있게 될 때, 그들은 우리의 적극적 상상을 '물리적으로' 실연하도록 하는 극단의 무의식적 압력을 수행하게 된다. 우리는 원치 않게 상상의 수준과 외부적, 물리적 관계의 수준을 혼동하게 된다. 우리는 다른 사람들에게 아무런 의미가 없는 일들을 하거나 얘기하길 시작한다.

  우리가 아는 어떤 사람의 이미지가 우리의 상상 속에서 떠오를 때 할 일은, 그것을 중지하고 이미지의 모습을 바꾸는 것이다. 우리는 우리의 대화 과정 속에서 이것을 곧바로 할 수 있다. 우리는 이렇게 이야기 할 수 있다: "주의, 나는 이유를 모른다, 그러나 당신은 사무실에서 정확하게 나에게 화난 놈같이 보인다. 나는 당신이 내 안에 있는 에너지 체계라는 것을 알기 때문에, 죄송하지만 당신의 모습을 바꾸어라. 나는 내 안에 있는 것을 내 밖에 있는 사람과 혼동하길 원치 않는다." 만약 당신이 이렇게 한다면, 당신의 내면의 모습은 거의 대부분 협력하고 그들의 모습을 바꿀 것이다. 그 다음에 우리는 외부적인 인간 존재가 아니라 우리 자신의 일부와 우리가 이야기 하고 있다는 분명한 느낌으로 대화를 계속 할 수 있다. 당신의 외부 세계에서 알고 있는 어떤 사람의 이미지를 사용해서 적극적 상상을 하는 것이 왜 나쁜 생각인가에 대한 또 다른 이유가 있다. 그것은 사람들이 '마술'로 부르곤 했던 것이다. 우리가 무의식 수준에서 하는 것은 우리 주변 사람들의 무의식으로 전이되고, 무의식적으로 그들에게 영향을 끼친다는 것은 경험으로부터 분명히 알고 있다. 우리가 물리적으로 그들 주위에 있지 않을 때조차도, 우리가 환상과 상상 속에서 하는 것은, 다른 사람들에 의해서 느껴지는 집단 무의식을 통한 마음의 동요를 그들의 무의식 속에 전달한다. 따라서, 만약 우리가 적극적 상상과 같이 강력한 도구를 택해서 그 모든 에너지를 어떤 사람의 이미지 위에 있는 무의식 속에 집중시킨다면, 그것은 그 개인에게 영향을 끼치기 시작한다. 비록 우리의 의도가 좋은 것이라 해도, 결과는 동시적으로 조작적이고 통제할 수 없다. 우리는 그 효과가 무엇일지를 정확하게 예측할 수 없다. 다른 사람은 몽롱하고 무의식적 압력을 느낄 수도 있고, 왜 그런지를 이해하지 못하고 우리를 향해 다르게 행동하기 시작할 지도 모른다.

똑같은 이유로, 우리 자신을 어떤 사람에 관하여 많은 것을 환상하도록 허용하는 것은 잘못이다. 수동적인 환상과 같이 언제나 쓸모 없는 존재에 대하여, 그것은 다른 사람, 우리 자신 그리고 우리의 관계에 나쁜 영향을 끼친다. 우리가 외부적인 사람에 관한 반복적, 강력한 환상에 무의식적으로 사로잡힌다면, 우리는 화날 것이고, 그들에게 잔소리 하면서 매우 환상적일 것이다. 우리는 그 사람에게 모멸감을 주기 위해서 얘기할 모든 풍자적인 설명들을 잘 살펴보는 데서 커다란 만족을 얻을 것이다. 혹은 우리는 사랑에 빠질 것이다, 그리고 하루 종일 마음 속 깊이 활동 중인 일정한 환상을 갖게 될 것이다. 어떻게 우리가 가장 사랑하는 사람에게 구혼할 것인가, 일이 어떻게 판명 날까, 어떻게 우리가 이후에라도 흥분되고, 열정적인 꿈속에서 살까 하는 환상을 갖게 될 것이다.

첫 번째, 적극적 상상에서와 같이 외부적인 사람에 관하여 우리의 마음을 통한 계속적인 환상의 흐름은, 필연적으로 무의식을 통하여 다른 사람에게 영향을 끼친다. 두 번째, 환상에 몰입하는 것은 우리에게 나쁜 영향을 끼친다. 왜냐하면 그것은 우리를 다른 사람에 관한 어떤 형식 속에 감금하는 것이기 때문이다. 우리는 계속적인 환상의 반복을 통해, 다른 사람들을 어떤 방식으로 생각하도록, 어떤 방식으로 자동적으로 반응하도록 조건화 된다. 그래서 이러한 자동 조건화는 객관적인, 외부적 상황에 완전히 부적합할 지도 모른다.

따라서, 우리가 외부적인 사람에 관해 강력한 내면적 감정을 가지고 있다면, 그들이 긍정적이든 부정적이든, 우리 자신 속에서 주관적으로 진행되고 있는 것을 발견하기 위하여 내면적인 작업을 함으로써 시작하는 것이 최상이다. 그런 다음, 우리가 다른 사람에게 이야기 될 필요가 있는 어떤 것을 가지고 있다면, 우리의 안내자로서 보편적 의미와 예의를 사용해서— 그것을 직접적으로 얘기하는 것이 더 좋다. 그 사람의 이미지를 사용한 적극적 상상이나 환상의 흐름 속에 몰입하지 마라. 그리고, 무엇보다도 우리의 심상이 글자 그대로 행동으로 옮겨지지 않도록 하라.

적극적 상상의 네 번째 단계는 양날의 칼이다. 그것은 필수품이지만, 잘못 사용되어서는 안 되고, 혹은 그것은 좋다기 보다 더 해가 될 수 있다. 이 단계에서, 우리는 우리가 우리 자신의 내부에서 발견할 수 있는 모든 지혜와 보편적인 의미를 사용할 필요가 있다. 결국, 네 번째 단계는 윤리적 요소를 덧붙이는 세 번째 단계로부터 분리될 수 없다. 왜냐하면, 우리가 하는 모든 것에서 한계를 정해야만 하고, 우리의 안내자가 되어야만 하는 것은 우리의 윤리적인 의미이기 때문이다.

4. 적극적 상상의 활성화 방법 : 명상

명상을 통한 심리적 이완은 적극적 상상을 활성화 하기 위한 효과적인 방법들 중의 하나이다. 융은 적극적 상상의 준비단계로서 참여자가 시를 쓰거나 조각을 하고 상상을 직접 춤으로 표현하는 과정에서 특별히 잠을 자는 것도 그렇지도 아닌 상태 즉, 모든 판단을 중지한 상태에서 나오는 환상을 특히 중요하게 생각했다. 키이츠는 이러한 상태를 시 쓰기에 대한 전제조건으로 기술하고 있는데, 즉 '소극적인 능력'의 조건 - 사실과 이유를 파악하려는 노심초사를 하지 않고, 스스로를 '불확실성, 신비, 의문 상태에 남아 있도록 허용하는 능력'으로, 프로이드가 정신분석에서 주장하고 있는 '차분히 유예된 주의(suspended attention)' 와 다르지 않다. 융은 이에 대해 그의 논문 '초월적 기능'에서 다음과 같이 말하고 있다.

> 많은 환자들은 그저 비판적인 주의력을 배제하고 자유롭게 떠오르게 하는 것으로 언제라도 환상을 만들어 낼 수 있는 능력을 지니고 있다. 이러한 환상은 쓸모 있는 것이다. 다만, 이런 특별한 능력은 그리 흔하지 않다. 그렇지만 특별한

연습을 통하여 이 능력을 키울 수 있기 때문에 이렇게 자유로이 환상을 만드는 사람의 수는 무시 못할 만큼 많아진다. 그 연습은 우선 비판적인 주의력을 배제하는 체계적인 것인데, 이로써 의식의 공백 상태를 만들어 내는 것이다. 그렇게 함으로써 이미 준비되어 있는 환상을 쉽게 증가시킬 수 있다.14)

융에 의하면 인간은 누구나 환상을 만들어 낼 수 있는 능력을 지니고 있다. 하지만 그러한 환상을 불러일으키는 것은 많은 훈련과 기술을 필요로 하는 일이기도 하다. 따라서 융은 적극적 상상을 불러오기 위한 준비로써 모든 주의력을 배제한 의식의 공백상태, 즉 명상과도 같은 상태를 강조한다. 그러한 무비판적인 상태에서 오히려 무의식의 시각적 이미지나 단어, 문장 또는 소리와 같은 형태로 떠오른다고 했다. 명상은 문학치료의 도입단계에서 실시되는데, 이를 통한 신체 심리적인 이완이나 주관적인 판단중지 상태는 융이 적극적 상상의 준비단계로 요구했던 치료적 분위기와 참여자의 내적 심리상태를 제공해 줌으로써 적극적 상상을 강화할 수 있는 도구로 사용될 수 있다고 말할 수 있다.

융에 의하면 상상행위는 정신 에너지가 자연스럽게 흐르는 과정이다. 융은 적극적 상상을 눈을 뜬 상태에서 꿈을 꾸는 것과 유사하다고 말했다. 분석심리학에서는 무의식을 구성하는 인간의 마음이 주로 이미지로 존재한다고 보는데 이러한 무의식의 이미지는 그것이 개인적인 경험에서 오는 것이든 원형적인 요소가 강하든 모든 인간의 감정의 형태다. 따라서 적극적 상상을 하는 동안 개인은 그러한 무의식을 구성하고 있는 내용의 구체적인 이미지나 경험에 주목

---

14) C.G.Jung91921), 「Psychological Types」, 「The collected Works」, 1974. Vol. 6. Princeton University Press. P353.

하게 된다. 이때 그와 관련된 像들을 떠 올리는 것은 그들이 자신들의 심리적인 문제에 보다 가깝게 다가설 수 있도록 돕는다. 무의식의 내용과 직면하는 과정에서 융은 내적 형상과의 대화, 그림, 만다라(mandala)와 같은 다양한 접근법을 사용했다. 그는 연극, 춤, 조각, 글쓰기 등과 같은 지속적인 창작 작업이 무의식적 내용을 상으로 표현하게 함으로써 치료적 자료로 활용하는데 도움을 줄 수 있다고 보았다. 이후 융 학파는 점토작업, 시, 자동적 글쓰기, 음악, 춤, 무용, 의식, 모래놀이와 같은 언어적, 비언어적인 표현을 포함하여 적극적 상상의 매체를 다양하게 확장시켜 나간다.

적극적 상상은 개인에 따라 다양하게 나타날 수도 있다. 경우에 따라서 개인은 적극적 상상에 몰입하지 못하는 경우도 있을 수가 있고 또 어떤 경우에는 일시적으로 그것을 경험할 수도 있다. 이에 관해서 융 자신도 적극적 상상이 단순하게 행할 수 있는 기법이 아니라고 언급하고 있다. 적극적 상상은 단순히 수도꼭지를 틀어서 물이 나오게 하는 것과는 다르다. 엄격히 말해 어떤 경우는 적극적 상상이 일어나지 않거나 그 과정에서 더 많은 어려움을 만날 수도 있다. 하지만 적극적 상상이 일어날 수 있도록 하는 요건을 충족시킨다면 보다 더 쉽게 그것에 도달하도록 유도할 수 있다. 융은 자신이 적극적 상상을 해나가는 과정을 다음과 같이 소개하고 있다.

> 소란스런 의식을 꺼버리고 내면의 소리를 조용히 경청하면서 눈앞에 나타난 내면의 이미지들을 바라보십시오, 당신의 언어를 담당하는 근육이 표현하고자 하는 단어에 귀를 기울이십시오. 이때 일어난 것을 판단 없이 글로 적으십시오. 그림 그리기는 능력이 있든지 없든지 떠오르는 이미지를 끊임없이 그리십시오. 일단 이러한 여러 단편적인 내용이 나온

후 이것에 관해 명상을 해 볼 수 있습니다. 어떤 것이든지 비판하여 그 내용을 버리지 마십시오! 만약 어떤 의문이 제기된다면 그것을 다시 무의식에 머물게 하고 다음을 기약하시오. 당신의 설명이 아무리 지적으로 타당성이 있다고 하더라도 그것에 만족하지 마십시오. 무의식은 정신 깊숙이 알려지지 않은 것을 조절할 수 있기 때문에 이런 것에 만족하는 것은 당신의 건강을 매우 위험한 상태로 몰아갈 수 있다는 것을 기억하십시오.[15)]

    융은 적극적 상상을 위해서 우선 방해가 없는 곳에 혼자 조용히 머물 것을 지시한다. 그리고 무의식에서부터 떠오르는 것은 무엇이든지 바라보고 집중하도록 한다. 융은 무의식 상태에 들어가기 위해서는 외부세계에 대해 완전히 주의를 정지시킬 필요가 있다고 보았다. 이와 동시에 마치 우리가 중요한 외적 사건에 대해 말하거나 행동할 때 의식적인 집중을 하는 것처럼 무의식적 세계에 완전한 의식적인 집중을 해야 한다. 이것은 개인이 수동적인 상상에 머무르는 것을 차단시키기 위해서다. 이러한 과정이 성취되었을 때 그림이나 스케치 혹은 글쓰기를 통해 이미지가 다시 무의식 속에 가라앉는 것을 방지해야만 한다. 이때 이미지가 변화무쌍하게 변하도록 방치해서는 안 된다. 하지만 그것은 이미지가 주는 의미가 무엇이고 그것이 왜 일어났는지를 알 수 있을 때까지 첫 번째 이미지에 집중하라는 것을 의미하는 것이지 그 이미지 하나에만 고정되어 있어야 한다는 것을 뜻하지는 않는다. 만일 첫 번째 이미지가 연쇄적으로 논리적인 이야기 구조를 가지고 다른 장면으로 변화한다면 그러한 이미지의 변화를 허용하는 것은

---

15) G. Adler and A.Jaffe91973), C.G.Jung's Letters, Vol.1. Princeton University Press. pp.82~83.

가능하다. 융은 적극적 상상의 마지막 단계가 무의식에 나타난 내용들과 대화를 하는 것이라고 보았다. 이러한 대화 과정을 통해 개인은 무의식적인 내용이 주는 보다 더 깊은 의미에 도달할 수 있다.

1) 명상연습

명상의 본질은 의식의 입구를 통과하는 이동의 수단이다. 우리가 일단 입구를 통과해서, 대저택에 들어가고, 안쪽을 향하여 움직이기 시작한다면, 우리는 우리 자신의 깊은 곳에서 우리가 발견하는 무엇이든 지를 경험할 수 있다. 그것은 즐거운 것일 수도 있고, 고상함일 수도 있고, 그것은 전혀 즐겁지 않은 것일 수도 있다. 명상 진입은 중립적인 절차이다, 그리고 그것은 우리가 경험할 것을 구체적으로 말하지 않는다. 그것은 단순히 입구를 통해서 우리를 의식의 표면으로 데리고 간다, 그리고 훨씬 더 안쪽(무의식)과 일치하는 분위기를 확립한다.

참여자는 각각, 각자가 부가적인 경험을 허용하도록 그들의 침묵 속에 빠지도록 하는 암시인 "침묵 속에, 침묵 속에"라는 어구의 반복과 함께 눈을 감는다. 다음의 예들은 모든 명상에 내재된 완전한 집중이라는 우리의 목표로 인도하기 위한 분위기를 조성하는데 적합한 것들이다. 명상의 목적은 우리를 의식의 입구를 통해서 내면으로 이동하는 것을 도와주는 것이기 때문에, 각각은 전체적으로 혹은 부분적으로 사용될 수 있을 것이다. 예의 어구들을 리듬과 호흡을 천천히 그리고 깊이 반복하면서, 고요함 속에서 눈을 감고, 마음의 진공 상태에서 모든 판단과 평가를 중단하고 어떠한 이미지나 생각들도 자연스럽게 떠오르도록 한다.

〈진흙탕의/깨끗한 : 물의 거울〉

1. 나는 어떤 늙은 현자의 말을 기억한다:
   "진흙탕 물,
   흐르지 않도록 하라
   맑아 지다."

2. 그것을 생각하면서
   나는 나 자신의 내면을 바라 본다.
   나는 본다,
   내 마음의 눈의 스크린 위에
   물의 흐름을,
   움직임
   소용돌이,
   깜깜한,
   그것은 사물들로 가득하다.
   나는 이 물을 들여다 볼 수 없다.
   나는 나의 그림을 볼 수 없다.
   이 물속에서.

3. 이제 움직임이 멈춘다.
   물은 한 곳에 있다.
   그것은 탁한 색깔이다,
   진흙의
   그러나 그것은 조용해 지고 있다
   물은 움직이지 않는다.
   그것의 조용함 속에서

진흙은

　　바닥으로 가라앉고 있다.

4. 수면에 그것은 깨끗해지고,
　　투명해진다.
　　나는 물을 들여다 볼 수 있다
　　더욱 더
　　이제 나는 물을 통해서
　　그것의 가장 깊은 곳을 볼 수 있다.
　　거기서 그것은 빛난다
　　그리고 그것은 반사한다.

5. 하늘이 반사된다
　　조용한 물속에서.
　　그것은 깨끗하다.
　　나는 나무의 반사를 볼 수 있다
　　조용한 물속에서.
　　진흙탕 물은
　　깨끗해 졌다.

6. 내가 계속 바라다 볼 때
　　고요함 속에
　　나 자신에 대한 반사가
　　나타나가 시작한다.
　　물의,
　　조용함 속 깊이

나는 본다
나 자신의 반사를,
나 스스로
수많은 다른 형태들 속에서.

7. 나는 앉아 있다
조용함 속에
그리고 이미지가 그 스스로 생성되도록 한다.
그것은 수많은 것들이 된다.
수많은 이미지들이
조용한 물속에서 나타난다,
수많은 것들이
내가 보도록 떠오른다.

8. 물 속 깊이에서
이미지들이
가장 커다란 비전을 여는
내 안에서
볼 수 있는 그런 것들이 아니다.
나는 그것들을 보지 않는다
나는 겨우 그것들을 안다.
내 안의 어떤 것이
그것들을 인식한다
조용한 물속에서.

9. 진흙탕 물은 조용해 졌다.
　　나는 그것을 응시하면서 앉아 있다,
　　이미지들을 보면서,
　　눈에 볼 수 있고 그리고 눈에 볼 수 없는,
　　그것들이 형태를 취하도록 하면서,
　　그것들이 변화 하도록 하면서
　　그리고 그들 스스로를 재—형태화 한다
　　조용한 물 속의 깊은 곳에서'
　　물의 거울 속에서,
　　나의 자기(Self)의 깊은 곳에서,
　　움직이면서, 움직이면서,
　　침묵 속에 침묵 속에.

〈제단/나무에 서서〉

1. 나는 제단 앞에 서 있다
　　지하 예배당의,
　　늙은 나무의 그루터기,
　　크고 묵직한,
　　연륜의 힘
　　그 안에서 압축된.
　　늙은,
　　혼자서,
　　그것은 말없이 서 있다.

2. 제단/나무는
　　그 자신에게 중심을 둔다.

나는 원시의 깊이를 느낀다
생명의 시초의
나이테들을 통과한다
연륜이 있는 나무의.
그들은 얼마나 멀리 되돌아 갈까,
그들은 어떻게 여기에 있는가.

3. 나는 나 자신이 들어가는
   나이테들의 중심
   연륜이 있는 나무의.
   그들은 나를 조용하게 한다,
   그들은 나를 집중시킨다.
   나는 나 자신이 있음을 느낀다
   중심에
   시간 계의
   거기 원주 속에
   제단의/나무의.

4. 나는 시간의 움직임을 느낀다
   거기 나무의 나이테들 속에서,
   나는 시간의 움직임을 느낀다
   나의 자기((Self)의 중심에서.
   나는 제단/나무 앞에 서 있다
   그것의 나이테에 집중되어,
   안으로 소용돌이치는
   시간의 나이테들 속에서,

시간 앞의 시간,
시간 넘어 시간.

5. 나는 소용돌이치는 나이테 속으로 들어간다,
영원한 나이테들 속으로
생명의 나무의,
고대의 유물 앞에 서 있다
생명의 나무의,
제단/나무
지하 예배당의.

6. 나는 그것 앞에 서 있는 중이다 지금
내 인생을 느끼면서.
내 인생을 느끼면서
살아 있는 그 밖의 모든 것과 함께
그리고 언젠가 살았던,
시간의 나이테 속 거기
제단/나무의 중심에.

7. 나는 제단/나무 앞에 서 있다
그것의 나이테들 속에 들어가면서,
그 속으로 움직이면서,
시간 너머 시간을 느끼면서
지금 있는
여기
내 생명의 움직임 속에서.

8. 내 나이를 느끼면서
   시간을 지나서
   내 인생에서 영원함을 느끼면서
   지금
   있는 이 순간 속에서.
   시간 속의 영원함을 느끼면서,
   그것을 알며,
   그것의 존재
   침묵 속에 침묵 속에.

〈단어를 앞에 두고〉

1. 조용한 숨쉬기
   침묵 속에서,
   내 눈을 감았다.
   사물들을 바라보는 것이 아니라
   나는 보는데 자유스럽다
   내면 의식으로.
   자기(the Self)의 고요함 속에서
   나는 아무데도 움직이지 않는다
   그러나 나는 경계를 넘어 도달한다.
   나는 지각한다
   내적 감각으로.

2. 나는 숲속에서 나 자신을 발견한다.
   나무들은 크다
   그리고 함께 가까이 있다.

나무들은 서로 중첩된다'
그들의 잎들은 서로 맞대서.
땅 위에
내가 걸어갈 공간이 있다,
그러나 위에
햇빛이 다가올.
공간이 없다
나는 위에 햇빛이 있다는 것을 안다
그러나 아무 것도 나무들을 통해서 오지 않았다.
숲 속은 어둡다.

3. 숲 속에 서서
   내 주위의 고요함,
   정적
   깊어짐,
   에워싸고,
   내 주위에서의 반향.
   정적
   나무들을 지나가는 메아리,
   그것의 소리
   돌아온다 그리고 계속된다.
   그것은 고요함이다
   그리고 아직도 그것은 메아리 친다.

4. 나는 고요함 속에 서 있다
   전혀 움직이지 않고.

어떤 존재가 여기에 있다
   내 근처에
   그러나 감촉되지 않으면서.
   하늘을 배회하면서
   그리고 내 가까이에서
   숲의 어둠 속에서,
   그것은 둘러싸는 소리
   모든 것을 감싸면서.

5. 이것은 형태 없는 소리
   숲에 널리 퍼진다.
   그것은 어떤 존재,
   형태를 넘어서 거대한
   그러나 형태를 취하는 것.
   형태를 취하는
   하나의 단어로
   이상한, 고대의 단어,
   그것은 이야기 된다
   공명과 메아리 치는 목소리로
   무시 무시한 것.
   무시 무시한 것.

6. 그 단어는 반향 한다,
   그것은 내 머리 위로 메아리 친다,
   무시 무시한 것.
   무시 무시한 것.

나는 그 단어를 다시 듣는다,
무시 무시한 것.
그것은 이야기 된다
그러나 담화를 넘어서
무시 무시한 것.
무시 무시한 것.

7. 형태 없는 소리의 거대함
   원시의
   인류를 초월해서
   모든 단어들과 목적들을 초월해서
   모든 신념들을 초월해서,
   형태 없는 소리의 거대함
   단어로 형태를 취하는,
   무시 무시한 것.

8. 나는 그 말을 듣는다.
   그것은 이야기를 계속한다,
   무시 무시한 것.
   하나의 단어
   수많은 의미를 함축하는,
   무시 무시한 것.
   소리의 움직임
   나를 일으킨다
   내성적으로,
   나는 운반된다

부드러운 내부의 바람에 의한 것 같이
그 단어가 이야기하도록 한다
그리고 들으면서.

9. 단어가 이야기 하도록 하면서
   무시 무시한 것.
   하나의 단어가 이야기 된다,
   나는 수많은 말들을 듣는다,
   많은 생각들을 운반하면서,
   생의 신비들,
   진리의 역설
   하나의 단어에 내포된.

10. 직접적인 알기,
    생의 통일성을 아는 것은
    듣는 중에 온다,
    침묵 속에 들으면서,
    단어를 들으면서,
    무시 무시한 것이 말하도록 한다
    단어가 말하도록 한다
    그리고 들으면서,
    들으면서
    침묵 속에 침묵 속에.

2) 적극적인 그리고 수동적인 리듬

어떤 현자의 말로 여겨지는 "진흙탕 물, 흐름을 중지시키다, 맑아진다" 라는 말은 명상에서 중요한 역할을 하는 일종의 상상력의 '마중 물'이다. 삶에 대한 은유적 표현으로써, 그것은 인간 경험에서의 타이밍의 의미를 지니고 있는 무언의 철학이다. 즉, 삶의 조건과 그것들이 수시로 바뀌고 서로 다른 것 속으로 이동해 가는 방식을 언급하고 있다.

위의 현자의 말은 자기 스스로를 변화와의 관련 속에 위치시키는 방식을 암시한다. 그것은 바로 적극적인 방식과 수동적인 방식이다. 그러나 우리는 동시에 적극적이고 수동적일 수는 없다. 정반대의 상태가 번갈아 일어날 뿐이다. 그러나 이러한 변화는 의식적인 수준보다 더 깊은 곳에서 일어난다. 외적 경험의 순환 속에서 상호 모순 대립 상태들의 균형과 조화는, 의식적인 결정이나 어떤 의지에 이뤄지는 것이라기 보다는 우리의 더욱 깊은 내면 작용의 결과이다. 우리는 그러한 내면적인 작용을 당장 일어나게 할 수는 없지만, 그것이 우리에게 일어날 가능성이 있는 그러한 방식으로 외적이며 내면적으로 행동할 수 있다.

"진흙탕 물, 흐름을 중지시키자, 맑아지다." 그러나 물이 어떻게 진흙탕 물이 되었으며, 그것이 어떻게 깨끗해 질 수 있는가? 우리 삶의 활동 과정에서 수많은 내적인 사건들, 관심, 생각, 계획, 신념, 성취, 환멸, 수많은 종류의 감정들 모두가 우리의 내면적인 존재의 물속으로 흘러 들어 온다. 이들 생각과 감정들은 물로부터 분리된 것이지만, 그들은 또한 우리의 삶 속에서 필연적으로 수반되는 부분들이기도 하다. 그것들이 우리 삶의 과정에 축적될 때, 그들 존재가 거기에 있다는 단순한 사실과 이곳 저곳으로의 그들의 움직임은 물을 흐리게 하는 효과를 초래한다. 물은 우리 삶의 수많은 내용들과 활동들에 의해서 진흙탕으로 된다. 이것은 우리 앞에 놓여 있는 '마야(maja)'와 같은 것이다. '마야'는 유기체로서의 인간이 환경과 직접 만나지 못하도록 둘 사이에 마치 중간층 같이 끼어 있는 현상으로, '공상'을 의미한다.

　우리는 처음에는 이 문제의 해결이 단순히 물의 내용물을 제거하면 된다고 생각할 것이다. 그럴 경우 물은 항상 맑아질 테지만, 사실은 내용물들이 없다면 우리는 어떠한 삶도 영위할 수 없다. 따라서 그것은 자기-패배적인 것이 될 것이다. 물은 맑아질 것이지만, 그들은 아무런 삶의 목적을 갖지 않으려 할 것이기 때문이다.

　물이 잠잠해 질 때, 삶 속의 일상적인 활동으로 결과된 마음 속의 활동 잔해들은 바닥에 가라앉을 수 있다. 진흙은 점차 사라지고 물은 맑아 진다. 그들이 잔잔한 호수처럼 조용해질 때까지 점차로 더 평온하고 투명해 진다. 이제 그것은 평화스럽다. 거기에는 아무것도 없다. 이제 우리가 물을 처음에 들여다 볼 때 그들은 투명하다. 그들은 깨끗하지만, 우리가 볼 수 있는 모든 것은 물뿐이다. 우리가 고요함 속에 앉아 아무 생각 없이 물을 응시하면, 물은 우리에게 거울처럼 되고 그 속에 이미지가 나타난다. 수많은 종류의 이미지들. 이미지들 중 어떤 것들은 물밖에 있는 것들의 반사이고, 다른 것들은 그 안에 있는, 우리 내면에 있는 것들의 반사, 그리고 특별히 본질의 반사이다. 그들은 물의 심연에 있으며, 또한 우리의 심연에 있다. 고요함은 놀랍게도 새로운 상황을 존재로 실현시키고 있다.

　중간층의 마야를 걷어버리고 우리에게 불현듯이 깨달음이 찾아온다. 갑자기 우리 앞에 세계가 다시 나타난다. 마치 꿈에서 깨어나듯이 우리는 마야의 미몽에서 깨어나게 된다. 그러면 우리는 자신이 다시 온전히 존재하게 된 것을 느끼게 된다.

활동의 시기에, 우리는 일을 하는데 열중했고, 우리의 삶의 물은 더욱 더 진흙탕 물로 되어 갔다. 이제 침묵 속에 진흙탕 물은 가라앉을 뿐만 아니라, 더 추가된 정보의 근원을 우리에게 소생시킨다. 물의 투명함을 통해서, 사실 우리 삶의 다양한 측면들의 반사인 이미지들이 우리에게 보여진다. 우리가 물 속에서 본 이미지들은 우리 존재의 내용들이 우리에게 반사된 상징적인 형태들이다. 우리는 삶의 외부 영역을 반사하는 이미지들, 우리 존재 내부의 깊은 곳을 반영하는 이미지들을 본다. 그리고 우리는 감정과 막연한 감각들이 내면적인 세계와 외부적인 세계를 서로에게 관련시키는 매개영역을 반영하는 이미지들을 본다. 우리는 우리 삶의 특징들과 내용들이 이미지의 상징적인 형태들로 우리에게 반사되는 것을 발견한다. 우리가 그것들을 지각하는 것을 배우고, 그리고 우리가 그들의 상징을 통해서 우리에게 중재되고 있는 메시지를 인식할 때, 우리는 우리 삶에서 이용하기 위한 정보의 다양한 원천에 접근을 할 수 있다.

이제 우리 삶 속에서 번갈아 바뀌는 양극성을 고려해서 리듬이 움직이는 방식을 관찰하도록 하자. 우리가 활발하게 우리 삶에 열중했을 때, 그러한 물이 진흙탕 물이 될 때까지 우리의 내부적 존재의 물 속에 수많은 것들이 축적된다. 그것의 심리학적인 등가물은 단순하게 우리의 정신이 혼탁해졌다는 것을 말하는 것이다. 우리 삶에서의 혼돈 때문에 물은 흐려지고 우리는 그 속에 반사되는 이미지들을 볼 수 없다. 그것은 우리가 정보에 대한 우리의 내면적인 원천을 빼앗기는 것을 의미한다. 그리고 그것의 내면적인 기준이 없이 우리의 삶은 궁지에 도달한다. 따라서, 그것은 결국 삶의 활동들이 중단되도록 압박하는 진흙탕 물을 초래하는 것이다.

우리의 삶이 너무 더럽혀져서, 우리가 중단으로 매개될 때 우리는 우리 앞에서 하나의 선택을 한다. 우리는 그것을 인식하고 활동의 중지를 거부하거나, 우리 삶의 자연적인 리듬의 일부로써 또 그것을 우리 삶에 대한 어떤 메시지로써 받아들일 수 있다. 만약 우리가 후자를 선택한다면, 우리는 현자의 방식을 따르는 것이다. 활동은 우리 삶을 더럽히기 때문에 우리는 지금 소극적인 자세로 된다. 우리는 수동적 삶을 향해 기다리는 상태를 유지한다. 그래서 더러운 물은 가라앉고 깨끗해 질 수 있다.

그 다음에는 무슨 일이 일어날까? 우리는 침묵 속에 앉아 있다. 우리는 우리의 마음과 감정의 움직임을 진정시키기 위한 여러 가지 방법들에 대한 선택권을 가지고 있다. 그래서 모든 그러한 생각들과 희망, 계획 그리고 기대와 걱정이 정지에 도달할 수 있다. 다음의 명상연습은 이러한 관점에서 도움이 될 수 있다.

> 자기(the Self)가 조용해지도록 하면서,
> 생각이 멈추도록 하고,
> 호흡을 느리게 한다.
> 호흡이 조용해 진다.
> 호흡이 느려진다,
> 그리고 더욱 느리게,
> 호흡이 규칙적으로 된다,
> 규칙적.
> 한결같지 않은
> 비본질적인 생각들의
> 호흡으로부터의 드롭.
> 그것은 되어간다
> 자기(the Self)의 호흡.

우리가 앉아 있을 때, 그러한 침묵 속에서 천천히 호흡하면서 우리 내면에 있는 물의 더러움이 가라앉기 시작한다. 물은 우리 주변의 분위기가 그것의 침묵 속에 깊어질 때 조용하고 맑아진다. 이제 물은 잔잔한 호수같이 된다. 그리고 호수는 거울같이 된다. 우리가 그것을 들여다 볼 때, 이미지들이 우리에게 나타난다. 우리 삶의 외적 환경과 우리의 심연에 있는 인식 모두의 이들 이미지들은 우리 자신에 대한 반사이다. 그들은 모두 상징적인 형식으로 우리에게 반사된다. 그리고 우리는 그들을 조용한 물 속에서 지각한다.

우리가 지각하는 이들 이미지들, 그들은 우리에게 무엇을 말해 주는가? 우리는 그들과 함께 무엇을 해야 할 까? 이들 이미지들은 우리의 다음 계획을 위한 생각들을 지니고 있을 수도 있다. 그것들은 우리의 다음 우정을 위한 감정을 지니고 있을 수도 있다. 그들은 우리의 다음 활동을 위한 에너지를 지니고 있을 수도 있다. 우리는 활동의 중단, 정신적인 혼란, 그리고 우리 삶의 실패로 인해 침묵 상태에 이르게 되었다. 우리의 활동은 정지에 이르고, 그리고 이렇게 우리는 이제 정반대의 위치로 들어가도록 압박되고 있다. 활동은 정지되고 이렇게 우리는 우리 자신의 수동적인 상태에 이르게 되었다.

우리는 계속 이 상태에 남아 있는다. 그리고 우리는 침묵이 깊어지도록 한다. 우리 내부의 진흙탕 상태는 진정된다. 우리의 내면적인 존재는 맑아진다. 우리는 우리 삶의 표면과 내면을 반영하는 이미지들이 우리에게 제시될 때, 조용한 호수의 물같이 된다. 우리가 알 필요가 있는 지식, 우리가 오랫동안 찾아온 생각이 우리에게 다가온다. 그들은 상징적인 형태로 온다. 그러나 우리의 조용한 분위기 속에서 그들의 의미는 분명하다. 이제 우리는 새로운 계획에 대한 아이디어를 얻는다. 성취할 새로운 과제를 위한 길잡이를 만난다. 우리는 움직임으로 되돌아간다. 정지는 끝났다. 수동적 상태에서의 존재의 시간은 끝나 가고 있다. 실제로, 그것은 역전된다. 우리는 다시 활동적이다. 그리고 모든 것에 가장 중요한 것은 곧, 우리가 근본적으로 침묵했기 때문에 우리는 다시 활동적으로 될 수 있다는 것이다. 그러한 침묵 속에 우리 활동의 마지막 기간의 노력이 평온해 질 수 있었고, 그래서 우리는 조용한 호수로써 다시 내면적으로 맑아질 수 있었다. 그러한 조용한 물의 거울 속에서 내용물, 생각들 그리고 새로운 활동들에 대한 에너지들이 우리에게 주어졌다. 그리고 이렇게 우리는 내면으로부터 추진되어 우리의 수동적인 상태로부터의 침묵에서 우리의 적극적인 삶으로 다시 돌아온다.

우리는 진흙이 다시 한번 축적되어 우리를 정지로 이끌 때까지 그 활동 경로를 따라서 계속될 것이라는 것을 가정할 수도 있다. 그 때 우리는 적극적으로부터 수동적으로 움직이는 순환이 우리를 다시 한번 더 적극적인 상태로 돌아가게 하는 재료를 공급할 때까지 침묵에 대한 우리의 길을 발견할 것이고, 그리고 조용한 장소에 남아 있는다. 우리가 그 순환을 통해서 다시 또 다시 움직일 때, 짧은 지속의 시간 어느 순간, 좀 더 긴 범위의 순환 속의 어느 순간, 우리는 점차적으로 우리의 개인적 성격에 가장 잘 맞는 것처럼 보이는 리듬을 인식하게 된다. 그 리듬은 우리의 개인적인 리듬이다. 그것은 적극적이고, 수동적인 경험의 정반대의 순환에 의해서 우리의 개인적인 삶을 통해서 움직이는 리듬이다. 이것은 모두가 우리의 삶 속에서 그들의 위치를 발견하는 희망과 성취, 절망과 재생의 형식이다. 그것은 이원대립적인 보편적 순환이 우리의 삶 속에서 하나의 길을 발견할 수 있는 개인적인 리듬이다.

명상 연습의 가장 중요한 기능들 중의 하나는, 그것이 각자 이들 순환의 디테일 속에 충만 하는 것을 가능하게 하는 방식이다. 그것은 또한 우리들 각자로 하여금 우리 자신의 리듬을 성취하고 인식할 수 있도록 할 수 있게 해서, 그 결과 우리는 그들이 우리의 삶의 과정에 나타나고 또 다시 나타날 때, 양극의 대립적인 순환 과정으로 조화 속에 있을 수 있도록 하는 수단이다. 현자의 적극적이고 수동적인 순환에 대한 리드미컬한 관계를 유지하는 의미는 우리의 명상 연습의 방법론에 가치 있는 기여를 하고 있다.

3) 사고와 이미지의 분자들

나무 조각을 생각해 보자. 그것은 견고하고, 불투명체이며 감촉이 단단하다. 우리는 그것을 단 하나의 견고한 단위로써 집어 올릴 수 있고, 잡을 수도 있고, 그것을 사용할 수도 있다. 그리고 지금까지 우리는 나무의 분명한 고체성은, 단지 그것의 외관적 측면으로부터 비롯되고 있다는 것을 물리학적 지식으로부터 알고 있다. 그러나 나무의 불투명성과 고체성은 단지 상대적이다. 우리가 또 다른 관점에서 그것을 접근할 때 우리는 나무가 전혀 견고하지 않고, 어떤 측면에서 그것은 분자들의 움직임이라는 것을 느낄 수 있다. 나무는 그것의 외관 외에, 그것은 활동적이고 효과적인 내부적 차원을 가지고 있다. 그러나 나무 속의 이러한 유동성은 우리의 상식적인 지각으로는 볼 수 없다.

이러한 것을 고려한다면, 우리는 물리적 현실과 우리 인간 경험 사이의 많은 '一致'가 존재하고 있음을 인식할 수 있다. 물리적 현실이나 인간 경험은 모두 특별한 중요성을 가지고 있다. 첫 번째, 물리적 현실은 그 밑에 어떤 미묘하고 알기 어려운 층위를 숨기고 있는 그것의 외부적 측면을 가지고 있다. 우리가 우리의 피상적인 지각의 상식적인 가정을 뛰어 넘을 때, 우리는 우리가 상상했던 것보다 아주 더 커다란 물리적 존재의 특성과 힘에 도달한다. 그것은 확실히 우리가 언제나 표면에서 보는 것의 분명한 견고성 아래 혹은 안쪽에 분자적인 구조들이 있다는 발견이, 지금까지의 화학자들과 물리학자들의 경험이다.

그러한 방식으로, 우리 인간의 경험은 외부적인 모습과 내적인 현실이라는 그것의 이원성을 가지고 있다. 우리는 표면에 보이는 우리의 사회적인 겉치레, 다양한 태도와 행동적인 특징들을 가지고 있다. 그리고, 나무와 같이 우리는 또한 우리 자신의 내면 속에 보이지 않는 사실의 층위를 가지고 있다. 우리의 심연에서 작용하는 매우 강력한 힘들이 있다. 그러나 그들은 우리의 시야로부터 감춰져 있기 때문에 우리는 그것들을 지각할 수 없다. 우리가 특별한 지식과 훈련을 받지 않는 한 그것들을 제대로 통제할 수 없다. 그러한 점에서, 우리 자신 내부의 숨겨진 층위 즉, 우리의 심리학적인 깊은 곳은 물리학적 사실의 내부적 층위에 비교될 수 있다.

물리적 사실과 아주 더 크고 중요한 인간 경험 사이에는 두 번째 '일치'가 존재 한다. 물체의 깊은 곳에서 분자적 층위는 항상 '움직임' 속에 있다는 것이다. 그것은 그것이 처음 발견되었을 때 가장 놀라운 물리학적 성취였으나, 인간 존재의 내면 속에 숨겨진 깊은 곳에서도 동일한 일이 사실로 확인되고 있다. 이미지들과 잠재의식의 사고들의 움직임이 우리 의식의 표면 아래에서 활발하게 일어나고 있다. 그것에 포함된 것들은 시각적인 이미지들뿐만 아니라, 관념, 육감, 직관, 우리가 내면적으로 느끼고 있는 것들, 그리고 지각들과 내면으로부터 인도되지 않고 나타나는 자각들도 있다. 그들은 모두 새로운 결합을 형성하기 위해서 함께 나타나는 이미지들과 사고들로써, 마치 물체의 분자들이 움직이는 것처럼 움직인다.

잠잘 때나 깨어 있는 상태 모두에서 이미지는 우리의 정신적인 의식보다 더 깊은 층위의 우리 내면 속에서 움직인다. 여러 가지 실험들은 반복적으로 이미지와 사고의 움직임이 잠자는 동안 일어난다는 사실을 입증했다. 우리는 이것들이 우리 생활의 중요한 내용들, 우리가 관심을 두고 있는 상황들, 우리가 해결을 모색하고 있는 문제들, 우리가 느끼고 있는 감정들을 포함하고 있다는 것을 안다. 그들은 우리가 잠자는 동안 우리의 내면 공간에서 계속 배회한다. 따라서, 잠자는 동안 꿈꾸는 것은 본질적으로, '사고와 이미지의 분자들'이 우리 내면에서 이동할 때 그들의 유동의 부분으로써 일어나는 형태화와 재 형태화를 포함한다는 것은 당연한 일이다. 이러한 가능성은 꿈과 '사고와 이미지'의 분자 사이의 관계의 관점에서 탐구되어야 할 다수의 암시를 주고 있다.

잠자는 동안 일어나는 현상들은, 우리가 경험의 모호한 범주로써 서술했던 중간 급의 깨어있는 상태 속에서 아주 더 현저하고 눈에 잘 띄게 제시된다. 모호한 이미지 속에서, 우리가 보아 온 바와 같이 이미지의 정의는 어떤 형태로든, 우리의 정신적 의식의 아래 층위에서 우리가 경험하는 우리 삶의 그러한 내용들의 다양한 측면들을 우리에게 반사하는 모든 지각들을 포함한다. 그 외에 모호한 이미지들의 중요한 속성은, 그들이 우리의 어떤 내적이거나 외적 감각들에 의해서 떠오르는, 그리고 그들이 우리의 의식적인 지향없이 일어나는 감각들이라는 것이다.

잠이나 모호한 상태 모두에서, 이미지의 형태들은 움직이고 변화하고, 그들 자신을 재 그룹화 한다, 그리고 새로운 형태들을 다시 그리고 다시 형성한다. 그것은 분자들이 움직이고, 다른 분자들과 상호 작용하고, 그리고 그들 스스로 새로운 특징을 지닌 관련사고로 재 형태화 하는 방식과 매우 비슷하다. 이들 새로운 특징들이 나타날 때 그들은 표면 위에 보인다. 그러나 그것들을 초래하는 변화는 보이지 않는 층위에서 일어난다. 분자들의 재 그룹화는 그 후에 외부적 층위에서 볼 수 있게 되는 변화를 효과적으로 초래하는 요소이다. '일치'는 이제 나무 조각의 화학 작용 속에서 움직이는 분자들과 우리의 심리학적 성격의 잠재의식의 층위에서 움직이는, 사고와 이미지의 분자들 사이에서 분명히 존재하고 있음을 알 수 있다. 움직임은 그들 둘의 특징이다. 때로 유동성, 때로는 정돈된 움직임. 에너지의 특별한 특징들과 체계로 패턴을 형성하기 위해서 무리를 이루고 감정의 집합 속으로 함께 다가오는 것은 역시 물리적이고 심리학적인, 분자의 두 가지 형태들의 특징이다. 그리고 두 형태들의 무리 속에서의 변화들은 또한, 표면 위에 보이게 되는 외부적 특징들인 파생된 특질들 속의 변화로 인도된다. 이것은 사고와 이미지의 분자들의 관점에서 특별하게 진실하다. 왜냐하면, 이미지들이 새로운 패턴들로 재 그룹화 될 때, 태도와 행동의 새로운 특질들은 곧바로 우리 삶의 표면에 반영 된다.

'사고와 이미지의 분자들'의 은유로써 우리 존재의 깊이 층위를 생각하는 것은, 인간의 성격에서 어떻게 변화가 일어나는가를 이해하는 데에 하나의 실마리를 제공할 수도 있다. 그것은 종종 예기치 않게 그리고 설명 없이 일어나는 재생의 변형 경험에서와 같이, 급격한 변화가 사람들의 태도나 신념에 일어날 때, 외적 사건들은 '사고와 이미지 분자들'의 무리 속에서의 예리한 내적인 변화들을 반영하는 것일 수도 있다. 필시 그것은 어느 것이 맨 처음에 나타나고, 어느 것이 다른 것의 원인인지에 대한 질문에는 관련이 없다. 원인과 결과를 초월해서, 우리가 관찰하는 것은 외부적이고 내부적인 것 사이의 상호 관련성의 사실이다. 얼마간의 동시적인 방식으로, 사고와 이미지들의 분자의 외적 경험과 내적 변화는 함께 진행된다. 서로에 대한 그들의 상호 작용에서, 그들은 그 뒤에 우리 삶에서 상황들과 내용들의 다음 모양이 되는 외적/내적 환경의 새로운 단위들을 만든다. 이들과 같은 생각은, 사고와 이미지들의 분자들의 창조적인 자기—결합에 더 이바지 하게 될 개인적 연습과 정신적인 훈련의 방식들이 있다는 가능성을 열어 준다. 이러한 가설은 명상 절차의 배경 속에 있다. 전체론적 심층 심리학에서 우리의 관찰은, 우리들이 '사고와 이미지의 분자들'의 속성들에 관한 여러 가지 추론을 이끌어 낼 수 있도록 했다. 그들은 분명히 우리 인간 존재의 전체 범위의 반사물 들이다. 우리 삶의, 우리 욕망과 좌절의 개인적인 상황들은 그들 속에 반사된다. 그리고 인생에서의 의미의 사사로운 느낌을 지니는 시와 종교의 개인적인 것 이상의 상징들은 또한 그들 속에 반영 되어 진다.

 이미지의 두 형태의 분자들—개인적이고 초개인적—은 우리의 심연에서 섞이면서 함께 움직인다. 때때로 다양한 '사고와 이미지들의 분자'는 새로운 변화를 형성하기 위해서 다른 것들과 함께 자유스럽게 융합한다. 그러한 때에, 사람의 사고와 상상력에서 두드러진, 항상 생각과 활동 양쪽에서 커다란 생산성의 시기로 인도하는 유동성이 있다. 다른 때에는, '사고와 이미지들의 분자들'은 억제되고, 서로 쫓아내는 것처럼 보인다. 그 때에 그들은 섞이지 않는다. 그리고 그것은 분자들의 매우 적은 새로운 결합이 형성되고 있는 듯이 보인다. 이것은 물론, 창조성이 아니고 그것의 바로 반대이다. 그것은 메마른 시기처럼 경험된다. 유동적인 움직임 대신, 거기에는 단단함과 엄격함이 있다. 창조적인 성취 대신 거기에는 좌절이 있다. 따라서 긴장의 분위기가 사람의 심연에 만들어 지고, 그리고 이것은 '사고와 이미지들의 분자들'의 자유스런 움직임을 한층 더 방해한다.

 이러한 부정적인 측면은, 사고와 이미지의 분자들이 그들의 더 큰 형상을 형성하는 과정을 도와 줄 수 있는 건설적인 접근을 위한 필요성을 암시한다. 그것은 '사고와 이미지들의 분자들'은 그들이 그들의 움직임에 대한 방해로부터 자유스러울 수 있는 분위기를 요구한다는 것처럼 보일 것이다. 그들은 이것들이 사회적 요구든지, 개인적 감정의 압력들이든지, 그들 자신의 성격에 외부적인 압력으로부터 가능한 한 자유스러워야만 한다. 그래서 상징주의의 심원한 양식들의 속성처럼 보이는 직관적인 지식과 자기—인도의 능력이 '사고와 이미지들의 분자들' 속에 표현될 수 있다. 그들이 함께 떠오를 때 결합하고, 부서져 떨어지고, 그리고 재 결합하면서 그들은 새로운 생각, 자각, 행동계획, 시적 비전, 그리고 영감 속에서 표현을 택하는 새로운 그룹과 감정의 집합을 형성한다. 그것은 우리가 조용한 분위기를 찾는 하나의 이유이다. 침묵에 대한 이유는 단순히 내적 평화와 조용함의 주관적인 상황을 초래하는 것이 아니다. 그것은 우리 내면의 '사고와 이미지들의 분자들'이 가장 의미 있는 새로운 결합으로 그들의 방법을 발견하기 위해 가능한 한 자유스럽게 되도록, 우리 존재의 심연에서 조화의 심원한 場을 확립하는 것이다. 이것은 창조와 정신적 지각의 내적인 배경이 되는 듯이 보인다.

제2부

치유의 글쓰기
Therapeutic Writing

1. 감정의 이미지화

1) 감정의 은유적 표현

❏ **목표** : 추상적인 감정을 구체적인 사물을 통한 은유적 표현
❏ **진행방법** :

① 칠판 위에 아래와 같이 문장의 일부만을 쓴다:

만일 사랑이 … 라면

참여자들로 하여금 그 문장의 나머지 부분을 그들 자신이 선택한 단어로 완성하도록 한다. 칠판 위에 그들이 제안한 단어들을 상세히 쓴다. 인도자는 참여자들이 도움을 필요로 하면 아래 상자 안에 있는 단어들 중에서 하나를 선택하여 사용할 수 있다.

만일	사랑 우정 행복 친절	트럼펫 별 구름나무 사탕 꽃	이라면

② 참여자들이 정확히 완성된 어구를 선택하도록 한다. 이것은 공동시의 첫 번째 행이 될 것이다. 예를 들자면, **사랑이 트럼펫이라면.**

이제 참여자들이 두 번째 행을 쓰게 한다:

　　나는 …할 것이다

또 참여자들이 그 문장을 끝내도록 유도한다. 당신은 트럼펫으로 무엇을 할 것인가?

그것을 분다
그것을 연주 한다
그것을 큰 소리로 분다

이제 그들은 시의 첫 번째 연을 쓴다:

만일 사랑이 트럼펫이라면
나는 그것을 큰 소리로 불 텐데

③ 참여자들이 그들이 좋아하는 만큼 많은 시행들을 쓰도록 5분의 시간을 준다. 각 연은 2행을 갖게 될 것이고, 사랑에 대한 새로운 묘사를 해야 한다.

④ 참여자들이 이것을 잘 마치면, 그들은 사랑을 또 다른 단어로 바꾸는 연습을 할 수 있다. 앞의 목록에 몇 가지 제안들이 있다.

⑤ 그들은 또한 그들 자신의 더 많은 생각을 사용하는 다른 시행들을 덧붙일 수 있다:

그러나 사랑은 …이 아니다
그것은 …이다

인도자는 또한 그들과 함께 아래에 있는 예들을 사용할 수도 있다.

(1)
만일 우정이 한 병의 포도주라면
그것은 향기가 좋을 것이다
만일 우정이 하나의 드럼이라면
그것은 힘 있게 느껴질 것이다
만일 우정이 한 편의 시라면
그것은 감성적으로 읽힐 것이다
만일 우정이 달콤하다면
그것은 좋은 맛을 낼 것이다

(2)
사랑이 째즈라면,
나는 현혹될 텐데
그것의 화려한 움직임에 의해서.
사랑이 색소폰이라면
나는 그것의 놋쇠 같은 불길 속에 녹을 텐데
왁스처럼.
사랑이 기타라면,
나는 그것의 여섯 가락 줄을 퉁겨 소리를 낼 텐데,
한 소절 여덟 번을.
사랑이 트럼본이라면,
나는 그것의 느림을 느낄 텐데
미끄러진다, 나의 등뼈 아래로.
사랑이 드럼이라면,
나는 그것의 덫에 사로잡힐 텐데,
그것의 엄지손가락 아래에 잡혀서.
사랑이 트럼펫이라면
나는 그것을 불 텐데.

사랑이 째즈라면,
나는 그것의 찬양을 노래할 텐데,

❑ 응용문제 :

흥미로운 변형은 비교를 반대로 해보는 것이다. 실제의 사물을 추상적인 감정과 비교한다:

만일 나의 집이 사랑이라면, 나는 …일 것이다
만일 책이 지식이라면, 나는 …일 것이다.

분노와 그리움의 감정을 참가자 모두가 돌아가면서 은유적으로 표현해본다.

분노 = 고래, 화산, 파도, 사자, 폭풍, 천둥 번개
그리움 = 사막, 당간지주, 망부석, 안개꽃, 수평선, 저녁
　　　　　놀, 하늘

❑ 가이드 :

이 장은 이미지(image)의 연습에 관련된다. 이미지란 간단히 말해서 마음 속에 그려지는 그림으로 우리는 흔히 心像이라고 부른다. 우리가 시각을 통해서 현실 세계의 여러 가지 사물들의 실재를 느끼고 확인하듯이, 심상은 우리 내면에 그려지는 그림을 '마음의 눈'을 통해서 보는 것을 의미한다. 비록 감각적으로 객관적인 실체를 느끼는 것은 아니지만, 마음 속으로 느끼는 여러 가지 감정이나 추상적인 관념을 시각화 하기 때문에 실재를 보는 것과 같은 구체성과 생동감을 느낄 수 있다. 그래서 이미지는 기억을 재생하거나 정서나 상상적인 것을 표현할 때 아주 유용하다. 이미지는 특히 시각화를 중시하는 모더

니즘 시에서 중요한 표현 요소의 하나이다. 즉, 시각화는 시인이 느끼는 감정을 이미지화 해서 표현하는 것을 의미하는 데, 이는 곧 이미지가 은유, 상징 등의 비유법이나, 생략과 압축, 미적 거리 등의 표현 기법의 기초로 작용하는 것을 의미한다. 이미지는 시뿐만 아니라 미술, 건축, 디자인 등 다른 예술분야는 물론, 현대와 같은 영상 시대에는 정치, 경제, 사회, 과학 등 다양한 분야에 필수적인 미적 요소로 자리매김되고 있다.

특히 이 책의 내용이 지향하고 있는 시의 치유적인 기능과 관련해서, 이미지는 무의식 속에 억압되어 있는 트라우마나 여러 가지 감정, 기억이나 경험을 의식화 하는 중요한 매개 수단이다. 그래서 어떤 심리학자는 이미지를 무의식을 여는 열쇠로 표현하기도 했다. 이미지는 무의식뿐만 아니라, 의식적인 상황에서 우리가 느끼고 생각하는 것을 분명히 표현해 내는 중요한 매개이기도 하다. 그림, 조각, 점토 등은 내면의 정서를 이미지화 하는 작업들이다.

그러면 이제 당신은 즉시 '지금, 여기서' 느끼고 있는 느낌이나 감정, 생각을 말하고 그것을 이미지로 바꾸어 보아라. 머뭇거리며 생각하거나 비교, 판단, 주의—집중 할 필요도 없다. 현재 순간 마음 속에 떠오르는 느낌이나 생각을 당장 쓰면 된다. 그리고 잠시 후에 기록된 그것(이미지)을 주의—집중해서 바라보면서 그것을 다시 한번 생각해보자. 마음 속의 느낌이나 생각을 이미지로 형태화 시킬 때 우리는 우리의 심적 문제점들을 눈으로 직접 확인할 수 있고 객관적으로 바라볼 수 있게 된다. 확인된 문제점들의 해결을 위해 우리는 은유적 이미지를 대치, 변형, 유추해서 우리가 위치해 있는 전체적인 틀과 맥락을 새롭게 바꿀 수 있다.

상담에서 내담자의 언어가 자주 문제가 되는 측면은 그들의 언어가 너무 개념적이고 추상적이어서 내담자가 체험하고 있는 세계를 인도자가 함께 공감하기 힘들다는 점이다. 이런 경우에 인도자는 내담자로 하여금 구체적인 예를 들어 말하도록 요구해야 한다. 즉, 추상적인 표현에 '살을 붙임으로써' 형체를 알아볼 수 있게 만들어야 한다.

예컨대, 내담자가 "나의 아버지는 엄격한 분이셨습니다."라고 말한다면, 인도자는 "아버지가 어떻게 엄격하셨는지 예를 들어 구체적으로 설명해주실 수 있겠습니까?"라고 물어서, 내담자의 실제 체험 세계로 접근해 들어가야 한다. 그래야만 인도자가 내담자의 세계에 동참하고 공감할 수 있기 때문이다.

2) 감정의 객관적 표현

- **목적** : 참여자들에게 극적인 스타일의 감정언어 사용법
- **준비** : 중증급성호흡기증후군(SARS)위험에 관한 신문기사
- **진행방법** :
  ① 칠판에 기사의 제목을 쓰고 그 제목이 무엇을 의미한다고 생각하는지를 참여자들에게 질문한다.

예 :
- ∞ '마스크를 쓴다'는 무엇과 관련이 있는가?
- ∞ 그 도시에 공포가 있는 이유는 무엇 때문인가?
- ∞ 그 도시는 과연 어디일까?

필요하다면, 시기(2003)와 국가(중국)에 대한 힌트를 준다.

② 일단 기사의 문맥이 밝혀지면, 참여자들이 이미 사스에 대해 알고 있는 것들을 알아낸다. 그들에게 그 병의 확산을 막

기 위해 정부가 베이징에 무엇을 했다고 생각하는지를 질문한다. 이 질문을 통해서 앞으로 글에 나올 핵심 단어들을 칠판에 써보고, 모든 참여자들이 그것을 알고 있다는 것을 확인한다.

③ 참여자들에게 그 글을 읽도록 지시하고 어떤 형식으로 쓰여졌는지를 판단하도록 하라. 그들은 그것을 묘사하기 위하여 다음 형용사들 중 어떤 것을 사용하여 설명하고 있는가?

예:

사실은	극적인	과장된
억제된	객관적인	감정적인
심각한	중립적	이야기 하기 좋아하는

④ 글쓰는 이가 특정 단어를 사용해 극적인 효과를 창조하기 위해 노력한다는 것을 참여자들에게 인식시킨다. 참여자들은 2인 1조로 구성되어 그들이 느끼기에, 글속에서 이런 효과를 창조하기 위해 도움이 된다고 느끼는 어떤 것에 밑줄을 긋거나 강조하도록 한다. 참여자들은 아마도, 주로 다음과 같은 형용사, 동사, 명사들을 찾아낼 것이다 예를 들면, 절망적인, 긴급한 같은 형용사, 격투하다, 싸우다, 격리되다 같은 동사들, 피난처, 희생자 같은 명사들을 찾아낼 것이다. 스타일이 어떻게 창조되는가를 설명하기 위해 기술적인 언어를 꼭 사용할 필요는 없다.

⑤ 참여자들에게 계속해서 짝을 이루어 그들이 강조했던 항목들을, 사전을 사용해 좀 더 중립적인 단어로 바꾸도록 지시한다.

⑥ 참여자들이 끝마치면 그들과 함께 글을 자세히 검토한다. 그들이 바꾼 단어에 대해 밝히고 조언한다.

> **《공황의 마스크를 쓴 도시》**
> 주말에 중국에서 또 다른 아홉 명의 희생자가 보도되었다. 수도 뻬이징에 심각한 단계가 취해졌다. 카페, 극장 모두가 오늘 심각한 바이러스의 확산을 막기 위해 문을 닫았다. 발빠른 조치를 취하지 않았다는 비난을 받던 정부는 질병을 막기 위한 긴급한 조치를 취하고 있다. 베이징에 있는 학교들은 모두 문을 닫았고, 백칠십만의 학생들은 집에 머물도록 지시되었다. 디스코클럽이나 노래방 같은 유흥장소들은 문을 닫도록 조치되었다. 정류장들은 음산할 정도로 조용했다. 베이징은 사스가 확대됨에 따라 마스크의 도시가 되었고 흥분과 공황 상태는 날로 더해갔다. 밤새 삭막한 느낌의 질병의 피해자들을 격리할 1,000개 침상의 고립된 캠프가 만들어졌다.

❏ **가이드 :**

시에서 가장 중요한 것은 감정의 고조와 의미의 함축성이다(Brogan, 1993). 영국 낭만주의 시의 거장인 Wordsworth도 그의 〈서정적 발라드의 서문(Preface to the Lyrical Ballads)〉(1800)에서 "감정의 꾸밈없는 범람"이라는 말로 시, 특히 낭만주의 시에서의 감정의 중요성에 대해서 얘기하고 있다. 그러나 Lacour(1993)는 시의 정의에서 워즈워드의 이 말이 잘못 인용되고 있다고 지적하고 있다. 그에 의하면 워즈워드는 가치 있는 시를 쓰기 위해서는 시인의 "깊고 오랜 시간 동안의" 숙고가 필요하다고 했다. 워즈워드는 감정으로 지식을 대체하지 않았으며, 오히려 둘을 같이 사용했다. 높은 단계의 심리학 이론과 방법론들에서도 이 둘을 같이 활용한다. 감정에 기초한 치료법이라 해도 인지와 행동을 간과하지 않으며, 인지이론도 감정을 간과하지 않는다. 엄격함과 통제는 예술과 심리학을 관련 짓는 데 필수적이다.

이러한 예는 위의 글쓰기 과제에서도 확인할 수 있다. 절차5에서 볼 수 있는 바와 같이 너무 과도한 감정표현을 하고 있는 단어를 중립적인 단어로 바꾸는 것은 바로 이를 의미한다. 과격한 감정의 쇄도는 오히려 극단적인 혼란과 공황상태를 초래할 수 있다. 따라서 시에서 감정은 중요한 요소이지만, 이성과 자아에 의해 통제되는 감정을 의미한다. 그렇게 될 때 비로소 우리는 감정에 대해서 일정한 객관적 거리를 유지하고 그 감정의 원인과 실체를 제대로 판단할 수 있다. 실제로 심리치료에서 행해지는 '감정단어훈련'은 바로 감정의 적절한 절제와 통제를 위한 것이다.

이 훈련 방법은 플립 차트(flip chart) 꼭대기에 가로로 슬픔, 기쁨, 화를 나열했으며, 참여자에게 이러한 감정을 표현할 수 있는 다른 단어를 말하게 했다. 나중에 참여자들에게 2인 1조로 짝을 지어 여러 종류의 잡지를 주고, 감정단어를 표현하는 그림을 오려서 포스터에 붙이라고 했다. 작업이 완료된 후 각 조는 자신의 포스터를 전체 그룹과 공유했다. 나중에 모임을 정리하기 위해 공동시가 소개되었는데, 모임의 모든 참여자에게 시의 완성에 협력하도록 했다. 그룹의 대표가 시를 완성시키기 위해 제시되는 단어를 플립 차트에 썼으며, 이로써 다음과 같은 시가 완성되었다.

무엇이 당신을 기쁘게 하는가?
나 자신을 즐길 때.
나는 웃는 것을 좋아하며
웃는 것은 즐거워.
나는 항상 사랑하고 싶어.
나는 슬플 때 울어.
왜?
형이 나를 때릴 때
형이 나빠.

화를 내는 것은 슬프고 그리고 당신은 나빠.
나는 아버지에게 화를 낸 적이 있어.
아버지는 나를 사랑하기 때문에
아버지는 슬펐어.
룸메이트가 사라져서
나는 겁이 났어.
나는 무서운 일을 저질렀는데
엄마가 들어오자
무서움이 사라졌어.

위의 시와 관련해서 몇 가지 주목할 점은 다음과 같다.
1) 참여자들이 최소한 한 행을 짓도록 했다.
2) 언어적 행동('그리고'와 같은 접속사를 사용하고, 어떻게 느끼는지 묻는 것)과 비언어적 행동(밝은 색의 마커로 차트에 쓰기, 눈 마주치기, 얼굴표정) 모두 시의 완성에 기여했다(이전 모임에서는 아무 말도 하지 않았던 참여자도 참여했다).
3) 이 그룹은 '장미클럽'이라고 서명했다.
4) 시가 운율을 갖추지 않아도 좋다고 공지했지만, 참여자들 자신이 전통적인 시의 구조를 선택했다. 이는 참여자들이 안전하고 친숙하게 느꼈기 때문이거나 아니면 단지 즐겁고자 했기 때문일 것이다.

위의 시는 '감정을 일반화'하는 데 도움이 된 것처럼 보인다. 시는 그룹 구성원이 감정을 공유할 수 있게 하는 효과적인 도구이다. 시에 대해서 드러내놓고 말함으로써 그들은 자신에 대해서 이야기했으며, 참여자들은 자신만이 다음과 같은 문제 중 일부를 경험하는 것이 아니라는 것을 깨달았다(Porter et al., 1982).

- 우울 : "나는 슬플 때 울어."
- 분노와 죄책감 : "나는 아버지에게 화를 낸 적이 있어/ 아버지는 슬펐어."
- 두려움: "룸메이트가 사라져서/나는 겁이 났어."

그룹의 참여자가 그들의 감정을 외부로 드러낼 수 있는 것은 희망 때문이다. 감정을 단어로 나타냄에 따라 집단의 참여자는 지배와 통제의 느낌을 갖게 되었다. 시에 '장미클럽'이라고 서명함으로써 그들은 일체감을 나타냈고, 그것은 그룹에 대한 재확인이었다. 또한 친밀감과 신뢰감이 강화되었다. 가장 중요한 효과 중 하나는 아마도 집단의 응집력, 즉 무언가를 창조할 때 '우리'라는 느낌이 형성된 것이다. 근본적으로 시는 집단치료과정에 기여했다.

2. 단어와 이미지

1) 리스트 시

❏ **목표** : 묘사적 이미지와 사물시(physical poetry)
❏ **준비** : 파운드시(found poem)가 무엇인지를 알아본다.

파운드시란 마치 해변가에서 주어 온 돌멩이를 박물관의 유리상자에 진열하거나, 나무 가지에서 따가지고 온 나뭇잎을 액자에 넣어 놓듯이 일상 생활 속에서 이끌어낸 단어들이나 어구들을 종이 위에 나열하는 시이다. 그 사물들이 처한 신기하고 새로운 환경 속에서,

우리는 그것들을 참신하고 신중하게 바라보게 된다. 우리는 리스트의 단어들이 얼마나 흥미롭고, 종이 위에 옮겨진 단어들 사이에 잠재해 있는 생각들이 얼마나 풍부하고 경이로운지 주목한다. 일상적인 세계로부터 차용되고 '발견'되었기 때문에 이런 종류의 시는 '파운드 시'라고 불린다.

❑ **진행방법** :
① 참여자들에게 아래의 공동시 중 한두 개를 읽고/듣도록 한다. 시작품에서 그들이 주목하는 것은 무엇인가? 참여자들이 아래의 시작품들 중에서 다음의 특징들을 주목할 수 있도록 한다:
∞ 완벽한 문장이 없다
∞ 작품에는 관사는 있으나 동사는 없다.

인도
비단 위의 그림 한 폭
금잔화의 목걸이 하나
조미료 한 움큼
차 잎
향목 하나
채색된 팔찌 한 개
하나의 궁전
하나의 산사
하나의 호수
무당의 푸른—눈 점집

서울의 명동 거리
베스킨 아이스크림 가게

24시 수퍼마켓
　　스타벅스 커피점 옆 구두 수리점
　　치즈와 크림 조제 식품점 하나
　　크림 속 그 오페라 하우스
　　정원에 테이블이 있는 그 로얄 호텔
　　국립 예술 극장
　　그 스포츠 점
　　그 전자제품 점
　　스타벅스처럼 오래된 그 케이크와 커피 전문점

② 참여자들에게 그들의 고향을 생각하도록 하고, 그들이 각기 고향마을에 있는 향기, 색깔, 사물, 그리고 역사를 보여주는 사물들의 목록을 작성했다면, 그들은 그 사물에 무슨 의미 를 포함시키려 했던 것일까? 혹은 그들이 그들에게 고향에 대해서 떠올리게 했던 항목들로 상자를 채웠다면, 그것들은 무슨 의미를 내포하는 것일까? 그들의 생각을 끌어내서 칠 판 위에 이것들을 쓴다.

③ 이제 칠판 위에, 아래 상자에 넣을 수 있는 목록을 모두 작성 한다. 그리고 인도자 자신이 생각한 다른 것들을 써 넣는다. 참여자들을 두, 세 개 그룹으로 나누어 작업하도록 한다. 각 그룹은 리스트를 선택해서, 10분 내에 그들이 할 수 있는 한 많은 아이템들을 쓴다.
  ∽ 타임캡슐 : 1,000년 후에 사람들에게 지금 당신의 삶이 어떤 모습일지 얘기해 줄 수 있는 20개의 항목을 집어넣어라.
  ∽ 황량한 섬 상자 : 당신이 황량한 무인도로 간다면 무엇을 가 지고 갈 것인가?

- 보물상자 : 당신이 보물상자를 발견한다면, 당신은 그것에 대해 어떻게 행동할까?
- 피크닉 상자 : 만일 당신이 완벽한 소풍 가방을 꾸린다면, 그 안에 무엇을 넣을 것인가?
- 여행가방 : 당신이 한 달간 멀리 여행한다면, 당신은 여행 가방에 무엇을 가지고 갈 것인가?
- 번화가에 있는 상점들의 리스트.
- 당신이 위치한 거리에 있는 사람들의 직업 리스트.
- 자신의 신체적인 특징을 표현할 수 있는 형용사들의 리스트.
- 자신이 현재 가지고 있는 마음 속의 문제점 리스트.
- 자신의 장단점의 리스트.
- 10, 20, 30후 자신의 모습을 표현하는 단어 리스트.

④ 10분 후에, 각 그룹은 그들의 리스트를 서로에게 읽어주고, 각 리스트에 대한 제목을 제시하도록 한다.

☐ 응용문제 :

이 활동의 홍미 있는 응용변이형은 참여자들에게 다양한 종류의 리스트를 발견하도록 하는 것이다: 식품 포장지의 뒷면에 적혀 있는 재료들, 보험증서의 약관내용 리스트, 신문의 T.V 프로그램 목록, 책장의 책들의 목록 그리고 이들을 파운드시로 쓴다. 참여자들은 시행을 더 홍미 있게 만들기 위해서 재구성할 수 있다. 아래에는 목록으로 제작된 시의 예이다.

사랑

사랑은 나에게 환영을 명령했다 아직 내 마음은 물러서 있다

사랑은 그대 입의 장미꽃들을 보호한다
환상적인 승리상태의 사랑.
꿀벌 같은 내 가슴 속 사랑
사랑은 비애로 가득 찬 아픔
사랑은 나의 주인이었고, 왕이었고, 주인이고 왕이다
사랑은 충분하다 세상은 약하지만
사랑은 바람 부는 곳에 꽃 핀다
내가 아니라 아름다운 은총을 위한 사랑
사랑, 당신은 절대적이다, 유일한 주인이다
사랑은 나의 희망의 날개를 단다 그리고 나에게 나는 법을 가르쳤다
잠잠하게, 잠잠하게 잠잠하게, 잠잠하게

❏ **가이드** :

맨 처음의 '인도'라는 시작품은 실재하는 현실의 한 장면을 묘사한 회화시다. 이미지들은 철저하게 객관적 대상을 모방한 재현적 이미지로서 구성되어 있다. 즉, 이미지가 관념을 전달하는 수단이 아니라 이미지는 심상 그 자체를 위한 심상이다. 김춘수는 이것을 묘사적(descriptive) 이미지라고 명명하고, 이미지가 순수하다고 하면서 무의미 시론을 주장했다. 이런 이미지에서는 사물에 대한 화자의 판단이 중지된 사물시(physical poetry)다. 사물시란 관념이 배제되고 사물만으로 이루어진 시로써, 재현적 이미지가 사용되고 있다. 위의 예시들에서 참여자들이 필요로 하는 중요한 언어는 사물을 지시하는 명사들이다. 필요하다면 사전을 사용해서라도, 그들이 올바른 명사를 찾도록 도와주어야 한다. 그러나 우리가 명사의 선택과 사용에 대해서 주의해야 할 것은 명사화와 비구체적 명사의 사용이다. 우선 명사화(nominalization)에 대해서 살펴보기 위해서 다음 문장이 무

엇을 의미하는지에 대해 생각해 보자.

<u>가르침</u>과 <u>훈육</u>, 그것은 <u>존경</u>과 <u>단호함</u>이 어우러져 이루어지는 것으로서 교육의 과정에서 본질적인 것이다.

이 문장은 문법상 전혀 하자가 없는데, 거의 한 단어씩 건너뛰어 명사화(__)된 표현들이 포함되어 있다. 만일 어떤 명사가 오감적 차원에서 표현될 수 없다면 명사화라고 할 수 있다.

명사화 자체가 잘못된 것은 아니다. 오히려 명사화는 아주 유용할 수 있다. 그러나 명사화는 사람들이 갖고 있는 세상에 대한 관점에 있을 수 있는 가장 큰 차이를 숨기게 된다.

'교육'을 예로 들어보면, 누가 누구를 교육하고 있으며 그들 사이에 건네고 있는 지식은 무엇인가? 혹은 '존경'을 예로 들어 보면, 누가 누구를 존경하고 있으며 그들은 어떻게 존경하고 있는가? 모든 명사화에는 최소한 하나 이상의 명사와 비구체적 동사가 누락되어 있다고 할 수 있다.

동사는 활동, 즉 진행 중인 과정을 의미한다. 그 활동은 만약 동사가 명사화되어 정적인 명사로 바뀌면 사라지게 될 것이다. 앞에서 예로 든 '교육'의 경우에 교육하는 주체와 피교육자가 없고 어떤 내용의 교육이 이뤄지는지 불분명하게 된다. 말하자면 구체적인 의미가 박탈되고 의미가 관념화 추상화 되어 있다. 명사화는 그 자체로는 별다른 문제를 일으키지 않는다고 볼 수 있지만, 때때로 그것은 중요한 상황이나 맥락에서 너무 많은 정보를 삭제해 버리기 때문에 의미 있는 내용이 별로 남아 있지 않게 될 뿐더러, 경우에 따라서 명사화된 개념 자체가 주는 부정적인 상징적 의미 때문에 문제가 되기도 한다.

그런 의미에서 의학적 증상과 질병명은 명사화가 적용되는 흥미

있는 예가 된다. 특히 병원에서 특정의 병명 예를 들어, 암과 같은—을 들었을 때 환자나 보호자들이 곧바로 죽음에 대한 공포나 무력감을 느끼게 되는 상황을 보면 잘 알 수 있다. 의사가 병명을 '암'이라고 말하는 대신에 '변종 세포가 많이 자라고 있다'라고 말한다면 어떤 질병의 진행과정을 동사로 설명하는 것이 되는데, 이럴 경우에 비록 암을 설명하는 말이라고 하더라도 위협감이나 죽음과 연결되는 두려움을 야기하지는 않을 것이다. 명사화는 과정을 나타내는 개념을(움직임이 없거나 고정된 상태의) 대상이나 상황을 나타내는 명사적 표현으로 바꾸어 버림으로써, 결국 의미 있는 많은 내용이나 정보가 삭제되게 하는 오류를 범하는 화법에 속한다. 그러니까 암과 같은 증상명은 '변종 세포가 자라고 있다' 는 과정이나 동사를 명사로 바꾼 명사화에 해당한다고 할 수 있다.

비구체적 명사(unspecified noun)는 명사 자체가 추상적이어서 구체적인 정보가 담겨 있지 않은 경우를 말한다. 다음 문장을 통해서 비구체적 명사의 모습을 확인 해 보자.

> 17세 소녀인 J는 거실에서 미끄러지면서 방석에 넘어졌는데 그 과정에서 오른손으로 나무의자를 짚다가 오른손에 멍이 들었다.

> 그 아이는 사고를 당했다.

이 두 문장은 같은 것을 의미하지만 첫 번째 문장에는 훨씬 더 많은 정보가 들어 있다. 우리는 구체적인 명사를 일반화 하고 생략함으로써 쉽게 첫 번째 문장에서 두 번째 문장이 되게 할 수 있다. 비구체적 명사는 '구체적으로 누가(또는 무엇이) ~하(이)란 말인가?'와 같은 질문을 함으로써 명료해 진다.

앞의 연습에서와 같이 생략과 압축 등의 방법처럼 언어 사용의 절제가 필요한 시어의 경우에는 오히려 포괄성과 함축성을 위해서 비구체적인 명사나 명사화가 효과적일 수도 있다. 특히 모더니즘 시에서 명사화는 이미지 형성과 시적 무드와도 관련된다.

2) 단어에 대한 이미지

❏ **목표** : 어떤 단어에 대한 참여자의 정신적 이미지 환기
❏ **진행방법** :

① 우선 세션을 시작하기 위한 도입으로써, 참여자들에게, 그들이 정말 모국어에서 좋아하는 단어에 대해서 생각해 보도록 한다. 그들이 단어의 형태, 혹은 그것의 의미, 혹은 둘 다 좋아하는가를? 그들에게 2~3분간의 시간을 주고 난 다음에 이 단어에 대한 이미지를 마음속에 떠올리도록 한다(참여자들은 선택에 따라 그들의 눈을 감을 수 있다). 참여자들이 마음의 눈으로 이미지를 볼 때, 그들에게 소리 없이 혹은 작은 목소리로 그들 자신에게 말하도록 지시한다.

② 참여자들은 2인 1조나 소규모 그룹으로 그들의 단어들과 이미지들을 보고 한다. 인도자는 한 그룹에서 다음 그룹으로 이동하면서 그것들을 모니터 한다. 어떤 단어들이 일치하는가? 만일 그랬다면, 그 단어들과 이미지들은 공통적으로 무슨 특징을 가지고 있는가?

③ 참여자들로부터 그들이 알고 있는, 세계라는 단어를 포함하는 어떤 표현으로부터 한 번에 하나씩 이끌어 낸다. 참여자

들이 이미지를 마음속에 떠올리도록 충분한 시간을 주면서, 모든 표현 다음에는 일정한 휴지 시간을 갖는다.

참여자들이 많은 표현을 제안하지 않으면, 인도자는 이들 다섯 개로 시작한다.

- 세상 돌아가는 것을 관찰하기
- 그것은 이 세계 밖에 있었다
- 월드컵
- 외부세계
- 세계 – 수준

④ 참여자들은 그들이 받은 인상을 인도자에게 보고한다. 인도자는 이들 표현을 들을 때, 인도자가 본 이미지들을 설명한다.

예:

- 나는 커피를 마시면서, 기차를 타기 위해서 내닫는 모든 사람들을 바라보면서, 대 도시에 있는 역에 서 있다.
- 내 귀에 아직도 맴도는 음악과 함께, 나는 내가 정말 즐거웠던 콘서트에서 밖으로 나오고 있는 중이다.
- 내 모든 주위에서 흑백 TV를 보는 가족들과 함께 있는 아기로서의 나. 내가 서울에서 태어났던 해에 우리나라는 4강에 들었다.
- 동물원 우리의 빗장을 통해서 바라보는 원숭이
- 선수 가슴에 금메달

⑤ 인도자가 다음의 여섯 가지 표현들을 구술하는 동안 참여자들이 눈을 감도록 한다(다시 말하지만, 이것은 임의 사항이다). 작업 시간을 좀더 짧게 단축시키기 위하여 이들 중 반을 선택한다. 그들에게 구술된 언어 표현 각각에 대한 이미

지를 마음 속에 떠올리도록 애기한다. 다시 한번, 각 표현들을 구술하는 사이에 상당한 휴지 시간을 갖는 것을 기억하라.

세상은 당신의 조개
세계은행
출세하다
선(good)의 세계
이기주의
분리된 세계

⑥ 참여자들이 눈을 뜨도록 말한다. 그들은 이제 펜과 종이를 가지고 최상의 이미지를 불러내는 표현을 써야만 한다. 인도자는 진행해 가면서 표현의 의미에 대한 어떤 의문점도 분명히 한다.

⑦ 2인 1조로 구성해서 참여자들을 그룹화 한다. 참여자들은 그들의 정신적 이미지들을 비교한다. 요점은 참여자들이 이들 이미지들을 통해서 그들 자신의 의미를 창조하도록 하는 것이다. 일단 그들이 그들의 이미지에 관해 이야기 한 후, 인도자는 그 다음에 어구가 항상 그리고 무슨 맥락 속에서 어떻게 사용되는가를 설명 할 수 있다.

⑧ 참여자들은 공개 세션에서 대답한다. 어떤 어구 표현들이 일반적으로 가장 생생한 이미지를 불러일으켰는가?

❏ **가이드:**
어떤 언어적 표현이 생생한 이미지를 불러일으키기 위해서는 감각적인 단어를 사용해서 구체적으로 표현하는 것이 중요하다. 감각적 단어란 곧 시각, 청각, 촉각, 후각 등을 말하는데, 이들 감각 중에서 대체로 시각, 청각 등이 많이 사용되고 있다. 사람은 누구나 각자의 선호 감각 체계를 가지고 있기 때문에 우선 그것을 사용해서 감각세계로 들어간 다음, 청각이나 후각 등 다른 감각으로 이동해 갈 수 있다.

우리는 이러한 감각을 통해서 무의식 속에 억압된 감정이나 욕망, 그리고 경험을 이미지로 명료하게 형태화 할 수 있다. 그런 다음에야 우리는 어떤 미해결된 감정이나, 욕구, 경험들을 현실 속에서 재경험하여 심리적 증상의 원인을 제거시킬 수 있다. 또 '지금 여기'에서의 자신의 게스탈트를 형성해서 감정이나 욕망을 전경으로 떠올려서 해결하는 데도 이미지는 중요한 역할을 한다. 프로이드는 이러한 이미지의 중요성을 이미 이드의 1차 과정을 통해서 주장한 바 있다. 이렇게 볼 때 이미지는 성장 과정을 통해서 학습되는 것이 아니고 인간이 태어나면서부터 지니게 되는 생래적이고 본질적인 것이다. 그래서 많은 심리학자들은 인간의 감각 능력 중 시각적인 능력이 단연 우수하다고 지적하고 있다. 이미지는 곧 이러한 시각적 능력으로부터 비롯되고 있다.

이미지와 관련해서 우리가 주목해 봐야 하는 또 하나는 전통미학에서 얘기하는 '낯설게 하기(defamiliarization)' 용법이다. 이는 러시아의 형식주자인 슈클로프스키가 주장한 이론으로 충격적인 이미지와 율격, 시어 등을 사용해서 자동화, 인습화된 전통미학의 어법이나 미적 규범을 파괴하는 것이 정서적, 미학적 효과를 최대화 할 수 있다고 주장했다. 이러한 방법을 통해 현대시는 고도화 되고 난해한 이미지를 추구하는 경향이 있다. 그러나 심리 치료적인 글쓰기에서 이와 같이 혁신적인 미적 인식 방법이 필요한 것은 아니다. 그보다는 지금까지 감춰져 있거나 부정되었거나 억압되어 있던 정신 의식이 밖으로 효과적으로 표현되는 것이 중요하다.

3) 레시피 시

❏ **목표** : 지시어와 요리어휘를 통한 개념의 구체화
❏ **준비** :
① 참여자들과 함께 공유하기 위하여 아래의 도표를 카피한다. 각 난에서 참여자들이 이해하는 단어들을 선택한다. 그리고 인도자 자신의 다른 단어들을 덧붙인다.

동사	요리재료
섞다	양파
자르다	커스타드
잘게 자르다	레몬쥬스
갈다	설탕
접다	밀가루
뿌리다, 붓다	버터
짜다	잘게 간 버터
조각 내다	달걀

❏ **진행방법** :
① 참여자들이 칠판 위에 적힌 단어들을 보도록 한다. 그것들은 모두 무엇에 관한 단어들인가? 여러분은 언젠가 요리하기 위해서 레시피를 사용한 적이 있는가? 굽기 위해서? 여러분은 언젠가 요리법을 작성한 적이 있는가?
참여자들이 이들 단어들을 기억하도록 권고한다. 그리고 각 리스트에 더 많은 단어들을 덧붙인다.

② 이제 그들이 케이크를 만들려는 것이 아니고, 아래에 있는 항목들 중의 하나를 만들려고 한다는 것을 설명한다.

- 훌륭한 우정과 결혼
- 남자 친구나 여자 친구를 위한 사랑 한 컵
- 시험에 통과하기 위한 지식 한 사발
- 아름다움 한 스푼

참여자들에게 그들이 만들고 싶은 항목에 투표하도록 한다. 그 중 하나를 공동시로 선택한다.

③ 이러한 드링크를 만들기 위해서, 어떤 재료들이 필요한가? 이 시간에 선택된 그 주제에 대한 재료들은 단어의 속성, 참여자들의 경험이 될 것이다. 여기에 이 활동에 참여한 다른 참여자들이 제시한 몇 가지 제안들이 있다.

'인생' 재료
친절
농담
키스
눈물
용서

참여자들이 더 많은 그들 자신의 생각을 덧붙이도록 한다.

④ 참여자들의 공동시를 창작하기 위해서 참여자들의 아이디어를 사용한다. 각 행은 동사와 재료를 포함해야만 한다 : 요리의 실제 재료나 '인생'의 재료, 혹은 그 둘의 결합.

커스타드 과자 속에 뒤섞다
설탕 농담을 뿌리다
양파 눈물을 섞다

⑤ 참여자들을 2~3개 그룹으로 나눈다. 각 그룹에게 그들 자신의 아이템을 만들기 위한 선택을 하도록 한다. 그들은 위의 포인트 2에 있는 리스트로부터 또 다른 하나를 선택할 수 있거나, 그들 자신의 어떤 것을 선택할 수 있다.

⑥ 각 그룹이 공동시와 같은 동일한 유형을 사용해서, 그들 자신의 시를 쓰도록 한다.

⑦ 각 그룹이 끝내면, 참여자들은 그들의 시를 큰 소리로 읽거나 또 다른 그룹과 함께 나눌 수 있다. 흥미로운 응용문제는 참여자들의 나머지가 그 시의 제목을 추측하는 것이다.
아래 시는 참여자 한 사람이 쓴 예이다.

발렌타인―스타킹 커스타드
행복한 생각 4컵
신뢰의 밀가루 1컵
압축된 눈물 1컵
질투 1컵
그리고 사랑의 과일
소망하는 항아리 속에 모든 재료들을 뒤섞는다.
사랑의 국자로 휘젓는다.
그 혼합물을 한 쌍의 사랑 스타킹 속에 부어라.
하늘의 기둥 속에 얼어붙는다.

❏ 가이드 :

전통적인 문학 정의의 관점이 아니라 좀더 광의의 즉, 인쇄된 모든 매체를 문학의 정의로 간주하는 문학치료의 관점에서 볼 때, 모든 언어는 나름대로 시의 속성을 가지고 있다. 즉, 종이 위에 그것이 기술되는 방식, 행의 길이, 단어의 선택과 구조 등 모든 것이 우리가 그것의 목적을 이해하는 것을 도와준다. 리스트, 각종신청서, 메모, 일기, 편지, 레시피, 그리고 우편 엽서 등 모든 것이 그것들의 특징을 가지고 있다. 우리는 거의 한 눈에 그것들을 인식할 수 있고, 누가 그리고 왜 그 메시지를 썼는가를 이해할 수 있다. 리스트는 아마도 구조나 문장보다 오히려 그들 자신의 단어들로 세로로 길게 나열된 시행으로 씌어질 것이다. 그림엽서 카드는 시작이나 끝맺음에 특별한 공식으로 비형식적이고 친절한 경향이 있다. 이들 텍스트들의 어떤 것은 우리에게 우리가 독자로서 해야만 하는 작업을 시사하기도 한다. 즉, 우리는 (언제나) 신청 용지를 완성해야만 하고, 메모에 답해야만 하고, 리스트의 제품들을 구입해야만 한다. 일상생활 속의 모든 디테일이 시의 소재가 될 수 있다. 말하자면, 우리의 생활 그 자체가 시가 되는 일종의 생활시로, 이를 통해서 우리는 우리 자신과 더 많은 대화를 나눌 수 있고 변화시킬 수 있다. 전통어법에 구속되어 쉽게 시를 대하거나 쓰지 못하는 사람들에게 일상생활 속에서 자연스럽게 시에 다가가고 시를 쓸 수 있게 해줄 수 있는 활동이다.

3. 상상 기법과 상상적 대화

1) 추측 시

❏ **목적** : 추측과 예측을 위해서 사용되는 패턴 연습

❏ **준비** : 아래에 있는 어떤 종류의 작은 상자를 작업실로 가지고
온다.

나무로 만든 상자
작은 보석 상자
뚜껑이 달린 작은 항아리
작업실의 참여자들은 작은 종이 조각이 필요하다.

❏ **진행방법** :
① 참여자들에게 인도자는 가지고 온 작은 나무상자를 보여주
고 설명한다: 상자 안에는 여러분이 가장 원하는 것이 들어 있다.
여러분은 이것을 보거나 만질 수 없다. 아래에 있는 여러 가지
문장구조를 사용해서 참여자들에게 상자 안에 있는 것이 무
엇인지를 상상해 보도록 한다.

그것은 …이 될 수 있다
그것은 …일지도 모른다
아마도 그것은 …일 것이다
어쩌면 그것은 …일 것이다

추측의 대상은 참여자들의 수준과 능력에 따라서 구체적인 물건
이거나 추상적인 관념이 될 수 있다. 아래의 시는 다른 참여자들에
의해서 표현된 참여자들이 공유할 수 있는 '추측'을 포함하고 있다.

상자 안에 무엇이 들어 있을까?
그것은 소망일 수 있다
그것은 연못 속의 동전 한 잎 일 수 있다

그것은 벽에 드리운 그림자일 수 있다
그것은 결혼반지일 것이다
그것은 여름날의 기억일 것이다
그것은 장난감일 것이다
그것은 중국행 티켓일 수 있다
아마도 그것은 당신이 쓸 수 있는
혹은 당신이 그릴 수 있는 어떤 것이다
아마도 그것은 당신이 읽을 수 있는 어떤 것
혹은 당신이 쓸 수 있는 시이다
혹은 당신이 연주할 수 있는 풀루트이다
혹은 당신이 부를 수 있는 노래이다.
아마도 그것은 당신이 언젠가 가졌던 꿈
혹은 일기 안쪽에 접혀진 노트이다.

② 이제 참여자들에게 상자 안에 작은 선물을 넣는 것을 상상하도록 한다. 그것은 아이디어, 생각, 기억, 혹은 물건일 수 있다. 그 선물은 친구, 연인, 친척을 위한, 미래의 사람들을 위한 것일 수 있다. 그들은 이것을 작은 종이 조각에 써서 접은뒤, 그것을 감춰둬야만 한다.

③ 이제 그들에게 파트너와 함께 작업하도록 한다. 각 파트너는 옆 사람이 상자 안에 무엇을 넣었는지를 상상해야만 한다. 그들은 앞의 순서 1의 구조화된 시로, 그러나 그들 자신의 새로운 단어들을 사용해서, 적어도 네 문장을 써야만 한다.

당신의 선물은 무엇인가?
그것은 당신의 고향에 관한 생각일 수도 있다.

그것은 당신의 고향에서 가져온 돌일 수도 있다.
그것은 미소일 지도 모른다

④ 10분 후, 파트너들이 그들의 '추측 시'를 서로에게 읽어주도록 한다. 그들이 끝마치면, 작은 종이 조각을 펴서 그들의 파트너들이 정확하게 추측했는가를 본다. 참여자들은 모임이 끝나갈 무렵, 그들이 상자에 무슨 선물을 넣고, 그리고 왜 그것을 넣었는지를 인도자와 이야기할 수 있다. 이러한 과정 속에서 개인의 무의식적인 미해결된 욕구나 억압된 감정 등이 나타나고, 개인간의 갈등이나 그룹간 갈등이 첨예 하게 나타날 수 있다.

❑ 응용문제 :
모임에 처음 참석한 참여자들을 위한 활동의 변이형은 다음과 같은 리스트시로 이어진다.
참여자들에게 그들이 상자에 넣을 선물과 소망을 쓰도록 한다. 4~5개 그룹으로, 참여자들이 그들의 모든 소망과 선물들의 리스트를 나열하도록 한다.
모임으로부터 나온 예 :

소망
기억
고향에 대한 생각
모터바이크
전화

선물
축구
노래
설탕덩어리
돌멩이
사진

앞의 '단어와 이미지' 부분의 '리스트시'를 참고하라.

❏ **가이드 :**

　인도자의 지시에 의해 어떤 장면을 상상하거나 그냥 저절로 마음 속에 떠오르는 이미지들을 이용함으로써 참여자들의 무의식적 욕구나 감정, 미해결 과제, 고정된 행동패턴, 사고패턴 등을 발견할 수 있다.

　이러한 상상법은 참여자들의 내적 욕구나 충동 혹은 갈등들을 투사적으로 드러내주므로 진단적인 가치가 있으며, 또한 이러한 이미지를 이용하여 적극적인 실험을 통해 미해결 과제들을 해소하고 통합할 수 있다는 점에서 치료적인 가치도 있다. 무엇보다도 상상력을 이용하여 현실적으로 실현 불가능한 것들을 체험해보고, 그로 인해 새로운 변화를 가져올 수 있다는 것이 이 방법의 장점이다.

　일반적으로 심리치료에서 단순히 지적인 통찰만으로는 행동변화가 오지 않는다는 것이 알려진 사실이다. 행동변화는 참여자들이 지적인 통찰과 함께 내적으로 강한 체험을 했을 때만 가능하다. 그런데 이러한 강한 체험은 집단응집력이 강하고 참여자들이 서로 신뢰하는 분위기에서만 가능하다. 이러한 분위기에서만 참여자들은 자신들의 불안이나 갈등을 마음 놓고 털어놓을 수 있기 때문이다.

　상상기법은 이러한 집단응집력을 높여주고 집단에 신뢰하는 분위기를 조성하는 데 유용한 도구이다. 상상기법은 성원들의 문제를 바로 직면시키지 않고 간접적으로 혹은 우회적으로 접근하므로 성원들의 불안을 감소시켜주고, 또한 일상적인 테두리를 벗어나는 신선한 체험을 하게 해주어 성원들의 흥미와 관심을 끌어 집단의 참여도를 높여주기 때문이다.

2) 초상화에 대한 질문

❑ **목표** : 참여자들은 초상화와 함께 '대화'를 하거나 상상한다.

❑ **준비** : 뭉크의 자기—초상화. 인도자는 이를 위해 어떤 초상화도 선택할 수 있다. 여기서는 그림과 사진을 선택 했으나, 될 수 있으면 불가사의한 성격의 초상화를 선택하는 것이 좋다.

《뭉크의 초상화》

주의 : 참여자들이 이 질문들에 대한 정확한 대답이 없다는 것을 깨닫는 것이 중요하다. 그들은 대답할 수 없는 사람의 이미지에 대해서 질문하고 있다. 이 작업은 그들의 스스로의 상상력에 바탕을 둔 사람의 정체성에 관한 정신적 이미지를 창조하기 위한 질문이라는 데 중요성이 있다. 이미지가 불가사의하게 남아 있도록 하기 위하여, 그림의 이름이나 화가를 참여자들에게 얘기하지 않는다는 것을 기억해야만 한다.

❑ **진행방법** :

① 참여자들에게 Edvard Munch의 자기—초상화를 보여 준다. 그들에게 어떤 얘기도 하지 말고 약 1분 정도 그 이미지

를 바라보도록 한다. 이 단계에서는 그들에게 어떤 다른 지시를 하지 않는다.

② 공개세션에서, 마치 그들이 그 사람과 대화를 하고 있듯이, 참여자들은 직접 초상화를 겨냥해서 질문한다.

주의 : 참여자들의 수준에 따라, 질문의 복잡성은, 당신은 어디에 있는가? 로부터, 당신은 지금까지 어디에 갔다 왔는가? 에 이르기까지 다양할 수 있다. 이 단계에서 억지로 질문을 유도하지 않도록 조심한다. 질문들은 자연스럽게 그룹으로부터 나타나도록 한다. 그러나 모든 질문들은 두 번째 사람이 하게 된다는 것을 확실히 해야 한다.

③ 참여자들은 각각의 질문을 듣고, 초상화를 면밀히 탐색하고, 그리고 초상화 속에 있는 사람의 목소리로 대답을 상상(그러나 말하지 않는다)한다.

④ 참여자들에게 자발적으로 질문하도록 하고, 질문 후에는 적절한 대답을 상상하도록 일정 시간 휴지하는 식으로 계속한다. 어떤 잘못이라도 있으면 바로 잡는다. 인도자 스스로 질문노트를 만든다. 질문의 예(뭉크 이미지에 기초한)는 다음과 같을 수 있다:

- ∞ 당신은 몇 살입니까?
- ∞ 당신은 집에 있습니까?
- ∞ 당신은 무엇을 생각하고 있습니까?
- ∞ 오늘 저녁 당신은 어디에 있었습니까?
- ∞ 당신의 기분은 어떻습니까?

- 당신은 왜 그 복도에 서 있습니까?
- 당신은 어느 누군가를, 아니면 당신 자신을 바라보고 있습니까?
- 다음에 당신은 무엇을 하려고 합니까?

⑤ 참여자들은 2인 1조나 소규모 그룹으로 편성한다. 그들에게 질문을 회상하도록 하고(필요하다면 힌트를 준다), 그리고 그들에게 질문에 대한 대답을 다시 보고하도록 한다. 참여자들이, 그들이 마치 그림 속의 사람처럼 1인칭으로 대답하는 것이 중요하다.

⑥ 그런 다음, 각각의 그룹은 가장 '훌륭한 대답'을 선택하고, 그 사람에 대한 정신적인 이미지를 구성하고 그/그녀가 그 당시 어떻게 느끼고 있는가를 구성한다.

⑦ 참여자들은 이 사람에 대한 그들의 정신적 이미지를 공개세션에 보고한다. 얼마나 많은 참여자들의 정신적인 이미지가 일치하는가를 확인한다.

모범 대답 : 뭉크 초상화는 예술가의 근심, 불안과 고독을 요약하는 것처럼 보인다. 우리는 잠을 이룰 수 없고, 그리고 그 자신의 영상을 보면서 밤에 그의 집 주위를 목적 없이 배회하는 사람의 모습을 생각한다. 꾸밈없는 방과 창문은 이러한 고독감을 더 한층 강조한다. 뭉크는 다른 자기-초상화를 많이 그렸다. 그리고 그 각각은 다른 분위기를 반영하고 있다.

❑ **응용문제** : 목소리 채용

한 참여자에게 초상화 옆에 앉도록 한다. 그/그녀는 초상화 속 인물의 목소리를 대역하는 역할을 맡고, 마치 그/그녀가 그 사람인 것처럼 모든 참여자들로부터의 질문에 대답해야만 한다.

❑ **수행과제** :

참여자들에게 백지와 크레용을 사용해서 각자 자신의 초상화를 그리게 한다. 이때 인도자는 다음의 지시문을 읽어 준다.

> 이제 각자 자신의 초상화를 그리는 시간을 갖도록 하겠습니다. 초상화는 어떤 형태로 그려도 좋습니다. 상징적으로 그릴 수도 있고 그냥 생각나는 대로 그릴 수도 있습니다. 옷을 입어도 좋고 누드도 좋습니다. 또한 몸 전체를 그려도 좋고 신체의 일부분만 그려도 좋습니다. 다 그리셨으면 초상화에 제목을 붙여주십시오.

참여자들이 그림을 다 그리고 나면 각자 아래의 관점에 따라 자신의 그림을 감상해 보고 발표하게 한다.

- 모든 공간을 다 사용했는가 아니면 일부분만 사용했는가?
- 윤곽이 뚜렷한가 아니면 혼란되고 연결이 끊어졌는가?
- 몸의 부분 중 빠진 곳이 있는가? 있다면 어디인가? 균형이 맞지 않은 부분이 있는가?
- 숨은 부분이 있는가?
- 옷을 입었는가? 아니면 입지 않았는가?
- 어떤 색깔이 지배적인가?
- 어떤 정서와 표정을 보이고 있는가?
- 적극적인 모습인가 소극적인 모습인가?

∞ 전체와 고립되어 있는가 관련 속에 있는가?

이 기법은 참여자들의 자기지각에 대한 다양한 정보를 제공해준다. 예컨대, 자신의 신체에 대해 어떻게 지각하는지, 숨기고 싶어 하는 신체부분이 있는지, 자신감이 있는지 혹은 타인들로부터 철회되어 있는지, 자신에 대해 긍정적 혹은 부정적으로 지각하고 있는지 등등 자신에 대한 무의식적 생각이나 태도가 그림을 통해 드러난다.

그림 감상에서는 타인의 피드백도 의미가 있지만, 각자 자신의 그림을 어떻게 지각하고 분석하는지, 그리고 자기 작품에 대해 어떤 태도를 취하는지를 관찰하는 것도 흥미롭다.

❑ **가이드** :

이 글쓰기 활동은 에드바드 뭉크의 자기—초상화를 바탕으로 그 초상화의 주인공과 상상 속에서 대화를 나누며, 그 사람의 정체성에 대한 정신적 이미지를 창조하는 과제이다. 대화를 효과적으로 하기 위해서 참여자들은 그 인물의 정체성 확인에 도움이 될만한 몇 가지 질문을 하는 것이 필요하다. 여기서는 무엇보다도 초상화 속의 인물에 감정이입을 해서 실제의 인물을 앞에 두고 대화하는 것처럼 초상화를 의인화시키는 것이 중요하다. 비록 상상 속 이미지일지라도 의인화된 인물이 구체적인 현실 속의 인물인 것처럼 대하고 대화를 나눌 때 평등한 관계 속에서 진정한 상호교감이 이뤄지고 그 사람의 정체성을 제대로 확인할 수 있을 것이다. 이러한 상호 대화과정을 통해 우리의 무의식 속 정보들을 의식 세계 속으로 데려올 수 있게 된다. 의식세계 속에서 이것들은 친숙하지 않은 낯선 존재이며, 우리의 마음을 어지럽히고 있을지도 모른다.

'대화'는 우리가 인생에서 만난 어떤 사람과도 할 수 있다. 과거나 현재, 미래 속의 사람이든 살아있거나 죽어있거나 아직 태어나지 않은 사람이어도 괜찮다. 현재 우리에게 직접적으로 영향을 미치는 사람이 아니어도 괜찮다. 돌아가신 부모님이나 우리에게 등 돌리고 가버린 애인과의 글쓰기 대화는 미처 끝맺지 못했던 마무리를 하는 데 중요한 역할을 할 수 있다. 사람들과의 대화는 우리의 행동에 대해 통찰할 수 있게 해주며 모호해 보이던 우리의 위치를 분명히 볼 수 있게 도와줄 수 있다.

글쓰기를 통한 심리치료 과정에서 이러한 대화 기법은 기본적으로 동일한 형식을 따르고 있다. 즉, 우리 자신과 다른 사람, 혹은 다른 무엇과의 상호작용이라는 형식이며 여기에서 우리는 두 대화자의 역할을 다 맡게 된다. 글쓰기에서의 '대화'는 말 대신 글로 이루어진다. 마치 영화나 연극 대본과 같이 종이 위에 쓰이는 대화다.

나 : 넌 굉장히 작구나.
두려움: 두려움은 자라는 게 아니야. 번식하는 거지.

당연히 이러한 형식은 처음엔 부자연스럽게 느껴질 것이다. 그리고 우리가 우리의 대화 상대가 번갈아 가며 대화의 리듬을 타기까지는 얼마간의 연습이 필요할지도 모른다. 만약 우리가 우리의 처음 몇몇 '대화'가 당신이 원하는 결과를 낳지 않는다 해도 포기하지 말라.

대화는 비단 사람뿐만 아니라 자기 일(자신의 직업, 상상 속에서 희망하는 일, 취미생활, 필생의 일 등)과 몸(몸의 부분이나 장기, 질병, 부상이나 수술, 중독이나 습관, 알레르기, 고통 등), 감정이나 느낌과도 이뤄질 수 있다.

3) 플래쉬백(Flashbacks)
- ❑ **목표** : 참여자들이 인물의 마음속으로 들어가서, 그리고 최종적인 이미지를 만들기 위한 그들의 정신적인 스토리보드를 쓴다.
- ❑ **준비** : 다음과 같은 사진. 선택적으로, 그 속에 네 사람이 들어 있는 어떤 이미지를 찾고 그것에 수반되는 짧은 글을 준비한다.

《 네 가지 생각 》

- ❑ **진행방법** :

① 참여자들에게 위와같은 '네 가지 생각' 이미지를 보여준다. 만일 인도자가 이것을 스크린 위에 투사할 수 있다면 더 좋다. 그러나 그렇지 않다면, 복사본이 무난할 것이다. 참여자들에게 네 사람 사이의 관계를 확립하기 위해서 질문한다.

② 다음 텍스트를 완만한 속도로 읽는다. 참여자들이 눈을 감고, 사진 속의 네 명의 인물 중 한 명에 대한 생각을 한다.

참여자들에게 그것을 네 사람 중 한 사람의 생각에 결합시키도록 한다. 수준이 낮은 참여자들에게는, 이야기 복사본을 나눠줘서, 모든 참여자들이 동일한 시간에 읽고, 들을 수 있도록 한다. 참여자들이 그들의 대답을 토론하도록 한다.

아침 6시이다. 나는 밤-시간이기 때문에 그것을 기억할 수 없다. 지금 모든 것이 흐리다. 여기서 그것은 매우 밝게 빛난다. 그래서 내가 두통을 가지는 것처럼. 그것은 오늘 뜨거워질 것이다. 그러나 지금 당장 그것은 차갑다. 나는 내 주위를 둘러본다. 바다, 모래, 다른 사람들- 나는 어떻게 우리가 여기서 끝났었나를 알지도 못한다. 적어도 우리는 안전하다. 그것이 중요한 일이지만-. 나는 바다를 응시한다. 그리고 그 속에 내 자신을 빼앗긴다. 지금 점차 이미지가 나에게 되돌아오고 있는 중이다. 지난 밤의 이미지… 그리고 그것 모두가 의미 만들기를 시작한다.

③ 참여자들에게 이 사진은 영화의 마지막 장면이나 소설의 마지막 부분이라는 것을 얘기한다. 참여자들은 개인적으로 그들의 상상력 속에 그 밤의 이야기를 재구성한다.

④ 참여자들에게, 개별적으로 네 가지 그림 틀의 배경을 그리도록 한다(필요하다면, 보드의 모델). 이것은 그것을 더 쉽게 만들기 위해서, 성냥개비로 만든 도형과 상징을 포함할 수 있다.
예를 들어서, 당신은 단순히 모래톱의 그림을 그릴 수 있다. 그리고 이것은 네 사람이 저녁을 시작하는 곳이고, 그래서 그때 그들이 어떻게 느끼고 있었는가를 암시하는 행복한 얼굴이라는 것을 시사하고 있다.

⑤ 참여자들이 스토리보드에서 4개의 정사각형을 완성할 때까지 그들의 그림을 모니터 한다.

⑥ 참여자들을 소규모 그룹으로 앉힌다. 그룹의 각 구성원들은 이제 그의/그녀의 이야기를 그룹의 나머지 사람들에게 이야기 한다. 그들에게, 그들이 이야기할 때 서술 시제를 고려하고, 플래쉬백을 더 실감나게 하기 위해서 1인칭 단수/복수를 사용 하도록 한다.

예 : 초저녁에 우리는 모두 우리가 좋아하는 모래톱에 앉아 있었다. 그리고 그때 갑자기 폭발음처럼 들렸던 거대한 소음이 있었다….

⑦ 각각의 그룹으로부터의 지원자는 나머지 참여자들에게 그들의 플래쉬백 이야기를 설명한다. 이야기들 사이에 무슨 유사성과 차이가 있는가? 스토리는 비극 혹은 희극인가?

❏ **수행과제** :

참여자들 각자 인도자의 안내에 따라 눈을 감고서 각자 인도자가 지시하는 장면을 상상하면서, 마음 속에 떠오르는 이미지를 관찰하거나 혹은 상상을 전개하는 작업을 해보라. 인도자는 다음과 같은 안내문을 읽어준다.

당신은 가구입니다. 예를 들면 의자나 책상 혹은 장롱서랍 같은 것 말입니다. 지금 당신의 몸을 한번 살펴보십시오. 어떻게 생겼습니까? 망가지거나 찌그러지지는 않았나요? 상처는 없는지요? 아직도 잘 기능하는지 살펴보십시오.

당신은 자신의 몸에 대해, 그리고 그 기능에 대해 만족하십니까? 당신 옆에는 다른 가구들이 놓여 있습니다. 그것들을 한번 자세히 살펴보십시오. 그 중 한 개를 택해서 그것과 대화를 나누어 보십시오. 그 가구가 당신에게 무어라고 말합니까? 이제 눈을 뜨고 각자 체험한 것들을 서로 나누어봅시다.

이러한 개별상상 작업은 때로는 참여자들의 감정이나 욕구, 희망, 두려움, 자아상, 대인지각, 대인관계 등에 대해 매우 유용한 정보를 제공해준다. 그리고 참여자들이 모두 동시에 실시하므로 매우 경제적인데다가, 짧은 시간 안에 많은 것을 체험하게 해준다.

❏ 가이드 :

'플래쉬백'은 간단히 말해서 소설, 영화, 연극 등에서 장면의 순간적인 전환으로, 과거를 회상하는 장면 전환 즉, 소설에서의 회고법적 묘사 같은 것을 의미한다. 과거의 어떤 사건이나 상황, 감정을 현재로 불러오는 극적인 방법으로, 이러한 작업은 물론 상상 속에서 이뤄진다. 앞의 과제는 제시된 지문이, 각각 동일한 배경 속에 있는 네 명의 인물 중 어떤 사람의 생각을 표현하고 있는지 알아 맞추고 또 참여자들 각자가 재구성한 인물들에 대한 토론을 하는 것이다. 여기서 우리에게 특히 중요한 것은 상상 속에 이미지가 자유롭게 떠오르게 하는 것이다. 이런 점에서 이 방법은 정신분석의 자유연상기법과 유사한 점이 있으며 또한 어떤 이미지를 쫓아 적극적으로 상상을 전개해 나가는 점에서 융의 '적극적 상상' 방법과도 유사하다.

심리치료에서 이러한 상상을 이용하는 방법을 '상상기법'이라고 부르는데, 이것은 경우에 따라서 리더가 상상을 안내하거나 혹은 참여자들과 함께 공동작업을 하기도 한다는 점 등에서 자유연상이나 적극적 상상과는 다소 차이가 있다.

상상기법은 감정, 욕구, 감각, 상상력, 직관, 사고 시연 등 인간의 모든 지각기능과 행동방식을 사용하는 총체적이고 종합적인 작업이다. 즉, 단지 지적인 작업이나 정서적인 작업만 하는 것이 아니고 인지, 정서, 감각, 행동 등 개체의 모든 기능을 다 동시에 사용함으로써 이들의 통합을 가져다 준다.

이렇게 심상 차원에서 이루어진 것은 참여자들의 감정이나 사고, 지각, 행동 차원에서는 물론이고, 신체적 차원에서까지도 실제적인 변화를 초래하며, 대뇌의 좌반구와 우반구를 골고루 활용함으로써 행동의 균형된 발달을 가져다 준다. 따라서 최근에 이 기법은 심리치료나 행동의학, 교육장면, 카운슬링, 그리고 심지어는 마케팅을 비롯한 산업 경영전략에까지도 광범위하게 활용되고 있다(Marcus, 1979; Leuner, 1980, 1986; Clarkson, 1990).

안내된 상상기법이나 집단 상상기법은 잘 보호되고 통제된 퇴행 실험이라고 말할 수 있다. 즉, 상상기법에서 참여자들은 어떤 인위적인 통제나 제약이 없이 자유롭게 자신의 환상이나 상상에 내 맡기는 실험을 하게 되는데, 이러한 과정에서 성원들은 일상적인 세계에서 벗어나 자신의 좀더 깊은 내면세계로 퇴행하게 된다. 이런 종류의 퇴행은 진일보하기 위한 퇴행으로서 치료적이라고 할 수 있다. 참여자들이 평소에는 무시하거나 간과했던 자신의 중요한 욕구나 감정을 환상이나 상상을 통하여 접촉하게 되는데, 그렇게 되면 그것들을 해소하고 통합할 수 있게 된다. 위니코트에 의하면 이러한 퇴행을 통해 참여자는 '거짓 자기'로 부터 벗어나서 '참 자기'와 접촉할 수 있다고 한다(Balint, 1970; Winnicott, 1974).

일반적으로 심리치료에서 단순히 지적인 통찰만으로는 행동변화가 오지 않는다는 것이 알려진 사실이다. 행동변화는 참여자들이 지적인 통찰과 함께 내적으로 강한 체험을 했을 때만 가능하다. 그런데 이러한 체험은 집단응집력이 강하고 참여자들이 서로 신뢰하는 분위기에서만 참여자들은 자신들의 불안이나 갈등을 마음 놓고 털어놓을 수 있기 때문이다.

상상기법은 개인에게 실시할 수도 있고 집단에서 실시할 수도 있음은 물론이지만, 환자의 정신 신체증상을 완화시키거나 치료하는데도 사용할 수 있다. 예컨대, 백혈병 치료를 받고 있는 환자에게 백혈구 군대가 전자총을 갖고서 암세포를 죽이는 장면과, 화장실에 가서 암세포가 죽어서 배설물과 함께 나오는 장면을 상상토록 지시함으로서 증상을 완화시키는 데 도움을 줄 수 있다. 이러한 방법은 참여자가 치료에서 적극적인 협력자가 되도록 해주는 이점도 있다. 즉, 단순히 의사의 치료에만 의존하고 수동적으로 가만히 있는 것이 아니라, 참여자 자신도 능동적으로 치료에 참여하도록 기회를 제공해 줌으로써 참여자들의 자기효능감을 높여줄 수 있다.

4) 상상적 대화

☐ **목표** : 참여자가 독자들의 질문들을 상상함으로써 관련 내용 쓰기.

이것은 편지, 노트, 그리고 이메일을 준비하는데 특별히 유용한 장치이다. 이 활동의 기본개념은 참여자가 기록된 메시지를 대치할 수 있는 대화를 상상하는 것이다. 달리 말하자면, 참여자가 독자를 시각화 해서 대화하는 방법이다. 이런 식으로, 참여자는 독자가 물을 만한 질문들을 상상해 낼 수 있고, 심지어는 질문들의 순서도 상상할 수 있다. 이 기술은 모든 관련된 내용이 포함되고, 의미 있는 방법으로 질서화 시키는 기술이다. 아래의 활동은 비형식적 메시지를 포함하고 있으나, 이 기술은 예를 들어, 신청서와 같은 형식적인 편지에서도 동일하게 적용될 수 있다.

❏ 준비 :

이 활동의 전체적인 맥락은 우리 집에 머무는 친구에게 조언을 해주는것과 같다. 인도자는 참여자들로부터 생각들을 이끌어 낼 것이지만, 자신이 스스로 준비한 약간의 힌트를 갖는 것도 좋은 생각이다. 인도자는 메시지의 시작 부분을 칠판 위에 쓰거나 OHT를 사용하거나 복사본을 준비할 수 있다.

❏ 진행방법 :

① 전체적인 맥락을 설명한다. 이 활동의 전체적 형식이나 방법은 인도자 임의로 변경할 수 있다. 예를 들면, 우리가 집을 비우는 동안 우리 집에 머물 친구들이 오려고 한다는 것, 우리는 그들을 만날 수 없기 때문에 그들에게 쪽지를 남기고 열쇠를 이웃집에 맡기려 하는 것을 말함으로써, 그것을 의인화 시킬 수 있다. 우리는 쪽지에 어떤 정보, 설명, 그리고 조언을 적어 놓아야만 할 것인가?

② 참여자들로부터 아이디어 몇 개를 이끌어 내고, 칠판 위에 그것들을 정확하게 적는다. 그것들을 몇 가지 도움이 될만한 말을 소개하는데 사용한다.

예 :

∽ 목요일 아침에 쓰레기를 밖에 내놓을 것 잊지마

∽ 외출 시에는 창문 꼭 잠그기

- 나갈 때 수도는 반드시 잠그기
- 문밖에서 왼쪽으로 돌면 보이는 길 끝에서 우체국을 찾을 수 있어
- 근처의 근사한 공원이 있는데 매일 밤마다 무료 야외 공연을 해

③ 참여자들에게 그들이 똑같은 상황 속에 있지만, 머물 친구들과 대화를 할 수 있다는 것을 상상하게 하도록 한다. 참여자들은 그들의 친구들이 그들에게 어떤 질문을 할 것이라고 생각할까? 참여자들로부터 그들이 예상하는 질문들 몇 개를 들어본다. 몇몇 힌트들을 또한 준비한다.

예 :
- 보일러는 어떻게 가동시켜?
- 쓰레기 내다 놓을 때 지켜야 할 규칙이 있어?
- 정원에 물은 얼마나 자주 줘야 해?
- 근처에 괜찮은 슈퍼마켓이 있어?

④ 이제 참여자들은 2인1조로 계속 역할을 바꿔가며 질문과 답을 해본다. 잠시 후 칠판에 쓸 아이디어들을 발표시켜 보는 동안, 그들의 글을 첨삭해준다.

⑤ 참여자들에게 노트의 시작 부분을 칠판에 적어주거나 복사를 해주고, 참여자들 자신만의 방법으로 완성하도록 한다.

9월 12일 일요일
민수에게
서울에 온 걸 환영해! 좋은 여행이 되길 바랄게. 너를 만날

수 없어서 유감이지만, 대신 여기 집에 관한 몇 가지 설명을 써 놓을게, 옆 집 주인 아저씨가 언제나 도움을 줄 거야 필요하다면.

❏ **가이드 :**

시각화를 이용한 상상적 대화 방법을 글쓰기와 심리치료에 도입한 사람은 프로고프 박사이다. 프로고프 박사는 일반적으로 대화법 저널쓰기를 개발한 사람으로 인정받고 있다. 대화형식은 저널기법 뿐 아니라 게스탈트의 '빈 의자 요법', 융의 적극적 상상'과 잠재 자아에 관한 심리통합치료 등 여러 현대 심리치료 장르에서 널리 쓰이는 기법이다. 여기서는 빈 의자 기법에 대해서 좀더 자세히 살펴보겠다.

빈 의자 기법은 게스탈트 치료에서 가장 많이 쓰이는 기법 가운데 하나로서, 흔히 현재 치료장면에 있지 않은 사람과 관련된 사건을 다룰 때 사용한다. 예컨대, 돌아가신 아버지가 빈 의자에 앉아 계신다고 상상하고서 아버지에게 하고 싶은 말을 하도록 시키는 것이다. 이 기법은 누구누구에 대해서 말하는 대신 누구누구에게 직접 말하도록 시킬 수 있는 점이 장점이다. 즉, 직접대화의 이점이 있다.

직접대화는 간접적인 묘사에 비해 훨씬 큰 위력을 가지고 있다. 예컨대, 아버지에 대해 말하는 것은 아버지와 관련된 여러 가지 상황을 말로 설명해야 하는 번거로움이 있고 또한, 자칫 아버지의 행동을 일방적으로 자신의 주관에 따라 규정짓고, 그것의 원인에 대해 인과적으로 설명하거나 개념적으로 분석해버림으로써 아버지를 실존적으로 체험하지 못하고 대상화시킬 위험이 있다.

반면에 직접대화에서는 성원들이 참여자의 문제상황과 함께 여러 가지 행동들을 직접 관찰할 수 있는 이점이 있으며, 또한 참여자가 처한 상황을 직접 관찰할 수 있기 때문에 참여자의 행동이나 감정을 이해하거나 공감하기가 쉽다. 무엇보다도 빈 의자 기법은 과거사건이나 미래 사건을 현재 사건으로 체험하게 해주는 이점이 있다.

흔히 참여자는 자신의 문제에 집착한 나머지 상대편의 감정이나 행동에 대한 이해가 부족한데, 빈 의자에 가서 앉아봄으로써 상대편의 심정을 이해하는 기회를 가지게 된다. 그리고 빈 의자와의 대화는 외부로 투사된 자신의 욕구나 감정, 가치관을 자각하게 해주며, 또한 내사된 가치관이나 도덕률을 의식화하고 이들과의 직면을 통해 진정한 자신을 찾아 통합하는 데 도움을 준다.

4. 기억, 그리고 징검다리와 타임머신

1) 과거에 관해 이야기 하기

❏ **목표** : '나는 기억한다' 에 대한 여러 가지 유형연습과 어린 시절의 기억 회상

❏ **진행방법** :

① 참여자들에게 다음과 같은 상황 중 하나에 대해 생각하도록 한다. 인도자는 참여자들과 관련될 것이라고 생각되는 한가지를 선택한다:

　학교에서의 나의 첫 번째 날
　내가 처음으로 집을 떠났던 날(대학 진학을 위해, 결혼하기 위해, 취업하기 위해, 혹은 해외에 나가기 위해)
　이곳에서의 첫 번째 날
　부모님과 함께 있지 않았던 첫 번째 날

② 참여자들에게 그 상황에 관해서 진지하게 생각하도록 다음에, 각 문장이 나는 …을 기억한다 로 시작되는 5행의 문장을 쓰도록 한다. 이 단계에서 참여자들이 어떤 도움이 필요하다면, 그들에게 다음 유형의 문장을 사용하도록 한다.

나는 기억한다 + 냄새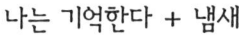
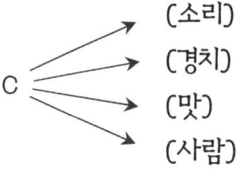
(소리)
(경치)
(맛)
(사람)

③ 5분 후에, 참여자들이 그들 그룹 안의 다른 사람들과 그들이 쓴 문장을 함께 나누도록 한다.

④ 이제 인도자는 참여자들에게 나는 기억한다 행들의 유형을 만들도록 한다: 상위 수준에 좀 못 미치는 참여자들은 유형 1, 2 그리고 3을 사용할 수 있다.
보다 상위 수준의 참여자들은 유형4와 5를 사용할 수 있다.

유형1 나는 기억한다 +사람이나 사물로 구성된 5행
유형2 나는 기억한다 +동사 진행형으로 구성된 5행
　　　(나는 느낌/생각/들은 것/본 것을 기억한다)
유형3 나는 기억한다 +냄새, 경치, 혹은 소리로 구성된 5행
유형4 나는 기억한다 +단순 과거형 동사로 구성된 5행
　　　(나는 내가 슬프게 느꼈던 것을 기억한다)
유형5 나는 기억한다 +지시대명사 +단순과거 동사로 구성된 5행
　　　(나는 내가 걱정했던 것을 기억한다)

⑤ 참여자들이 그들의 기억을 함께 나누고 비교하도록 한다. 또한 다음 시들을 함께 나눌 수 있다. 보다 상위 수준의 참여자들은 이 작품들을 낭송할 수 있으며, 어떤 유형의 '나는 기억 한다' 문장이 사용되고 있는지 볼 수 있다.

처음으로 학교에 간 날
(1)
나는 축구 경기를 기억한다
나는 선생님을 기억한다
나는 나의 아버지를 기억한다
나는 씨름 경기를 기억한다
나는 어린이들을 기억한다
나는 흥분했던 감정을 기억한다
나는 학교 버스를 기억한다
나는 친구들을 기억한다
나는 놀이 기구 탄 것을 기억한다
나는 나의 어머니를 기억한다

(2)
나는 아무 광경을 기억하지 않는다
나는 아무 냄새를 기억하지 않는다
나는 아무 맛을 기억하지 않는다
나는 아무 소리를 기억하지 않는다
거기에는 많은 어린이들이 있었다
거기에는 많은 선생님들이 있었다
거기에는 많은 책들이 있었다

나는 학교 점심을 먹었다

거기에는 많은 점심이 있었다

그러나

나는 아무 광경을 기억하지 못한다

나는 아무 냄새를 기억하지 못한다

나는 아무 맛을 기억하지 못한다

나는 아무 소리를 기억하지 못한다

❏ 가이드 :

앞의 글쓰기 활동은 효과적인 기억 방법의 몇 가지 유형을 구조적으로 보여주고 있다. 우리는 이러한 기억 방법을 통해서 과거의 기억을 좀더 생생하게 떠올릴 수 있다. 과거의 기억, 특히 어린 시절에 대한 기억은 현재의 우리의 삶과 긴밀한 관계를 가지고 있다. 만일 우리가 현재 어떤 심리적인 문제점을 가지고 있을 때, 그것은 대부분 과거에 우리가 경험했던 어떤 사건, 상황이나 감정들과 관련이 있다. 심리치료에서 이러한 과거에로의 회귀를 퇴행이라고 부른다. 퇴행은 자기 방어 기제의 일종으로 발달 과정상 어린 시절의 미성숙한 행동으로 되돌아가는 것을 일컫는다.

대부분의 경우 우리는 사람들이 앞으로 발전할 때 잘 한다고 칭찬을 하지만 때로는 단순히 앞으로 나아가는 것만이 적응을 잘하는 것이 아닐 수도 있다. 오히려 뒤로 퇴행하려는 경향이 성장을 유도하는 경우도 있다. 잠, 놀이, 유머, 꿈 그리고 예술적 창조활동과 같은 현상에서는 퇴행하여 어린이와 같은 상태로 될 때 좀더 창조적이 되는 특성을 지니고 있다. 그러나 퇴행은 사람들에 따라 다양한 행동으로 나타난다(Kris, 1952; Schafer, 1958).

일반적으로 퇴행은 발달 과정에서 바람직하지 못한 것이나 무의미한 방향으로 후퇴하는 것을 의미한다. 부모의 이혼, 재정적 손실과 같은 외상이나 스트레스, 심지어 직장에서의 승진 문제와 같은 상황에서 사람들은 어린 시절의 상태로 되돌아가 좀 더 안전하고 안정적인 상태에 머무르려고 한다. 따라서 퇴행은 미성숙하고 부적절한 다양한 행동들을 포함하고 있는데 책임회피, 주의 끌기, 그리고 의존성 등을 그 예로 들 수 있다.

예를 들자면, 처음 남편과 싸움을 하고 난 젊은 신부가 친정으로 돌아가서 마음의 안정을 찾게 되는 것이나 세상으로부터 마음의 상처를 받은 사람은 마음의 문을 닫게 되고 혼자만의 꿈나라와 같은 세계로 도피하게 되는 경우가 바로 그러하다.

비록 건강하고 잘 적응된 사람의 경우라도 불안을 감소시키거나 흔히 말하는 긴장의 '김을 빼기 위해서' 일시적으로 퇴행을 하는 경우가 있다. 어른 들은 담배를 피우고, 술을 마시며, 신경질을 내기도 하며, 손톱을 깨물고, 코를 만지작거리기도 하고, 집안 살림을 부수기도 하는 등 오만 가지의 유치한 행동을 하게 되는 것이다.

이러한 퇴행을 위한 또 하나의 효과적인 기억 방법은 '징검다리' 기법이다. 이 기법은 프로고프 박사가 창안한 것으로, "우리 인생의 징검다리란, 우리 인생의 시작부터 현재에 이르기까지의 과정을 무의식적 또는 의식적으로 우리의 마음 속에 떠올리게 되는 사건들을 말한다."고 프로고프 박사는 이야기 한다. 징검다리는 한 개인의 인생 행로에서 중요한 행동이 있었던 시점이다.

인생의 징검다리는 표지이고, 당신이 쉬어가는 장소들이고, 당신 자신에게 아마도 "아, 내 인생에 또다시 이런 일은 없을 거야."라고 이야기하는 때일 것이다. 프로고프는 징검다리가 기쁨이나 고통, 발전이나 실패 중 어느 것에 편향되지 않는 중립적인 것이며, 단지 우리가 인생의 흐름을 재구축할 때 우리에게 중요한 의미를 지니는 표지라고 강조한다. 당신은 당신에게 중요한 삶의 표지를 연대기적으로 목록화하거나 무작위 순으로 세울 수 있다. 어떤 방식으로 하든 상관없다. 그러나 연대기 순으로 하는 것이 당신이 목록을 검토할 때 당신의 삶에 흐르는 운율을 느끼도록 하는 데 도움이 될 것이다.

당신은 징검다리에 의해 제시된 자신의 인생을 아우르는 글쓰기를 통해 당신의 운명을 형성한 사건들과 순간들을 다시금 포착할 수 있게 된다. 그 시간을 회상하면서, 당신은 불완전하게 남겨진 교훈들에서 아직 배워야 할 것들이 있음을, 그리고 제대로 치료되지 않은 오래된 상처들이 치료를 받아야 할 시점이라는 것을 발견하게 될 것이다. "그 때는 바로 한 때였다."라는 구절은 우리가 각각의 징검다리 시기로 들어갈 수 있는 도약대이다.

- 그때는 사랑에 가득 찬 마음과 팔이 나를 이 세상으로 이끌며 환영했던 때였다.
- 그때는 매혹의 시간이었다.
- 그때는 운명의 두려운 청천벽력이 나를 고통스럽게 굴복시켰던 때였다.
- 그때는 예로부터 내려오는 사막의 치유에 관한 지혜와 나의 연계성을 알게 된 시간이었다.
- 그때는 원숙의 시간이었다.

"그때는 바로 한 때였다."라는 구절을 채우는 은유 또는 감정을 느끼며, 당신의 사고뿐만 아니라 감정, 육체, 영혼까지도 그때 당시로 가도록 하라. 그러면 달려드는 기억, 이미지, 연상, 그리고 냄새와 맛들까지도 쇄도하는 것을 경험하게 될 것이다. 그것들을 맛보라. 당신 자신을 그 안에서 씻어 내도록 하라. 그러고 나서 준비가 되면, 침착하게 침묵하며 징검다리의 가간에 관하여 글을 쓰기 시작하라.

2) 기억시

- ❏ **목표** : 현재와 과거 사이의 변화 서술과 과거 기억을 위한 … 하곤 했다 연습
- ❏ **진행방법** :

① 참여자들에게 그들이 가장 좋아하는 친구나 친지에 관해 생각하도록 한다. 그들에게 이 사람들의 이름이나 모습 등에 관해서 함께 의견을 나누도록 한다.

② 참여자들이 그들의 친구 — 그들이 함께 가지고 있었던 어떤 습관들, 어린 시절 만났던 일과 함께 했던 시간들, 우정이 변화시킨 면들을 기억하도록 한다. 참여자들이 그들의 생각을 옆 사람과 함께 나누도록 한다.

③ 몇 분 후, 참여자들이 문장을 완성하는 방법들을 제안하도록 유도한다:

    a 우리는 … 하곤 했다
    b 그러나 지금 우리는 …
    c 당신은 … 하곤 했다
    d 그러나 지금 우리는 …

칠판 위에 그들의 생각을 다음 예들과 같이 쓴다.

우리는 하곤 했다	전화기에 관해서 이야기하다	그러나 지금 우리는 e-mail을 쓴다.
당신은 하곤 했다	수줍어 하다	그러나 지금 당신은 항상 이야기한다

④ 이제 참여자들이 다음과 같이 2행의 문장들을 쓰도록 10분을 준다:

우리는 … 하곤 했다
그러나 지금 우리는 …
당신은 … 하곤 했다
그러나 지금 우리는 …

아래의 어구들이 도움이 될 수도 있다.

우리는 하곤 했다 그러나 지금 우리는	이야기 한다 걷는다 아이스크림을 먹는다 해변을 걷는다 전화로 이야기 한다 긴 편지를 쓴다 선물을 산다 카페에 앉아 있다 웃는다 농담을 한다
당신은 하곤 했다 그러나 지금 당신은	수줍은 슬프다 친절하다 우습다 행복하다

⑤ 10분 후에, 참여자들에게 소그룹이나 옆 사람과 함께 그들의 시를 함께 보도록 한다. 인도자가 함께 나누고자 하는 시가 아래에 있다.

우리는 해변을 따라서 혼자 걷곤 했다
그러나 지금 우리는 바람을 따라서 걷는다
우리는 성가대에서 노래를 부르곤 했다
그러나 지금 우리는 구름 위에서 부른다
우리는 나무들을 지나가곤 했다
그러나 지금 우리는 빛 속을 걷고 있다

❏ **응용문제 :**

이 활동의 재미있는 변이형은

나는 … 하곤 했다
그러나 지금 나는 … 이다

여기에 그 예가 있다:

나는 수줍어하곤 했다
그러나 지금 나는 아니다
나는 불성실하곤 했다
그러나 지금 나는 변했다
나는 나 자신을 모르곤 했다
그러나 지금 나는 내가 누구인지를 안다
나는 시를 멀리하곤 했다
그러나 지금 나는 시인이다
나는 한 인간이곤 했다
그리고 나는 여전하다

❏ **가이드 :**

이 글쓰기 활동은 모국어에서 시간을 표현하는 방법을 모색하는 것이다. 초점은 동사형태와 그들이 과거, 현재 그리고 미래 시제와, 그리고 그들 사이의 관계에 관하여 그들이 우리에게 이야기하는 것에 있다. 시작품들 또한 이들 시간 틀의 각각에 관해 우리가 느끼는 것을 시도하고 드러낸다. 현재 시간은 우리가 물리적으로 있는 곳뿐만 아니라, 우리의 생각들이 존재하는 곳, 내부와 외부를 구별하는 방법, 우리가 우리 주위를 관찰하고 있는 것이다.

과거 시간은 문화적이고 사회 일반의 기억뿐만 아니라, 역사와 신화, 개인적인 기억에 관한 것이다. 과거는 우리에게 유형들을 발견하고, 변화를 추적하고, 그리고 이야기들을 하도록 허락한다.

미래는 더욱 훌륭한 해결은 물론 우리의 희망과 포부가 존재하는 곳이다. 위 과제에서 우리는 언어 유형과 각각 이들 시간 틀의 이면에 있는 감정을 탐색했다.

글쓰기에서의 이러한 시간의 문제는 심리치료에서 '타임머신' 기법으로 사용될 수 있다. 타임머신 기법의 목적은 최근의 문제에 대한 조망을 보여주는 것이다. 참여자는 특정 시간으로 돌아가거나 미래 시간으로 나아가기 위해 이 방법을 이용할 수 있다. 인도자는 참여자에게 그들을 과거나 미래의 삶 속으로 이끌 타임머신 안에 자신이 있는 것을 상상하도록 요구한다.

우리는 종종 지금 우리에게 일어나는 일들이 우리를 영원히 혼란스럽게 할 것이라고 믿는다. 우리는 그 속에 휘말려 들고, 그 순간에 사로잡히며, 자신의 감정과 관점에서 벗어나기 어렵다. 때때로 우리는 사고와 감정이 변한다는 것을 깨닫지 못한 채, 그 순간 우리 앞에 있는 것에 전적으로 집중한다. 우리가 그 순간에 붙잡혀 있을 때, 우리는 다른 시간과 상황에서 느끼는 다양성을 상상할 수 없다. 자동화, 관습화된 과거의 사고와 감정 패턴으로부터의 탈 중심화는 물러나 변화하는 감정과 상황을 관찰하는 것을 포함한다.

인도자는 참여자에게 타임머신 안에 자신이 있는 것을 상상하도록 해서, 지나간 즐거웠던 일을 회상해 보도록 요구할 수 있다. "그때로 돌아가 아주 즐거웠던 경험을 회상해 보세요." 당신이 지나간 긍정적 경험을 생각할 때 당신의 기분이 어떻게 변하는지를 주목하세요.

"당신은 이것에 대해 지금 매우 걱정하고 있습니다. 그러나 나는 당신이 이것에 대해 지금으로부터 한 주 후, 한 달 후, 1년 후, 5년 후 어떻게 느낄지 궁금합니다. 당신이 미래에는 이것에 대해 덜 걱정할 수 있다면 그 이유는 무엇일까요? 당신은 바로 지금 이 순간에 휘말린 느낌을 받을 수 있습니다. 어떤 또 다른 사건(이 사건과 관련이 없는)이 당신으로 하여금 내일, 다음 주, 다음 달, 내년에 이 사건을 무시하게 할까요?"

우리의 걱정을 바꾸는 한 가지 방법은 어떤 문제를 균형 있게 바라보는 것이다. 즉, 장차 이것에 대한 관심이 어떻게 변하게 될 것인가에 대해 상상해 보는 것이다. 우리는 이것을 '타임머신' 방법이라고 부른다. 왜냐하면 우리는 타임머신 안에서 스스로 과거나 미래로 가보는 것을 상상할 것이기 때문이다. 자신에게 이것에 대한 관심이 미래의 다른 시간에서는 어떻게 느껴지는지 물어보기 바란다.

5. 기억의 현재화

1) 처음 시간과 마지막 시간

❏ **목표** : 사람들을 묘사하는 연습. 과거진행방식 교정하기와 시간(안에/위에/전에)에 관해 이야기하기 연습

❑ **진행방법 :**

① 참여자들에게 가장 친한 친구나 가까운 친척에 관해서 생각하도록 한다. 지금 그들에게 그 사람에 대한 맨 처음의 기억으로 되돌아 갈 것을 요구한다. 그들은 어디에 있었는가? 그 / 그녀가 무엇을 하고 있었나? 참여자들이 30분간 그에 관해서 집중적으로 생각하도록 한다. 그런 다음에 다음 문장을 완성하도록 한다.

- 나는 … 때 처음으로 그를/그녀를 보았다(시간)
- 그녀/그는 … 에 있었다(장소)
- 그녀/그는 … 중 이었다(행동)
- 그녀/그는 … 이었다(그/그녀에 대한 묘사)
- 나는 생각했다, '……'

② 5분 후에, 참여자들에게 2인 1조 혹은 3인 1조 그룹으로 나뉜 성원들과 함께 그들이 쓴 문장을 공유하도록 한다.

③ 이제 참여자들에게 자신이 생각한 그 사람에 대한 가장 최근의 기억에 관해서 생각하도록 한다. 다시 그들에게 다음 문장을 완성하도록 한다.

- 나는 마지막으로 … 때 그를/그녀를 보았다(시간)
- 그녀/그는 … 에 있었다(장소)
- 그녀/그는 … 중 이었다(행동)
- 그녀/그는 … 이었다(그/그녀에 대한 묘사)
- 나는 생각했다, ' …… '

④ 그룹 성원들은 각자 상대편의 시를 읽을 수 있다. 그리고 그

친구/친척이 처음과 두 번째 시에서 어떻게 변했는가를 인식할 수 있다.

⑤ 만일 참여자들이 이들 두 개 시작품 쓰기에 자신 있다면, 그들은 **우리가 처음 만났을 때**와 **우리가 마지막 만났을 때** 사이에서 일어났던 것을 묘사하기 위해서, 그들 자신에 대해서 더 많은 문장들을 쓸 수 있다.

⑥ 몇몇 참여자들은 다음의 시를 토론하는 것에 관심이 있을 수도 있다: 처음과 마지막 만남 사이에서 무슨 일이 일어났는가? 그 작가는 그녀의 친구보다 더 젊었던가 혹은 더 늙었던가? 왜 그녀의 친구는 거기에 있었는가? 그녀는 그녀와 함께 있었던 친구에 관해서 어떻게 느꼈나? 그녀는 친구와 함께 놀이터에서 무엇을 하고 있었나? 그 과정에서 어떤 특별한 일이 일어나지는 않았나? 당신은 어떻게 아는가?

여름휴가 때
나는 맨 처음 우리가 놀았던 곳에서 그를 보았다.
그는 나처럼, 멋있고 날씬했다.
반바지를 입고 주근깨를 가지고 있는.

나는 5년 뒤에 그를 마지막으로 보았다.
아주 똑같은, 우리가 놀았던 장소에서
그러나 이번에 그의 얼굴 턱에는 수염이 많았다.
그리고 그의 목소리는 전보다 낮았다.

그리고 나는 생각했다.
'그는 너무 나이가 들어서 지금 나와 함께 놀 수 없다.'

❑ **가이드 :**

이 활동결과 다음과 같은 문장이 만들어질 것이다:

나는 처음/마지막으로 그를 보았다 1990년(년도)
                                        10년 전
                                        4월 1일 목요일
                                        (주중 어느 날, 혹은 특별한 날)
                                        여름/가을철/3월/5월에
                                        (계절이나 달)
                                        그녀/그가 젊었을 때/늙었을 때

그녀/그는_____(행동). 이 문장은 동사 진행형으로 완성될 필요가 있다: 그/그녀가 서 있다/앉아 있다/웃고 있다/이야기 하고 있다/미소 짓고 있다.

참여자들은 이들 다른 구조들에 관해서 도움이 필요할 수도 있다. 이 활동은 기억과 변화의 과정에 관한 것이다. 그것은 참여자들이 그들의 삶 속에서 사람에 관해서 생각하고, 그리고 그들과의 처음과 마지막 만남을 비교하도록 권유한다. 몇몇 참여자들과 그룹에게는, 이것은 효과적인 활동이 되었고, 그리고 때때로 마음속에 있는 깊고 고통스러운 생각을 촉발시켰다. 참여자들이 잠시 지난 과거의 삶 속으로 돌아가 특정한 사람을 만나고 과거의 삶을 경험하는 것은 중요하다. 참여자들이 충분하게 과거의 삶 속에서 그 속의 모든 것을 경험할 수 있다면, 현재 자신이 겪고 있는 삶의 문제를 해결 할 수 있는 어떤 실마리를 찾을 수도 있다. 만일 앞의 시작품에서 참여자가 놀이터에서 만났던 친구와의 관계에서 어떤 문제점을 인식하고 느낌을 가졌다면, 그 감정은 바로 현재의 참여자가 가지고 있는 문제의 기초에 너지로 작용할 수 있다. 그 감정을 해소시키는 것이 첫 번째 과제가 될 것이다. 이러한 가능성을 다루는 방법들:

- 그룹 내에서 참여자들이 서로 알고 신뢰하게 확신시켜라. 그리고 시작단계에서 친구와 함께 작업하도록 지도한다.
- 시작할 때 참여자들에게 그들이 원하지 않는다면, 그들의 시작품들을 공유할 필요가 없다는 것을 이야기 해 준다.

이와 같은 정확한 기억과 생생한 인물묘사는 심리치료에서의 '현재화 기법'의 기초가 될 수 있다. '현재화 기법'은 과거 사건을 마치 지금 여기에서 일어나는 사건인 것처럼 체험하게 해줌으로써 과거사건과 관련된 참여자의 생각이나 감정, 욕구, 환상 행동 등을 지금 여기에 일어나는 현상들로 다룰 수 있게 해준다.

어떤 의미에서 과거는 현재에 살아있다고 볼 수 있다. 왜냐하면 아직 살아있는 과거만이 우리의 기억에 남아 있을 수 있기 때문이다. 그런 의미에서 현재화 기법은 과거를 인위적으로 현재화시키는 것이라기보다는 아직 살아있는 과거를 온전히 살려내는 작업이라고도 하겠다. 그렇게 함으로써 미완성 상태에 남아있는 과거를 완결시킬 수 있게 된다. 예컨대, 어머니의 죽음에 대한 애도작업을 하지 못하고 슬픔을 억압해온 참여자에게 어머니의 죽음 장면을 현재화시켜서 재 체험하게 하고, 애도작업을 하게 해줌으로써 미해결 과제를 완결시킬 수 있다.

개체가 불안을 체험하는 것은 허구적으로 절망적 상태를 그려놓고 그것을 두려워하는 것이다. 현재화 기법은 개체가 예상하는 부정적 상황이 실제 지금 여기에 벌어졌다고 가정하게 함으로써 가상을 현실로 만들어주어 개체로 하여금 현실적인 대응을 하도록 해준다. 즉, 공상에 의한 불안은 그 자체가 허구적이기 때문에 없앨 수가 없지만, 아무리 힘든 현실이라도 실제 상황에서는 이것을 이겨나갈 수 있기 때문에 현재화 기법은 참여자에게 자신의 문제를 성공적으로 극복하는 체험을 가져다 준다.

실제 유능한 회사원임에도 불구하고 실직에 대한 비현실적으로 과도한 공포 때문에 아무 것도 할 수 없게 된 참여자에게 인도자는 "당신이 오늘 회사로부터 감원 통보를 받았다고 한번 상상해봅시다. 지금 어떤 심정이십니까? 어떤 생각이 떠오르나요? 지금 당신은 어떻게 하고 계십니까? 오늘 저녁에는 무엇을 하실 생각이십니까?" 등의 질문을 하여 참여자가 두려워하는 상황을 현재화시켜 직면하도록 만들어 줄 수 있다. 아마 참여자는 "한번 부딪쳐보니 내가 전에 상상했던 것만큼 그렇게 비참하지는 않네요. 어떻게 해서든 살아남아야겠다는 생각이 들어요. 어쩌면 잘 될지도 모르겠다는 생각도 들어요."라고 대답할지도 모른다.

2) 지금 그리고 그 후의 시작품들

❏ **목표** : 사람의 기억 속 모든 순간들에 집중하기
❏ **진행방법** :
① 칠판 위에 다음과 같은 구를 쓴다:

내가 나빴을 때
내가 좋았을 때

이 구들은 그 의미가 아주 애매모호하다.

그것은 내가 기분 나쁘게 느꼈던 때 혹은 기분 나쁘게 행

동했던 때를 의미하는가?

그것은 내가 기분 좋게 느꼈던 때 혹은 내가 훌륭하게 행동했던 때를 의미하는가?

참여자들에게 그들이 원하고, 또 그에 관해 생각하길 원하는 방식으로 그 어구들을 해석하도록 한다:

a '나빴던' 한 순간이나 기억
b '좋았던' 한 순간이나 기억

그들에게 옆 사람과 함께 한 그 순간에 관한 정보를 공유하도록 한다. 모호함으로 불편하게 생각하고 있는 참여자들에게, 인도자는 어구 대신에 짤막한 제목을 제공할 수 있다:

- 불행한 순간
- 행복한 순간
- 내가 기분 나쁘게 행동했던 순간
- 내가 훌륭하게 행동했던 순간

또한 이 제목에 대한 무수한 변이형들이 있다:

- 내가 당황했던 순간
- 내가 실망했던 순간
- 내가 놀랐던 순간

② 참여자들이 그들의 옆 사람과 이야기 할 때, 그들의 기억을 함께 나누어서 그들의 기억을 발전시키도록 지도 한다:

- ∞ 그들이 있었던 장소
- ∞ 거기에 함께 있었던 그 외의 사람
- ∞ 그들이 했던 일이나 말

③ 비교와 영감으로 참여자들로부터 몇 가지 예를 이끌어 낸다.

④ 참여자들이 준비되면, 그들에게 칠판 위에 적힌 문장들을 완성하도록 한다. 그들은 '나쁜'에 대해 적어도 4~5행, 그리고 '좋은'에 대해서 최소 4~5행을 써야만 한다. 그들에게 도움이 된다면, 그들은 다음 구조들을 사용할 수 있다:

내가 좋았을 때 내가 나빴을 때	나는 보았다 나는 들었다 나는 느꼈다 나는 알았다 나는 생각했다 나는 믿었다 나는 이해했다 나는 발견했다 나는 배웠다	
그러나 지금 그리고 지금 그리고 여기에 나는		

다음은 우리가 함께 감상할 수 있는 하나의 예이다:
    내가 좋았을 때
    나는 내가 모든 것을 알고 있었다는 것을 생각했다
    나는 모든 것이 쉬웠다는 것을 생각했다

나는 내가 막 유명해지고
성공적이고 영리해지려 한다는 것을 생각했다

내가 나빴을 때
나는 내가 아무것도 몰랐다는 것을 생각했다
나는 모든 것이 불가능했다는 것을 생각했다
나는 결코 직업을 발견하지 못하리라고 생각했다
혹은 아내 혹은 집을
혹은 나를 행복하게 만들어 줄 어느 것도

⑤ 15분 후에, 참여자들에게 그들의 시를 읽고, 그리고 한 행을 더 덧붙이도록 한다:

그러나 지금 …!

⑥ 참여자들이 준비되면, 그들이 그들의 시를 파트너와 함께 읽도록 한다.

❑ **응용문제 :**

성인 그룹에 적합한 구조:

내가 어린이였을 때 …
그러나 지금 나는 …

아래의 시는 그 예이다:

내가 어린 아이였을 때

나는 혼자서 놀았다
학교 운동장 모퉁이에서
혼자서 내내.

나는 인형들을 증오했다 그리고 나는
게임들을 증오했다, 동물들은
친근하지 않았고 그리고 새들은
멀리 날아갔다.

만일 어느 누군가가 나를 찾고 있었다면
나는 나무 뒤에 숨어서 그리고
울부짖었다, '나는
고아이다.'

그리고 여기서 나는, 바로
아름다움의 중심이다!
이들 작품을 쓰면서!
상상해 보라!

☐ **가이드** :

와인 잔이 떨어지거나, 걸음마 중인 아기를 흘깃 바라보는 것과 같은 아주 사소한 어떤 일도, 그것이 인물을 어떤 방식으로 변화하게 만든다면 하나의 '사건'이 될 수 있다. 그것은 우리에게 내, 외적인 삶에 대한 통찰을 제공하기 때문이다. 따라서 우리는 가능한 한 구체적으로 기억의 모든 것을 떠올릴 필요가 있다. 그것은 기억의 중요한 순간에 대한 주의-집중 즉, 변화, 갈등, 인식, 혹은 발견의 순간들에 집중함으로써, 기억이나 경험을 현재화 시켜 자신의 내, 외적 변화를 만들 수 있다.

이를 통해 우리는 아무리 작은 '나쁜' 기억과 '좋은' 기억도 얼마나 현재의 우리들의 감정과 생각에 영향을 끼치고, 더 나아가 근본적으로 우리의 삶 그 자체에 영향을 끼치고 있는가를 알 수 있다. '나쁜' 기억은 항상 불편하고 불쾌하고 불확실하고 초조하며 부정적인 감정을 만들어 내고, '좋은' 기억은 대부분 즐겁고 희망적이고 행복한 긍정적인 감정을 만들어 낸다. 그렇기 때문에 가능하면 '나쁜' 기억보다는 '좋은' 기억을 떠올리는 것이 건강한 삶과 인생의 발전을 위해서는 더없이 좋은 일이다.

우리는 될 수 있으면 '나쁜' 기억보다는 '좋은' 기억을 떠올리는 것이 필요하지만, 이것이 생각대로 쉬운 일이 아니다. 이를 위해서는 무엇보다도 우선 우리 자신에 관한 부정적인 감정을 너무 심각하게 받아들일 필요가 없다는 점이 중요하다. 우리가 이런 감정에 휩싸이면, 그것이 진정 무엇이며 어디서 비롯되는 것인지 따져볼 틈도 없이 그것이 자신의 모든 감정과 생각을 지배하게 된다. 즉, 부정적인 감정이 더 강화되고 확대되게 되어 우리는 쉽게, 거의 자동적으로 그것을 사실로 받아들이게 된다. 그러한 부정적인 감정의 강화와 확대의 연쇄작용을 차단시키기 위해서 우리는 그러한 감정을 애써 사소한 '정신적인 군소리'나 '잔소리' 정도로 흘려버리는 것이 필요하다. 다시 말해서, 부정적인 감정은 우리의 '주의-집중'을 받을 만큼 중요하지도 또 가치 있는 것도 아니다.

'주의—집중'을 통해서 우리는 비생산적이고 원치 않는 부정적인 감정을 여과시키거나 회피할 수 있다. 많은 사람들은 그들이 외부세계에 집중하는 습관을 더 가질수록 그들의 기분이나 자아의식이 개선된다고 말하고 있다. 일, 감각, 소리, 다른 사람들과 자신의 당면한 환경과 같은 외적 요소들로 자신의 주의를 돌리는 것이, 끝없이 고통스럽고 비생산적인 자기-집중적인 비판으로부터 자신을 구제할 수 있는 길이다. 마음속의 부정적인 모든 요소들에 내적으로 집중하는 대신, 자신의 주의를 강제로 외부로 향하도록 한다. 자신의 환경과 자신의 주위에서 일어나고 있는 무슨 일이든지 얼핏 보아라. 당신이 보고, 듣고, 만지고, 냄새 맡거나 맛을 보는 다른 것들에 대한 정신적인 노트를 만들어 보자. 정말로 당신의 주위의 모든 것들에 집중해 보라. 지금, 여기에서 당신이 하고 있는 어떤 일에나 초 정밀한 주의를 해보라. 관계없는 생각을 여과시키고, 자신의 오감을 사용해서 그 순간에 자신이 포함된 일에 전적으로 동화한다. 만일 산만한 생각이 머릿속에 들어온다면, 간단하게 자신의 주의를 자신의 물리적 환경과 자신의 현재 활동에 재 집중시킨다. 예를 들어서, 만일 접시를 닦고 있다면 물의 느낌과 손에 묻은 비누거품에 면밀한 주의를 한다. 자신의 모든 감각들을 동원한다. 세제의 향기, 접시표면의 행주소리, 깨끗한 사기그릇의 미광 등을 주목한다.

이러한 외적 관심을 통해서, 반대로 내적인 부정적인 감정을 차단시킬 수 있으며, 이는 곧 '좋은' 기억을 이끌어 낼 수 있는 트리거로 작용할 수 있다. 위의 '절차 5'는 이러한 극적 전환의 모티브가 되고 있다.

6. 무의식에의 접근

1) 내적 그리고 외적인 시

☐ **목표** : 겉모습과 속 감정 사이의 차이 서술하기

❏ **진행방법** :

① 참여자들에게, 그들이 가까운 친구나 친지에게 작별인사를 했을 때를 생각하도록 한다. 그들이 있었던 곳은 어디였나?

② 이 일이 일어났던 날의 시간을 그들이 선택/기억하도록 하고 칠판 위에 그 시간 중 하나를 쓴다.
8:00 p.m

③ 인도자는 칠판 위에 아래와 같은 진행형 문장을 만드는 것을 참여자들에게 도와주도록 부탁 한다. 아래와 같이:

나는 공항/기차역/버스정류장에서 작별인사를 하고 있었다.

당신이 작별 인사를 할 때, 당신은 무슨 생각을 하고 있었나?
당신은 무엇을 느끼고 있었나?
당신은 무엇을 보고 있었나?
겉으로 당신은 작별인사를 하고 있었지만, 마음속으로 당신은 무엇을 하고 있었나? 당신의 생각 속에서 무엇을 하고 있었나?

참여자들로부터 아이디어를 이끌어 내고, 동일한 구조를 사용해서 이 아이디어들을 칠판 위에 쓴다.

④ 이제 칠판 위의 아래 예와 같이, 참여자들이 그들 자신의 문장 4개를 쓰도록 1분의 여유를 준다. 그들은 이미 칠판 위에 씌어져 있는 문장을 선택할 수도 있고 그들 자신이 새롭게 쓸 수도 있다.

> 나는 작별인사를 하고 있었다
> 나는 시계를 보고 있었다
> 나는 슬픔을 느끼고 있었다
> 나는 우리의 재회를 꿈꾸고 있었다
> 나는 우산을 들고 있었다

⑤ 참여자들에게 이제 그들이 쓴 문장을 변화시킬 것이라는 것을 말한다. 그들은 각 문장에, 아니다 … 그러나 를 더 써넣을 것이다. 참여자들의 제안을 사용해서 칠판 위의 문장들을 변화시킨다. 예를 들어서…

> 나는 작별인사를 하고 있지 않았다, 그러나 안녕 하고 인사하고 있었다
> 나는 시계를 보고 있지 않았다, 그러나 슬픔을 느끼고 있었다

아래 상자 안에 있는 동사들이 도움이 될 수도 있다. 그들은 반대 의미의 어휘 그룹으로 구성되고 있다. 그리고 그것은 참여자들이 그들 자신의 시를 쓰는 것을 도울 것이다.

	아니다	그러나
나는 …하고 있다	이야기	생각
당신은 …하고 있었다	헬로 하고 말	안녕하고 말
우리는 …하고 있었다	미소 짓고	짜증내고
	웃고	울고
	노래하고	기도하고
	수영하고	익사하고
	올라가고	떨어지고

⑥ 참여자들에게 그들 자신의 개인적인 시를 쓰도록 5분의 시간을 준다. 각 시 행은 동일한 패턴을 갖게 될 것이다:

나는 …하고 있지 않았다 그러나 …하는 중이었다

참여자들은 또한, 그들이 원한다면 이들 문장을 다양화 할 수 있다.

⑦ 참여자들이 시 쓰기를 끝내면 그들의 시를 소그룹이나 옆 사람들과 함께 보도록 한다.

☐ **응용문제 :**
① 이런 작업에 적합한 다른 주제들은 다음과 같다:

내가 처음 이곳에 왔을 때 혹은
내가 처음 집을 떠났을 때

이 패턴에 적합한 예는 다음과 같다:

내가 이곳에 처음 왔었을 때
나는 웃고 있지 않았다 그러나 울고 있었다
나는 울고 있지 않았다 그러나 소망하고 있었다
나는 소망하고 있지 않았다 그러나 이미 살고 있었다
나는 올라가고 있지 않았다 그러나 떨어지고 있었다
나는 떨어지고 있지 않았다 그러나 올라 가고 있었다

② 보다 상위 레벨의 참여자들은 또한 아래의 시를 읽고 토론하는 데 관심이 있을 수도 있다:

외부에서 무슨 일이 일어나고 있는가?
내부에서 무슨 일이 일어나고 있는가?

흔들리지 않았다, 그러나 익사했다
아무 누구도 그의 목소리를 듣지 못했다, 죽은 남자
그러나 아직도 그는 신음 소리를 내며 누워 있었다:
나는 당신이 생각하는 것 보다 더 멀리 있었다
그리고 손을 흔들지 않았다 그러나 익사했다
가여운 녀석, 그는 언제나 종달새를 사랑했다
그리고 지금 그는 죽어 있다
그의 심장이 다시 뛰기에는 너무 추운 날씨였음에 틀림없다,
그들은 말했다.
오 아니, 아니, 아니야, 날씨는 항상 너무 추웠다
(여전히 죽은 사람은 신음소리를 내며 누워 있었다)
나는 나의 삶으로부터 너무 멀리 있었다
그리고 흔들리는 것이 아니고 익사하고 있었다.

☐ 가이드 :

구조적인 측면에서 우리 인간이 살아가면서 겪게 되는 대부분의 문제점은, 자신들이 스스로 갖고 있는 역동성 때문에 1)사람이 언어로 소개한 문제(내담자의 겉 문제), 2)이 문제를 소개하는 사람의 입장 및 속 심정(내담자의 속 문제), 3)아직 다 드러나지 않은 그의 그 다음 입장 및 속 심정들(사람의 그 다음 속 문제들)과 같은 문제의 구조들을 갖고 있다. 위의 연습문제에서 겉 문제와 속 감정은 바로 이를 의미한다.

따라서 참여자의 문제를 올바로 이해하기 위해서는 반드시 참여자의 겉 문제와 속 문제의 개념을 정확하게 이해해야 한다. 일반적으

로 겉과 속, 음과 양, 하늘과 땅, 빛과 그림자, 有와 無, 남편과 아내 등의 개념들은 세상의 모든 물질과 사물의 구성요소를 이해하는 주요 개념이다. 즉 이 개념들은 사물의 본질과 구조를 이해하는 데 반드시 다루어야 하는 중요한 개념인 것이다.

참여자가 평소 생각하고 느끼고 판단한 문제, 참여자가 언어로 진술한 문제 등은 곧 참여자의 겉 문제를 의미한다. 참여자의 속 문제는 곧 그가 평소 생각하고, 느끼고 판단한 문제를 속으로 생각하고 느끼고 판단한 입장과 마음을 말한다. 참여자의 속 문제는 참여자 자신이 전혀 의식하지 못하고, 생각하지 못하고 있는 문제일 수 있다. 말하자면 겉 문제는 참여자가 오각을 통해서 보고, 듣고, 만지고, 맛보고, 냄새 맡는 것이라면, 지각한 그것을 마음 속에서 느끼는 감정은 속 문제에 해당한다고 할 수 있다. 이러한 참여자의 외적, 내적 문제는 마치 과일의 껍질과 속의 구조로 비유할 수 있다. 즉, 참여자의 겉 문제는 곧 과일 껍질의 속성으로 이해할 수 있으며, 속 문제들은 곧 과일 속 안의 속성으로 이해할 수 있다. 심리치료에서 다루는 참여자 문제는 바로 이와 같은 구조와 속성을 갖고 있기 때문에, 인도자는 참여자 문제의 겉(의식)과 속(무의식)을 조화롭게 풀어가는 흐름과 과정에서 참여자 문제의 진단과 해결에 접근해야 한다.

2) 내적 언어, 외적 언어

❑ **목표** : 자아의 통제를 받는 언어와 무의식에 의한 자유스런 언어의 은유적 표현

❑ **자료** : 이 활동에서 각 그룹은 아래 '준비' 밑에 요약된 도표에 기초한 다수의 지시가 부여될 필요가 있을 것이다.
A그룹에 대한 지시는 커다란 라벨에 씌어져서 책상의

중앙에 놓여야만 한다.

> 당신의 주제는 '파티'에서이다.
> 당신의 문장형태는 현재진행형이다: 음악이 연주되고 있다.

B그룹에 대한 지시는 종이쪽지에 써서 접은 후, 다른 그룹 성원들에게 조용히 읽어 주도록 그룹리더에게만 전달되어야 한다.

> 다음의 주제에 대해서 당신의 마음속에 떠오르는 것은 무엇이든지 5분 동안 써라:
> 사람들로 붐비는 방안으로 혼자서 걸어 들어가기

❑ 준비 :
① 아래 도표를 주의 깊게 보라. 첫 번째 칸에서 하나의 주제를 선택하라. 그 옆에, 이 주제에 잘 맞는 언어 구조가 제시되고, 그리고 B그룹 칸에 그와 짝을 이루는 '하위—텍스트'가 제시되어 있다.

그룹A 주제	구조	그룹 B 하위—텍스트
파티에서	현재진행 음악이 연주되고 있다	사람들로 붐비는 방안으로 혼자 걸어 들어가기
오랜 친구	… 하곤 했다	연인에게 작별인사하기
여행준비	현재단수 기차는 8시에 떠난다	비행기 이륙
휴일에	형용사 뜨거운 태양, 금빛 모래	바다에서 너무 멀리 헤엄쳐 나감
의사에게 가기	질문형식 : 그것이 상처를 냈나요?	내 몸의 상처

❏ **진행방법** :

① 참여자들을 A, B 두 그룹으로 나눈다. 만일 그룹 성원들의 수준이 고르지 못하면, A그룹은 조금 수준이 낮은 성원들로, B그룹은 수준이 더 높은 성원들로 구성되어야만 한다.

② **A그룹**

인도자는 선택한 주제를 그룹 성원들에게 소개한다. 이 그룹 성원들은 선택된 주제 안에서, 언어구조의 여덟 개 예/행/문장을 완성할 수 있도록 노력한다. 파티에서 라는 주제에 시된 연습은 현재진행형이다. 참여자들은 다음과 같은 예를 만들어 낼 것이다:

여자들이 이야기를 하고 있다.
남자들이 맥주를 마시고 있다.
음악이 연주되고 있다.

주제에 관련된 구조의 모든 예가 수용 가능하다. 더 많은 예들이 있을수록 더 좋다. 규모가 큰 A그룹은 다시 나눠질 수 있으며, 각 그룹은 그들 자신의 문장을 만들어 낼 수 있다.

B그룹

이 그룹의 성원들은 그들 자신의 조용한 공간에서 개인적으로 작업하게 될 것이다. 이 그룹에게 조용히 인도자의 지시를 전달해서, 다른 그룹이 지시내용을 듣지 못하게 한다. 이 그룹은 '하위—텍스트'를 탐색하게 될 것이다. 그들에게 인도자의 주제에 맞는 하위—텍스트를 소개한다. 파티에서의 경우, 이것은 '사람들로 붐비는 방안으로 걸어 들어가기'이다. 여기서의 목적은 의식의 유연한 흐름(fluency of consciousness)이다: 생각과 감정이 그 표현의 정확성 여부에 대한 걱정으로 방해 받지 않고 흐르도록 한다. 미완성된 문장, 단어와 소리, 반쪽의 어구와 파괴된 규칙들 모두가 허용 가능한 흐름의 부분이다.

각 그룹이 작업하도록 10분을 준다: A그룹은 2인조로 구조화된 문장연습을 작성하고, B그룹은 조용하게 그들의 생각을 쓴다.

③ 10분 후에, 글쓰기를 마감한다. A그룹의 두 사람과 B그룹의 두 사람이 함께 작업 하도록 참여자들을 다시 나눈다. 그들의 과제는 이제 '샌드위치'행을 창작하는 것이다:
연습의 1행(우리는 수많은 파티에 가곤 했다.)
하위—텍스트 1행(내 위장 속에 있는 무거운 불안의 돌)
연습의 1행
하위—텍스트의 1행
그리고 등등, 참여자들이 그들이 만든 시행을 다 써버릴 때까지.

④ 그룹 성원들이 시행을 재 정돈, 조정, 교정하도록 해서 시가 훌륭하게 마무리되도록 한다.

□ **수행과제** :
시작품들은 연극으로 공연될 수 있다. 그것이 최대의 정서적 충격을 성취하기 위해서, 각 그룹이 적어도 두 목소리가 포함된 낭송을

준비하도록 한다: '텍스트'를 읽는 목소리, '하위—텍스트'를 읽는 두 번째 목소리. 상위 수준 참여자들은 다음 특징들의 기록을 원할 수도 있다:

- 패턴의 효과:

    시를 통해서 그것이 그 자체를 반복할 때 '구조'에 무엇이 발생하는가?
    구조화된 연습은 새로운 의미를 획득할 수 있을까?

- 정서적인 충격:

    언어 연습과의 대조에서 '하위-텍스트'에 무엇이 일어나는가?
    그것이 제2의 목소리로 들리는가? 내부 목소리? 결코 말해지지 않은 목소리?
    구조화된 연습과 '하위-텍스트'는 서로 반향하기 시작하는가?

❏ 가이드 :

이 활동은 텍스트와 '하위—텍스트'에 대한 생각으로 實演된다. 텍스트는 사물의 표면의 언어이다. 예를 들어서, 작업실에서의 텍스트는 교과서적인 연습과 연습되고 있는 시적 구조일 것이다. 하위-텍스트 즉, 심층 언어는 표면 아래에 놓여 있다: 사람들이 실제로 생각하거나 의도하고 있는 것. 우디 엘런은 애니 홀이라는 영화에서 텍스트와 하위—텍스트를 눈에 보이게 만들었다. 그는 서로에게 이야기하는 두 인물들을 보여주었다: 밑에, 스크린의 바닥에 씌어진 하위-텍스트로, 그는 그들이 실제로 생각하고 있었던 것을 보여주었다.

아래에 있는 시는 그 예이다.

    우리는 수많은 파티에 가곤 했다.
    내 위장 속에 있는 무거운 불안의 돌

우리는 파티를 주선하곤 했다.

내가 해석할 수 없는 이들 미소. 내가 결합할 수 없는 이들 이야기 부스러기.

우리는 우리가 사랑했던 친구들과 그들을 초대하곤 했다.

내가 돌릴 수 없는 등. 내가 해석할 수 없는 얼굴들.

우리는 노란 꽃들로 집을 장식하곤 했다.

나는 나 자신 속으로 점점 깊이 움츠러든다.

우리는 함께 있곤 했다.

고뇌의 거북 ― 나는 숨기 위한 구석을 포기했다.

이 장의 '목표'에서 언급되고 있는 '내면의 언어'를 이해하기 위해서 우리는 먼저 정신분석가인 프로이드의 무의식에 대해서 알아볼 필요가 있다. 흔히 프로이드를 20세기 초 인류문명에 지대한 영향을 끼친 세 사람 중 한 사람으로 꼽는데, 이는 바로 그의 무의식의 발견 때문이다. 우주론적 측면에서 지동설을 주장한 코페르니쿠스, 생물학적 측면에서 진화론을 주장한 다윈과 함께 심리적인 측면에서 무의식을 발견한 프로이드는 인류문명사를 새로 쓰는 획기적인 전기를 마련했다.

프로이드는 무의식을 인간의 행동과 성격의 문제를 이해하는 열쇠로 보는데 반해, 무의식과 대비되는 의식을 마음(mind)의 한 작은 부분으로 보았다. 의식을 빙산의 일각으로 생각하였고 무의식은 수면 아래에 잠겨있는, 타이타닉호를 좌초시킬 만한 힘을 가진 거대한 빙산으로 인식하였다. 즉, 마음의 더 큰 부분은 의식의 표면 아래에 존재한다고 믿었던 것이다. 무의식은 자각할 수 없지만, 우리 자신도 모르는 사이에 의식의 표면으로 떠올라 우리의 생각과 행동을 암암리에 지배하고 있다. 예를 들자면, 출, 퇴근 시 자동차를 운전할 때, 머릿속으로는 다른 생각을 하고 있는 중에 자기도 모르는 사이에 회사에 도착하는 경우나, 전화통화를 하면서 청소를 한다던가 하는 등 다른 일을 하는 경우가 그러하다. 자신의 의식이 자각 상태에서 의도적으로 무엇을 하지 않았음에도 불구하구 습관적으로, 혹은 자동적으로 행동을 하게 된다. 앞의 예에서 일상의 언어와 대조적인 내면의 언어는 바로 이러한 무의식의 언어이다. B그룹이 행한 '쓰기' 연습은 바로 이러한 무의식의 작품화 과정을 의미한다. A그룹과 같이 전통적인 문법 규칙에 따라 조직화된 글쓰기가 아니기 때문에, B그룹의 글쓰기는 단어나 운율, 어법, 구조, 주제 등에 구속되지 않고 자유스럽다. B그룹에서 중요한 것은 시인의 무의식을 온전히 밖으로 드러내는 구속되지 않은 자연스러움이다.

시어나 어법, 구성 등에서 불완전한 이러한 글쓰기는 텍스트 면에서 평가 절하될 수도 있지만, 작가 자신의 무의식 상태를 파악하는 데는 아주 중요하다. 시인의 억압된 감정과 생각, 그리고 기억이 무의식 속에 저장되어 있고, 그러한 디테일 들은 B그룹의 무의식적인 글쓰기에 반영되어 표현되기 때문이다. 그리하여 프로이드는 모든 신경증적인 징후와 행동의 근원을 무의식으로 보았기 때문에 정신분석 상담의 1차적인 목적은 무의식적 동기를 의식화시키는 것으로 보았다. 정신분석 치료는 바로 이러한 무의식적 동기의 의식화를 통해서 정신적 기능을 방해하는 증상의 의미, 행동의 원인, 억압 등을 밝혀내는 것이다. 무의식적인 글쓰기는 일상적인 전통적 어법의 글쓰기와 대조되는 '자유'스러운 글쓰기로, 프로이드의 '자유연상' 기법이기도 하다. 치료의 한 형태로서 지그문트 프로이트는 그의 자유연상 심리분석 테크닉과 함께 구두로 이루어지는 '의식의 흐름'을 대중화 시켰다.

글로 쓰는 것이든 구두로 이루어지는 것이든 '의식의 흐름'의 목적은 우리의 무의식과 잠재의식을 초대해서 우리의 앞 책상 위에 그것들을 드러내도록 하는 데 있다. 그리고 우리가 책상 위를 쭉 살펴보면서 무엇을 잊고 있었는지, 무엇을 간과했는지, 무엇을 버릴 수 있는지 등을 보는 것이다. 이 방법은 확실히 당신이 사용할 수 있는 글쓰기 치료 방법들 가운데 가장 직관적인 방법의 하나이다.

문학에서 의식의 흐름(stream of consciousness)의 기법은 영문학에서 중요한, 혁신적인 소설기법의 하나로, 심리학에서는 윌리엄 제임스가 처음 사용했다. 처음에는 '사고의 흐름(stream of thought)'라 하였으나 후에(1892) '의식의 흐름(stream of consciousness)'이라고 하였다. 이것은 프로이드의 영향으로 우리의 무의식의 세계에 대한 관심과 중요성에 대한 인식의 변화에 기인한 것이다. 어느 한 순간에 개인의 의식에 감각, 상념, 기억, 연상 등이 시공간을 초월하여 계속적으로 흐르는 것을 가리킨 말이며 이것을 문학에 이용하여 큰 효과를 거둔 것은 제임스 조이스의 〈젊은 예술가의 초상〉과 아침 8시부터 그 다음 날 오전 2시까지 일어난 일을 734면에 서술하여 '의식의 흐름'의 결정을 이룬 〈율리시즈〉였다. 자동적 글쓰기 또는 자유직관적 글쓰기라고도 한다.

'의식의 흐름' 글쓰기를 할 경우 우리는 그저 시작하기만 하면 된다. 단어와 문구, 노래가사, 꿈속의 등장인물 혹은 상징, 그 어디서든 시작할 수 있다. 만약 우리 자신을 강하게 낚아채는 뭔가가 있다면 (우리를 화나게 한다거나, 우리의 주의를 끈다거나) 그것에서 시작해라. 아니면 무엇이라도 좋으니 선택하라. 당신은 크리샌느가 그랬던 것처럼 글쓰는 과정 자체를 가지고 의식의 흐름 글쓰기를 실험해 보고 싶을지도 모른다.

글쓰기가 물처럼 흐른다. 글로 쓰인 단어. 존재의 표현. 의식의 물결. 펜이 마치 그 자신의 의지로 움직이는 것 같다. 생각하거나 분석하기에는 너무 속도가 빠르다. 움직임, 동작, 존재. 의미와 무의미의 공존. 좋아. 아멘. 그렇다면 그런 거지. 無. 모든 것.

미적 가치 면에서는 전통적 어법에 반해 해체주의적 경향을 띠고 있지만, 심리치료의 기능적 측면에서는 무의식적인 하위―텍스트가 더 중요하다. 물론 우리나라의 이상 시인의 경우처럼 무의식적 글쓰기가 뛰어난 미학적 표현으로 나타날 수도 있지만, 치유의 기능을 고려할 때 그것의 가치는 더욱 확대될 수 있다. 자아와 무의식 사이의 대립과 갈등관계 속의 긴장이 지속되고 궁극적으로는 초월과 통합에 이른 면에서 융의 적극적 상상의 과정과 비교될 수도 있다.

3) 영상시 : 가서 문을 열어라

❏ **목표** : 적극적 상상을 통한 무의식에의 접근과 미해결 문제의 해소
❏ **진행방법** :
① 인도자는 참여자들에게 그들을 데리고 어디론가 여행을 떠날 것이라고 설명한다. 여행을 하는 중, 그들이 어느 지점에 도달하게 되면 참여자들은 몇 행의 시를 써야만 한다. 그래서 그들은 각자 노트와 필기도구를 준비해야만 한다.

② 참여자들이 이런 준비를 마치고 조용해지면, 인도자는 참여자들이 마음속에 아래의 내용을 시각화 할 수 있도록 읽어 준다. 혹은 그것을 인도자 스스로의 '대본'을 위한 기초로써 사용할 수 있다. 인도자는 그것을 더 간략하게 하거나 수정할 수도 있을 것이다. 그렇게 해서 인도자는 대본을 자신이 치료해야 할 상황에 적합하도록 만든다. 아래의 대본은 짧

막하기 때문에 전체 작업 시간 중 20분 정도의 분량이다. 또한 상황에 따라서는 그것을 더 길게 만들 수도 있다. 다른 가능성에 대해서는 다음의 변이형들을 참고로 할 수 있다.

③ 대본의 여러 곳에서, 인도자는 잠시 진행을 멈추고 참여자들이 글을 쓸 수 있도록 한다. 이들 중단 지점들은 대본 위에 분명하게 표시되어야만 한다. 대본에는 인도자가 소리 내어 읽지 말아야 할 '연출지시'들이 많다. 이것들은 괄호 속에 표시되어 있다.

비밀의 문이 이 작업실에서 발견되었다. 그것은 이전에 결코 발견된 적이 없었다. 그것은 커다란 떡갈나무 문이다. 그리고 그것은 벽 속에 숨겨져 있다(당신의 작업실에서 어느 곳인지를 얘기한다).
항상 문은 잠겨 있다. 그러나 오늘 당신은 문을 열고 그것을 통과할 수 있다. 문에 관해서 그리고 그것이 어디에 있는가에 관해서 생각하라.
자 이제 준비한 노트에 써 보아라 :

가서 문을 열어라.

자, 문을 통과해서 거기에 무엇이 있을 가에 관해서 써라.
당신은 이렇게 시작할 수 있다:

거기에는 아마 …이 있을 것이다
거기에는 …이 있겠지
어쩌면 거기에는 …이 있을 지도 모른다

(참여자들이 쓰도록 하기 위해서 5분 동안 기다린다.)

당신이 준비가 될 때, 당신은 문을 향해서 간다. 그리고 손잡이를 발견한다. 당신은 손잡이를 돌린다. 그리고 문은 쉽게 열린다.

안에는 방이 있다. 당신은 방안을 이리저리 걷는다. 그리고 당신은 흠칫 놀란다 : 당신이 보는 모든 것들은, 당신의 어린 시절과 당신이 방문하고 그 뒤로 살아왔던 모든 곳들로부터 비롯된 것들이다. 그것은 마치 당신의 모든 삶을 이 방안에 쌓아 놓아 온 듯하다.
　이제 당신이 방안에서 볼 수 있는 것을 써라.

　(참여자들이 쓰도록 하기 위해서 5분 동안 기다린다)

　당신은 방안을 이리저리 계속 둘러본다. 물건들을 정리하고 그것들을 기억하면서.
　그런 다음 당신은 기념으로 단 하나의 물건을 가지고 나갈 것을 결심한다.
　당신은 생각에 잠겨서 방 한가운데 서 있다. 나는 무엇을 선택해야만 할까?
　이것—아니면 저것? 그도 아니면 저것?
　그런 다음에 당신은 마침내 하나의 물건을 선택한다.
　당신은 그것을 향해서 걸어간다. 그 물건을 집어 올리고 그것에 관해서 생각한다.
　좋아요, 이것이 당신이 가지고 갈 물건이다. 이제 그 물건이 무엇인지를 써보라.

　(참여자들이 각자 그들이 선택한 물건이 무엇인지 쓰도록 하기 위해서 1분을 기다린다).

　당신은 그것을 당신의 손에 단단히 움켜쥔다. 그리고 다시 문을 통과해서 돌아온다.
　당신은 문을 나오면서 문을 닫는다. 당신은 또 다른 날 문을 통해서 돌아갈 것이다.
　그 뒤, 당신은 작업실 안으로 돌아온다. 그리고 조용하게 당신의 책상으로 걸어가서 되돌아간다.

④ 30여분의 침묵 후, 참여자들에게 옆 사람을 향하게 하고, 그 들에게 그들이 선택한 물건이 무엇이었나, 그리고 그들은 왜 그것을 선택했는가에 관해서 얘기하도록 한다.

⑤ 이제 참여자들에게 그들이 쓴 시행들을 살펴보도록 5분의 시간을 준다. 그리고 그것들을 첨가하거나 바꾸도록 한다. 5 분 후, 그들이 옆 사람과 함께 그들의 시행을 함께 살펴보 록 한다.

❏ **응용변형**

만일 인도자가 '여행'을 더 오랫동안 하고 싶다면, 더 진전된 무대로 여행을 확대할 수 있고, 그리고 글쓰기에 대한 기회를 확대할 수 있을 것이다 :

>당신은 문을 지나서 걷는다. 그리고 갑자기 당신은 …을 본다/듣는다/냄새 맡는다 당신은 더 멀리 걷는다. 그리고 몇 분 후에 당신은 …을 만난다
>당신은 그에게/그녀에게 당신이 언제나 묻고 싶어 했던 … 질문을 한다
>그/그녀는 …라고 대답한다

물론 인도자는, 참여자들이 얘기하고 상호교감하기 위한 '글쓰기 휴지'들이 있는 한, 당신이 고무되어 원하거나 느낀 방법으로 여행을 전개 시킬 수 있다. 단지 참여자들이 각각의 휴지기에 쓴 핵심 단어들과 어구들로 시의 뼈대가 세워진다. 그 예를 살펴보자.

(1) 가서 문을 열어라.
　　거기에는 친근한 사람들이

많이 있을 것이다.
소음이 있다면, 그것은 곧 사라질 것이다.
거기에는 오직 죽은 꽃잎만이 있을지라도.
적어도 거기에는 있을 것이다
하나의 별이

(2) 가서 문을 열어라.
만약 거기에 유령들
그리고 어둠이 있다면
그것은 멀리 사라질 것이다.
가서 문을 열어라.
떨어진 꽃잎들
만일 거기에 오직 있을지라도
가라 그리고 문을 열어라.
적어도
거기에는 사랑스런
기억들이 있을 것이다.

❏ **가이드** :

 이 장에서 시 쓰기의 구조화 된 형식은 지금까지 보아온 것과는 달리 '스크립트'라는 독특한 형식을 사용하고 있다. 인도자가 사전에 의도된 시적 틀을 부여하고 참여자가 그에 맞추어 시 쓰기를 완성할 때까지 기다리는 것이 아니라, 준비된 스크립트를 읽어가는 곳곳에서 대본 읽기를 잠시 중단하고 마치 질문을 던지듯 특정한 상황에 대해서 시 쓰기를 요구하고 있다. 물론 참여자는 제한된 시간 내에 인도자의 요구에 따라 마치 수수께끼에 대해 답을 하듯이 시행을 완성해야만 한다. 시적 상황과 주제가 미리 주어지지 않은 유동적인 상황과 문맥에 따라 시 쓰기를 해야 하기 때문에, 참여자는 고도로 듣기에 집중하고 긴장상태를 유지해야만 하며, 인도자는 나름대로 참여들이 들으면서 마음속에 시적 상황을 이미지화 할 수 있도록 목소리의 크기와 억양, 발음의 정확성 등에 집중해야만 한다. 이와 같이 인도자와 참여자들이 침묵의 긴장관계 속에서 도달하는 곳은 참여자의 어린 시절과 지금까지 살아왔던 지난날들이다.

이는 심리학적 용어로 퇴행(regression)으로, 주관적 시간(subjective time) 왜곡을 통해서 무의식의 세계로 참여자들을 인도하고 있다. 주관적 시간이란 자연적 시간(clock time)의 반대 개념으로, 시간의 흐름에 대한 참여자들의 개인적인 지각이 참여자들이 느끼는 방식에 따라 영향을 받는 시간이다. 자연적 시간이 항상 규칙적이고 지속적인 반면, 주관적 시간은 항상 가변적이고 일시적이기 때문에 과거, 현재, 미래를 자유스럽게 넘나들 수 있다. 마치 타임머신을 탄 듯이 시간의 순방향, 역방향을 자유스럽게 이동하고 또 자유의지대로 시간을 변화시킬 수 있는 능력은, 단지 시간왜곡의 차원뿐만 아니라 참여자의 삶에서의 여러 가지 문제들을 지각하고 다루는 방법에도 많은 영향을 끼친다. 실제로 그 예를 살펴보자.

때때로 우리는, 우리가 어떤 것을 즐기고 있을 때 시간은 날아가는 듯이 빨리 흐르는 것을 느끼는 반면, 그 반대일 경우에는 시간이 지루하고 더디게 흐르는 것을 느낄 수 있다. 비단 즐거움과 지루함만이 시간의 흐름에 대한 참여자의 지각에 영향을 끼칠 수 있는 것은 아니다. 근심걱정, 우울함, 고통, 슬픔, 스트레스, 조증, 그리고 흥미를 포함하는 수많은 감정과 느낌들, 그리고 시간의 흐름에 대한 우리의 지각에 영향을 끼치는 것들의 결과들이, 우리의 인생에서 일어나는 상황들과 사건들을 어떻게 보는가를 결정한다. 물리적인 자연적 시간

위의 인간은, 주관적 시간 속에서 다양하게 개성화된 삶을 경험하고 있으며, 그 경험은 자연적 시간 속의 인간의 삶에 끊임없이 피드백 되고 있다. 그렇기 때문에 시간왜곡을 통해서 참여자들을 과거의 기억 속으로, 혹은 미래의 희망 속으로 데려가서 과거의 부정적인 기억을 바꾸어 현재의 문제점들을 긍정적인 관점에서 새롭게 바라보도록 하고, 또 무의식적으로 자신을 구속하고 있는 부정적인 목표를 깨뜨리고 참여자가 성취하고자 하는 분명한 이미지를 창조하도록 하는 것이 중요하다. 시간왜곡을 통한 퇴행의 중요성과 그 필요성을 다음과 같이 정리할 수 있다.

∽ 참여자는 그의 증상의 근원에 대해 알길 원한다. 참여자는 오랫동안 그의 증상을 가지고 있었으나, 언제, 어떻게, 왜 시작되었는가를 기억할 수 없다. 퇴행을 통해서 참여자는 증상의 근원에 대한 실마리를 찾을 수 있고, 그것은 참여자의 증상을 제거하는 출발점이 된다.

∽ 참여자는 그의 과거 사건을 지각하는 방법을 바꾸고 싶어 한다. 참여자는 과거에 하나의 사건을 경험하고, 현재 그것에 관해서 생각할 때 참여자는 혼란스러운 것을 발견한다. 아마 신뢰의 결핍, 걱정, 무기력감 등이 바로 그것일 것이다. 인도자는 참여자를 그 시간으로 퇴행시켜서 참여자로 하여금 그 사건을 기억하는 방법이나 그것에 반응하는 방법을 바꾸도록 할 것이다.

∽ 참여자는 그의 과거로부터의 어떤 사건을 기억하길 원한다. 아마도 참여자는 특별한 가치가 있는 보석을 아주 중요한 장소에 숨겨둔다. 사실 너무 안전해서 참여자는 그것을 숨겨둔 곳을 기억할 수 없는 곳에 말이다. 참여자는 그의 과거 속에서 사별과 같은 사건에 관련된 어떤 감정을 경험하는 것을 회피했을 수도 있을 것이다. 불행하게도, 그 감정은 현재 참여자의 증상에 에너지를 제공하면서 참여

자의 내면에 격리, 감금되어 있다. 인도자는 참여자가 그 사건을 재경험하고 그 감정을 안전하게 해소하도록 퇴행기법을 이용할 수도 있다. 그 감정은 이미 감금되어 있지 않기 때문에, 참여자의 증상은 에너지를 상실하고 사라질 것이다.

∞ 참여자는 그의 과거로부터의 좋은 감정에 접근하길 원한다. 최근까지 참여자가 어떤 일을 할 때 집중이 잘 됐는데, 갑자기 여러 가지 원인으로 집중이 안 된다면, 인도자는 퇴행을 통해서 참여자를 집중감을 느꼈던 과거 시간 속으로 데려갈 수 있다. 그래서 참여자가 그 때 그 느낌과 다시 접촉하고, 그것을 현재로 가져와서 참여자의 일에 적용할 수 있도록 한다.

퇴행과 함께, 본문의 스크립트에서 사용되고 있는 '시간'의 변화와 이동에 사용되는 방법은 시각화(visualization)이다. 시각화의 본질과 필요성, 그리고 방법에 대해서 좀 더 상세히 살펴 볼 필요가 있다.

변화는 항상 처음에 마음속에서 시작되기 때문에, 인도자는 참여자가 희망하는 변화를 그 자신이 즐기고 있는 중이라는 것을 '시각화, 상상, 혹은 가장'할 것을 암시할 수 있다. 만약 참여자가 다가오는 시험에 자신감을 갖길 원한다면, 인도자는 그에게 그가 제대로 휴식을 취하고, 철저히 준비되고, 그리고 실제로 그의 마음으로부터 답을 꺼내서 시험지에 답을 쓰는 데에 열중하는 것을 시각화, 상상, 혹은 가장할 것을 요구 할 것이다. 사실상 모든 사람은 시각화, 상상, 혹은 가장하는 능력을 가지고 있다. 이 모든 것들은 똑같은 현실 속의 목적을 성취하기 위한 유효한 표현양식들이다.

'표현양식'은 우리가 우리의 마음속에 사물들을 표현하기 위해서 자신의 감각들을 어떻게 이용하는가를 묘사하는 것이다.

우리가 생각할 때, 우리는 다만 단어들을 사용하지 않는다. 사고는 우리의 다섯 가지 기초감각 — 시각, 청각, 촉각, 미각, 그리고 후각을 포함하는 창의적인 경험이다. 우리의 마음은 이들 감각들을 우리의 사고과정을 확대하고 고양시키는 수단으로써 사용한다.

□ 시각: 우리가 생각할 때 우리는 자신의 마음속에서 이미지들을 본다.
□ 청각: 우리가 생각할 때 우리는 자신의 마음속에서 소리를 듣는다.
□ 촉각: 우리가 생각할 때 우리는 자신의 마음속에서 느낌을 경험한다.
□ 미각: 우리가 생각할 때 우리는 자신의 마음속에서 맛을 경험한다.
□ 후각: 우리가 생각할 때 우리는 자신의 마음속에서 냄새를 경험한다.

대부분의 사람들은 그들의 1차 표현양식으로써 한 가지 감각(일반적으로 시각, 청각이나 촉각)를 지지한다. 그리고 다른 감각들은 조금 덜한 - 그들의 2차 표현양식으로 지지한다. 그러나 이것은 우리가 오직 언제나 하나의 양식으로 사고한다는 것을 의미하지 않는다. 예를 들어, 아름다운 정원을 상상하길 요청 받았을 때, 어떤 사람들은 그들의 마음속에 매우 분명하게(1차 양식인 시각) 그 정원을 본다. 그러나 그들은 또한 새들과 벌들(2차 양식으로써의 청각)의 소리를 들을 수도 있다. 이들 양식들은 우리의 사고에 색깔을 칠하고, 그들에게 의미와 생명력을 부여하는 것을 도와준다.

자신의 가장 좋은 친구에게 관해서 생각해 보아라.

☞ 우리가 우리의 가장 훌륭한 친구에 관해서 생각하고 있다는 것을 우리는 어떻게 아는가?
☞ 우리가 생각하고 있는 것에 관한 이야기는 우리 마음속에 무엇이 떠오르게 하는가?

참여자의 대답이 무엇이든지, 그것들은 당신이 시각화하거나 상상할 수 있다는 증거다! 당신은 마음속에 당신의 가장 훌륭한 친구를 표현하고 있다. 치료에서, 이러한 과정은 다양한 방법으로 사용된다. 왜냐하면 우리는 우리의 과거나 미래 속에서 우리 자신을 상상할 필요가 있기 때문이다. 우리는 또한 우리가 묻고 싶은 모든 질문들에 대한 대답을 해 줄 수 있는 현명한 사람과의 대화 속에서 시각화 하고 또 몰두하길 요청 받을 수도 있을 것이다. 참여자는 그가 아름다운 정원에서 잡초를 뽑고 있다는 것을 가장하기길 요청 받을 수도 있다; 잡초 뽑는 것은 참여자의 문제를 파헤치고 제거하는 것을 표현한다.

지금까지 살펴 본 퇴행과 시각화 방법을 통해서 인도자는 참여자들을 과거의 시간 속으로 데려가고 있다. 스크립트에서 참여자가 비밀의 문을 열고 도착한 '방'은 바로 참여자의 주관화된 '과거'의 시간을 의미한다. 참여자가 한 동안 그 방안에 머물며 이리저리 걷고 무엇인가 자신이 가장 갖고 싶어 했던 물건 하나를 집어 들고 있다. 그 물건은 다름 아닌 참여자의 현재의 문제와 관련된 기억의 상징으로 어떤 사람이 될 수도 있고, 물건이나 사건, 상황, 감정이 될 수도 있다. 그것이 만일 현재의 중상과 관련된 부정적인 생각이나 감정, 혹은 사람에 관한 기억이라면 그것은 새로운 기억으로 바꾸거나 억압된 감정을 무의식 속에서 재 경험하도록 해서 해소시키는 것이 인도자의 할 일이다.

7. 관점 바꾸기

1) 다각화(Cubing)

☐ **목표** : 여섯 가지 다른 관점에서 주제를 생각하는 글쓰기 과정 제공

큐빙은 하나의 주제를 여섯 가지 다른 관점에서 볼 수 있는 방법을 포함하고 있다. 이것은 내부에 주제를 지니고 있는 육면체의 여섯 개 측면들을 모이게 함으로써 창작과정이 시각화 될 수 있다.

❏ **준비** : 인도자는 아래의 연습문제지처럼, 약간의 설명과 함께 참여자들을 위한 다각화 활동의 틀을 준비할 필요가 있다.

❏ **진행방법** :
① 참여자들에게 어떤 사람들이 인터넷을 이용하는지, 무엇 때문에 그들이 그것을 이용하는지, 그리고 그것의 가치는 무엇이라고 느끼는지에 질문함으로써 인터넷 이라는 주제를 소개한다. 참여자들로부터 용법과 가치를 이끌어 내고, 칠판 위에 유용한 표현을 자세히 설명한다.
② 아래의 연습문제지를 사용하여 인터넷에 관한 토론을 심화시킨다. 그룹 전체와 첫 번째 항목(묘사)을 해보고 참여자들에게 인터넷에 대해 묘사하여 보라고 한다.

연습문제

큐빙

묘사: 주제를 자세히 살펴보고 당신이 보는 것을 서술해 보자.
비교: 이 주제가 무엇과 유사하고, 또 무엇이 다른가?
분석: 주제를 좀더 자세히 분석한다. 무엇으로 구성되어 있는가? 그것의 부분들이나 요소들은 무엇인가?
연상: 당신은 이 주제에 관해 무엇이 연상되는가? 그것은 당신에게 무엇을 기억나게 하는가?
토론: 당신은 그것에 어떻게 찬성하고 반대할 것인가?
적용: 당신은 그것으로 무엇을 할 수 있는가? 어떻게 사용될 수 있는가?

③ 참여자들을 2인 1조나 소그룹으로 나누어 연습문제지의 다른 다섯 가지 항목을 살펴본 후, 그것들을 인터넷과 관련 지어 해석하도록 한다. 이 활동에 참여자들에게 시간제한을 준다.
④ 생각들을 끌어내어 칠판에 적고, 참여자들과 함께 피드백시간을 갖는다. 그렇게 해서 그들이 원하는 어떤 관점이라도 택해서, 참여자들은 인터넷에 대한 글을 쓰기 위해 충분한 아이디어들을 모을 것이다.

❑ **수행과제** : 국가 소득으로서의 관광산업, TV와 대중매체, 평화와 전쟁, 어버이 날, 우주 여행, 어린이, 환경오염, 그리고 독서의 가치 등의 주제를 이런 방법으로 생각해 보자..

❑ **가이드** :
視點(point of view)은 소설의 중요한 구성요소의 하나이다. 흔히 소설구성의 각도요, 소설을 구성하는 인칭의 뜻으로 쓰여지는 이 시점을 '소설의 이해'에서는 서술의 초점이라고 말하고 있다. 같은 사건과 성격일지라도 이것을 바라보는 각도와 사람에 따라서 달리 보이고, 이것을 서술하는 위치에 따라서 전혀 엉뚱한 것이 될 수 있기 때문에 소설의 구성에서 시점은 매우 중요하다. 시점의 이러한 중요성은 심리치료에서도 마찬가지이다.
어떤 사건이나 사람과의 관계에 대하여 다각적으로 검토할 능력을 지닌 사람이라면 상담실을 찾는 경우는 드물 것이다. 시점 혹은 관점의 변화는 참여자로 하여금 좁은 시야에서 벗어나 문제를 다각적으로 바라보는 능력을 키워줄 수 있다. 그래서 '관점의 변화' 기법은 당신의 인생에서 가보지 않았던 길의 가능성을 탐색할 수 있게 하는 글쓰기 치료 기법이다. 전망을 통해 미래 또는 과거로 발걸음을 내딛을 수 있으며, 동정심을 가지고 다른 사람과의 차이점을 해결할 수 있으며, 마치 세상이 당신을 위해 존재하는 것처럼 또는 다른 사람을 위해 존재하는 것처럼 세상을 바라볼 수 있다. 이것은 당신이 새로운 관점을 시도할 수 있도록 당신의 개인적인 현실, 세계관을 바꾸는 과정이다.

이 기법은 당신이 선택하지 않은 길을 탐험하도록 허락해 줄 것이다. Robert Frost의 시 '아직도 가야 할 길(The Road Not Taken)'은 삶에 내재된 역설을 웅변적으로 포착한다. 어떤 것을 하겠다는 모든 선택은 어떤 것은 하지 않겠다는 의미를 내포한다. 결혼하려는 선택은 독신으로 머무르지 않으려는 선택이다. 또한 당신이 결혼하려는 그 사람 이외의 다른 사람과는 결혼하지 않겠다는 선택이다. "만약 ~ 했다면" 또는 "만약 ~하지 않았다면" 과 같은 생각이 계속 떠오른다면 글쓰기에서 당신이 선택하지 않은 상황으로 가보아라. 그 상황을 선택했다고 가정하고 그렇다면 당신의 인생이 어떨 것인지 써 보아라.

'관점의 변화'를 위한 구체적인 방법을 살펴보자. 먼저 인칭 바꾸어 쓰기로 1인칭 또는 3인칭으로 바꾸어 쓸 수 있다. 자신의 이야기를 '김씨' 혹은 '이씨'와 같은 3인칭으로 바꾸어 서술해 보고, 책 속에 등장하는 인물의 이야기를 '나'라는 1인칭 주어로 서술해 본다.

두번째로 화자 바꾸어 쓰기로, 모든 글쓰기는 원칙적으로 1인칭이지만 화자를 다양하게 바꾸어 줌으로써 문제들을 다른 시각으로 볼 수 있는 지평이 열릴 수 있다. 세 번째로 등장인물과 거리 조정하기로, 앞서 연습한 대로 인칭, 화자를 자유롭게 바꾸되 등장인물과 화자의 거리를 다양하게 조정할 수 있다. 대표적으로 전지적 시점과 관찰자 시점이 있다.

2) 인물 묘사(Character Sketch)

❏ **목적** : 친구에게 쓴 편지에서 어떤 사람에 대한 친밀한 묘사를 위한 내용을 조직하기

❏ **준비** : 인도자는 아래의 연습문제 복사본을 준비하는 것이 필요하다. 그렇지 않으면, 인도자는 자신이 직접 글을 창작할 수도 있고, 아래와 같이 몇 장의 사진들(2인 1조작업에 충분한)을 준비할 수 있다.

❏ **진행방법** :

① 참여자들 각자에게 자신이 좋아하는 사람에 관해 생각하도록 하고, 그 사람에 대해 다섯 문장들로 글을 쓰도록 한다.

② 참여자들에게 M에 관한 글을 읽도록 하고, 그 다음에 M의 외모, 의상, 성격을 묘사하는 단어를 찾도록 한다. 2인 1조로 작업하면서, 그들은 이들 단어들로 도표를 완성해야만 한다.

③ 참여자들을 소그룹으로 나눈다. 그들에게 1단계에서 작성한 다섯 문장을 큰 소리로 서로에게 읽어주도록 하고, 도표에 어떤 추가적인 표현을 첨가하도록 한다.

④ 참여자에게 P에 관한 내용을 보여주고 K에 대해서 비슷한 형식의 글을 작성케 한다.

⑤ 참여자들이 P와 K에 대한 문장을 작성하는데 있어 도움이 되도록, M에 관한 글의 문장들을 사용한다.

예 : 그녀는 꽤 키가 작고, 날씬하며 약간 곱슬거리는 짧은 머리에 갈색 눈이다.

그녀는 간소한 옷차림을 좋아한다.

그녀는 생기가 있고 이야기 하는 것을 좋아한다.

⑥ 그런 다음에 참여자들에게 작업에 같이 참여하는 어떤 사람에 관해 유사한 문장을 쓰도록 한다. 그들이 글쓰기를 끝마치면, 몇몇 참여자들에게 그들이 쓴 글을 크게 읽도록 하며, 참여자들이 그 사람을 발견할 수 있는지를 확인한다.

연습문제
인물 묘사 하기

M

P

K

M은 키가 상당히 크고 날씬하며, 매우 짧은 갈색 머리에 갈색 눈을 가지고 있다. 그는 주로 간편한 옷차림을 하고 있으며, 청바지와 가죽 자켓 입는 것을 좋아한다. 그는 진지하고 조용하며 온화하다. 하지만 때때로 그는 매우 재미있다. 그는 매우 친절해서 모든 사람들이 좋아한다.

	외모	의상	성격
M			
P	키가 작은, 날씬한, 짧은 검은 머리, 갈색 눈	간편한 상의와 바지	생기 있는, 이야기하는 것을 좋아하는, 친절한
K			

❑ 가이드 :

인물묘사는 어떤 사람이나 당신 자신에 대하여 글로 묘사하는 것이다. 이 기술은 자신의 투사를 규명하고 정보를 모아서 자기의 다른 부분을 알도록 돕는다.

당신은 다음과 같은 인물묘사를 할 수 있다.

∞ 존경하는 인물이나 당신에게 긍정적인 역할 모델이 될 수 잇는 인물들에 관하여 묘사하라.

∞ 당신을 화나게 하고 당황하도록 만드는 인물에 대하여 묘사해 보라. 이는 타인에게 투사된 당신의 숨겨진 이면을 발견하도록 도울 것이다.

∞ 당신의 숨겨진 성격들(상처 입은 아이, 내적 비판자, 완벽주의자, 양육자 등과 같이 당신 자신의 다른 면들)에 관하여 써 보라. 이는 당신으로 하여금 당신이 어떻게 그들로부터 메시지와 지혜, 또는 도움을 받을 수 있는지 발견하게 할 것이다.

∞ 당신의 배우자나 가장 친한 친구, 직장 상사 등과 같이 다른 사람의 관점에서 당신 자신을 바라보고 기술해 보라. 이는 당신이 그들과 맺고 있는 관계를 재정립할 수 있도록 해 줄 것이다.

인물묘사는 특별한 방법이 있는 것이 아니지만 몇 가지 참고사항이 있다.

∞ 눈을 감고 당신이 묘사하고자 하는 당신 자신의 부분이나 다른 사람을 상상함으로써 시작하라. 무엇을 처음 보았는가? 신체적인 부분? 감정들? 그들의 본질?

∞ 다음과 같은 질문을 던져 보라. 이 사람이 좋아하는 것과 싫어하는 것은 무엇인가? 그에게 중요한 것은 무엇인가? 이 사람에 대하여 당신은 어떤 느낌이 드는가? 그가 원하는 것, 필요로 하

는 것, 두려워하는 것은 무엇인가? 당신과 이 사람이 의견의 일치를 이룰 수 있는 부분과 그렇지 못한 부분이 있다면 무엇인가? 이 사람이 당신을 괴롭히는 것은 무엇인가? 이 사람의 인생이 목적의 목적은 무엇인가? 이 사람의 역할은 무엇인가? 기능은? 이 사람이 이 세계에서 자신의 역할에 대하여 말한다면 무엇이라 말할 것 같은가?

- 만약 인물묘사를 시작하기 어렵다면 이 사람의 이름을 가지고 '마인드맵(클러스터 기법)'을 그려 보아라. 종종 그것으로부터 얻은 정보를 가지고 쉽게 인물묘사를 할 수 있다.
- 또는 그 사람에 대한 당신의 느낌, 기질, 자질에 대한 목록의 양식에서 인물묘사를 할 수 있다.
- 인물묘사는 흔히 자서전적 대화로 전환된다.

3) 나는 할 수 있다, 나는 할 수 없다

❏ **목표** : 긍정적 문장과 부정적 문장의 대조를 통한 사고유형 분석

❏ **준비** :

① 칠판 위에 적힌 계획안을 카피한다. 참여자들이 A난과 B난으로부터 어구를 선택한다.

A	B
나는 □을 맛 볼 수 있다	나는 □을 맛 볼 수 없다
나는 □을 볼 수 있다	나는 □을 볼 수 없다
나는 □을 들을 수 있다	나는 □을 들을 수 없다

❏ **진행방법** :

① 참여자들에게 A난에 있는 문장들을 보도록 한다. 그리고 각 문장을 끝마치기 위해 필요한 단어들을 제시하도록 한다.

그들은 무엇을 듣고/보고/느낄 수 있는가? 칠판에 그들이든 예를 적는다.

② 이제 참여자들에게 그들이 멀리 있기 때문에, 혹은 그들이 할 수 없고 금지돼 있기 때문에 할 수 없는 일들에 관해서 생각하도록 한다. 그들에게 B난에 있는 각 문장을 끝내기 위한 단어들을 제시하도록 한다, 그리고 이것들을 C난에 적는다.

아래에 참여자들에 의해 제시된 몇 가지 대답들이 있다.

A	B	C
나는 □을 볼 수 있다 나는 □을 들을 수 있다	나는 □을 볼 수 없다 나는 □을 들을 수 없다	친구, 부모, 급우, 집, 거리, 도시, 시가지, 자동차, 상점, 시골, 마을, 바다(장소), 책, 칠판, 그림, 창문, 종이, 사전, 물감
나는 □을 맛볼 수 있다 나는 □을 냄새 맡을 수 있다	나는 □을 맛볼 수 없다 나는 □을 냄새 맡을 수 없다	치즈, 망고, 올리브(음식)

③ 참여자들에게 그들이 제시한 문장들을 읽도록 유도한다. 이들 읽기는 여러 가지 방법으로 '수행'될 수 있다:

참여자들의 반은 모두 **할 수 있다** 문장을 낭독한다, 그 다음에 참여자들의 반은 모두 **할 수 없다** 문장을 낭독한다.
혹은 교대로: 한 사람이 **할 수 있다** 문장을, 한 사람이 **할 수 없다** 문장을 낭독 할 수 있다.

④ 이제 참여자들에게 그들 자신이 직접 시행을 쓰도록 한다. 각 시는 4행으로 구성되어야만 한다. 각 행은 **할 수 있다**나 **할 수 없다** 문장으로 구성되어야 한다, 그러나 참여자들은 그들 자신의 유형을 구사할 수 있다(혹은 인도자가 하나의 유형을 제시할 수 있다). 예를 들어서:

유형1   **유형2**
할 수 있다 1행   할 수 있다 1행
할 수 없다 1행   할 수 없다 1행
할 수 있다 1행   할 수 없다 1행
할 수 없다 1행   할 수 없다 1행

⑤ 참여자들이 그들의 시쓰기를 끝내면, 그들이 방금 쓴 시를 그룹의 다른 사람들과 함께 나누도록 한다. 만일 그들이 원한다면, 그들은 그들이 쓴 그룹의 모든 시를 사용해서 공동 시를 만들 수 있다. 그들은 이 작품들을 참여자들에게 읽어 주거나 공동 시집을 만들도록 한다.

⑥ 인도자는 또 아래에 있는 시를 참여자들과 함께 감상할 수 있다.

나는 물소리를 들을 수 있다
나는 바닷물 소리를 들을 수 없다
나는 선생님의 이야기 소리를 들을 수 있다
나는 부모님의 이야기 소리를 들을 수 없다
나는 참여자들이 웃는 것을 볼 수 있다
나는 내 동생이 놀고 있는 것을 볼 수 없다

나는 아무 색깔 없는 하늘을 볼 수 있다
나는 우리나라의 태양 기후를 느낄 수 없다

❏ **응용문제** :

다른 부정적/긍정적 유형들이 이러한 활동에 적합하다:

나는 …을 안다   나는 …을 모른다
나는 …을 원한다   나는 …을 원치 않는다

인도자는 또 아래에 있는 형식을 연습할 수 있다, 그리고 그것은 동사를 두 번 반복하는 것을 방지한다:

나는 …을 안다   그러나 …은 아니다
나는 …을 원한다   그러나 …은 아니다

다음은 이 유형을 사용한 시의 예이다:

나는 모든 것을 보고 싶다
그러나 쓸쓸한 사람은 아니다
나는 모든 것에 관해서 듣길 원한다
그러나 고독한 사람들에 관해서 듣는 것은 아니다
나는 모든 사람들과 이야기하고 싶다
그러나 고독한 사람들과 이야기 하는 것은 아니다
나는 모든 것에 관해 알고 싶다
그러나 고독한 사람들에 관해서 아는 것은 아니다

❏ **가이드** :

'할 수 있다'와 '할 수 없다' 즉, 긍정적, 부정적 표현의 대조적인 문장 유형을 통해 참여자들의 사고패턴을 알아볼 수 있고 또 긍정적인 사고패턴을 형성할 수 있게 하는 연습이다.

개체는 사고를 통하여 현실에 적응해 나가기 때문에 사고는 개체가 적응해 가는데 매우 중요한 기능을 갖고 있다. 만일 인간에게 사고 기능이 없다면 인간은 환경과의 효과적인 교류를 할 수 없을 것이다. 하지만 개체는 실제 생활에서 매 순간 깊은 사고를 통하여 현실을 판단하지는 않는다. 만일 그렇게 한다면 그것은 매우 번거로운 일이 될 것이다. 그래서 개체는 자신의 과거 경험을 토대로 미리 일정한 사고의 틀, 즉 사고패턴을 만들어서 그것에 의해 현실을 판단한다.

이러한 방식은 매우 경제적이고 어떤 면에서는 건강한 행동이라고 할 수 있다. 그러나 이러한 사고패턴이 너무 경직되고 고정된 패턴일 때는 문제가 된다. 왜냐하면 어떠한 사건도 과거사건과 동일할 수 없는데, 고정된 사고패턴을 가진 개체는 새로운 사건이나 현상들을 과거의 것들과 같은 것으로 간주하고 동일하게 취급해 버리기 때문이다.

특히 과거 경험이 부정적인 사람인 경우 이러한 고정된 사고패턴이 끼치는 악영향은 매우 크다. 즉, 그들은 현실을 있는 그대로 보고 판단하는 것이 아니라 과거 자신의 부정적인 경험으로 채색해서 지각하기 때문에 환경과의 올바른 교류를 할 수 없다. 그들은 현재에 아무리 긍정적인 사건이 발생해도 그것을 긍정적으로 지각하지 못하고, 그냥 부정적 시각으로 처리해 버리기 때문에 좌절경험이 많아지게 되고, 따라서 개체는 자신감을 상실하고 우울감에 빠지게 된다.

이러한 부정적인 사고패턴의 예를 들면 "열심히 해 봤자 결과는 뻔해", "어차피 안 될 텐데 뭐", "나에게 사람들을 끌만한 매력이 없어", "사람들은 모두 나를 싫어해", "내가 하는 일은 항상 제대로 된 적이 없어", "산다는 것은 어차피 아무런 의미가 없어" 등등 수없이 많다.

부정적인 사고패턴을 바꾸는 것은 많은 노력을 필요로 한다. 즉,

자신의 부정적인 사고가 나올 때마다 이것을 알아차리고 멈춰야 하며, 또한 달리 생각하는 연습을 많이 해야 한다. 부정적 사고패턴이 굳어져 고정 되기까지 오랜 시간이 걸린 것처럼, 그것을 바꾸는 데도 시간이 많이 걸린다. 다만 의식적, 체계적으로 노력함으로써 시간을 단축시킬 수는 있다. 따라서 부정적인 사고패턴이 나타날 때마다 즉시 이를 알아차려 멈추고, 동시에 어떤 것이 합리적인 생각일까 자문하면서 이성적으로 사고하는 습관을 길러야 한다.

4) 은유 시

- **목표** : 비교의 개념, 사물의 용도와 사람의 경험에 맞는 동사와 형용사 사용법 학습
- **준비** : 문학용어사전에서 '은유', '추상명사', '구상명사'에 대한 설명을 읽어본다.
- **절차** :
    ① 아래에 있는 단어들 중에서 참여자들이 이해하는 단어 2~3개를 칠판 위에 쓴다.

    > 칼, 달걀, 숟가락, 접시, 침대, 나무

    ② 참여자들이 이들 단어들을 보도록 하고 이 물건들을 집안 어디서 발견할 수 있는가를 묻는다. 참여자들에게 그들이 집안에서 볼 수 있는 물건들의 이름(단어)을 다섯 개 이상 쓰도록 한다.

    ③ 참여자들이 물건 이름을 쓰는 동안, 인도자는 칠판 위에 다음 도표를 그린다. 참여자들이 이해하고 즐길 수도 있는, 인도자 자신이 생각한 단어들을 A칸에 쓴다.

A	B	C
사랑	하나의…	
희망		
친절		
불친절		… 이다
시간		
나이		
불		
분노		

④ 이제 참여자들이 B난에 가정용품 단어들을 채워서 그 문장을 끝내도록 한다. 참여자들과 함께 몇 가지 예들을 연습해 보자.

시간은 달걀이다.
불은 칼이다.
희망은 숟가락이다.

⑤ 참여자들에게 왜? 그런지 그 이유를 묻는다.
  ∽ 왜 시간이 달걀과 같은가?
  ∽ 왜 불이 칼과 같은가?
  ∽ 왜 희망이 숟가락과 같은가?
칠판 위에 이에 대한 대답 몇 가지를 적는다.

예:

불은 칼이다.   희망은 숟가락이다.   시간은 달걀이다.
그것은 베어 쓰러트린다. 그것은 잡고 있다.   그것은 깨진다
                    그것은 공급한다.   그것은 생명을 준다.

여기에 유용하게 쓸 수 있는 몇 개의 단어들이 있다. 그것들은 집 안의 물건들과 칠판 위에 나열된 개념 모두를 묘사하는데 사용할 수 있다.

동사	형용사
자르다	날카로운
깨뜨리다	확고한
잡고 있다	강한
봉사하다	친절한, 조각내는
조각으로 자르다	편안한
공급하다	우아한
위로하다	유익한
	위험한

⑥ 이제 참여자들을 2~3개 그룹으로 나누고, 각각 3행시를 쓰도록 한다:

그것들의 비교 : 분노는 칼이다.
두 가지 이유 : 그것은 자른다,
            그것은 날카롭다.

⑦ 참여자들을 2인 1조, 혹은 소그룹으로 나누어 그들의 생각을 함께 나누도록 한다. 그들은 그들의 시 쓰기를 끝낸 후, 변형시키고, 혹은 덧붙이도록 하기 위해서 서로 도와줄 수 있다. 이것이 준비되면 그들이 작업하도록 한다:
   ∞ 그들이 쓴 시를 참여자들에게 큰 소리로 읽는다.
   ∞ 그것을 포스터에 써서 벽에 게시한다.
   ∞ 공동 시화집에 그것을 발표한다.

❑ 가이드 :

　은유의 본질은 한 종류의 일을 다른 종류의 일의 관점에서 이해하고 경험하는 것이다. 또한 다른 말로 어떤 생각을 표현함으로써, 그렇지 않으면 쉽게 정의 되거나 설명하기가 쉽지 않은 문자적인 의미를 확장시킨다. 이런 은유의 특징은 개념 언어가 추상적인 것과 구체적인 것 사이를 연결시켜 주기에는 부적절한 때 가장 잘 나타난다. 그래서 아리스토텔레스는 "은유는 난해함과 평범함 사이의 중간에 있다"고 말했다. 우리는 어떤 추상적인 개념이나 새로운 경험을 표현할 경우에 비유적인 표현인 은유를 잘 쓴다. 은유를 사용하여 추상적인 경험을 구체적인 경험의 관점에서 이해하고 표현하며, 그에 따라 행동한다. 百聞이 不如一見이란 말이 있다. 우리는 보는 것을 통해 알게 된다. 은유는 무엇보다도 추상적인 세계를 시각화 하는 것이다. 이와 같은 방식으로 은유는 우리의 경험과 이해의 범주를 확장하여 새로운 의미를 창조하고, 우리의 삶 전반에 풍성한 의미를 전달한다.

　은유(metaphor)라는 단어는 어원적으로 그리스 말 metapherein에서 왔는데, 그 의미는 '~을 넘어서', '~을 향해서'(meta)와 '가지고 가다'(pherein)의 복합어로, '다른 곳으로 전이하다', '이리 가져오다'라는 뜻이다. 은유이론은 몇 가지가 되지만, 우리나라에서는 I·A Richards의 '원관념'과 '보조관념'으로 구성되는 'A는 B이다'의 상호작용 이론이 많이 알려져 있다. 그런데 이런 은유 능력은 모든 사람에게 선천적으로 내재되어 있다. 은유는 유아기 때로부터 신체화되어 있기 때문이다. C. Johnson A1은 그의 융합이론(Theory of Conflation)에서 그것을 지적하고 있다. 어린이들에게 한편으로는 주관적(비감각운동) 경험과 판단, 그리고 다른 한편으로 감각운동 경험은 너무나 철저하게 융합되어 있기 때문에 그 두 가지가 동시에 일어날 때 어린이는 얼마 동안 그것들을 구분하지 않는다. 예컨대, 유아에게 애정의 주관적 경험은 전형적으로 안김의 따뜻함이라는 신체적인 감각 경험과 서로 관련이 있다. 융합기간 동안 그 두 영역 사이에 자동적으로 연합이 일어난다. 나중에 분화(differentiation)기간 동안 어린이는 영역들을 분리할 수 있지만, 교차영역 연합은 지속된다. 이 지속적인 연합은 동일한 유아에게 나이가 들어서도 '따뜻한 미소', '가까운 친구'를 말하도록 이끌어 줄 개념적 은유의 寫像이다. 이렇게 인간의 은유 제작 능력은 선천적이기 때문에 은유의 생산 능력이 없는 정신병자가 아니면 사람은 누구나 의식적이든 무의식적이든 은유를 만들고 사용한다. 은유는 동서양 공히 중세에는 수사학의 일부로 이해되어 왔다. 하지만 계몽과 더불어 은유는 '장식적이고 근본적으로 지나친, 비실제적인, 본질적인 것과는 거리가 먼, 그래서 허위적인 언어형식'이라고 비판 받게 되었다. 은유가 이렇게 불신의 늪으로 빠져들었던 것은 실제가 상상을 대체하면서 이루어진 결과이지만 그렇다고 은유 없이 우리의 삶이 있을 수도 없다. 특히, 심리치료에서는 매우 중요한 역할을 한다. 꿈이 상징으로 재현되지만, 그것을 통해 병리를 이해하고 치료하려면 은유적 표현이 뒤따라야 한다. 상징 이미지가 항상 같은 것이라면 은유 이미지는 말로 설명할 수 없다. 은유는 말로 설명할 수 없는 것을 말로 표현한다. '기다리다가 죽어 버려라/오죽하면 아미타불이 모가지를 베어서 베개로 삼겠느냐'(정호승의 '그리운 부석사'에서) 에서처럼 모가지가 떨어지도록 기다린 심정을 모가지 떨어진 비로자나불로 은유화 한 것을 보면 더욱 그렇다. 헤겔에 따르면 은유는 "직접적으로 사물이나 의미에 속하지 않은 이미지를 생성하기" 때문에 마음을 분석해야 할 심리치료에 결정적인 도움을 줄 수 있다.

상담에서도 함축적인 의미를 전달함에 있어서 상담자가 잘 쓰는 도구가 은유와 상징이다. 어떤 것에 대해 말하고자 할 때 그것과 닮은 다른 것을 이용해서 말하므로, 내담자로 하여금 다른 것을 통해 어떤 것을 보도록 유도하는 개입이라고도 할 수 있다. 상담에서는 삶의 특이하고도 다양한 문제를 내놓고 다루게 되는데, 거기서 어떤 해결 방안 또는 대안을 찾게 된다. 여기서 어떤 대안을 생각해 내는 가장 일반적인 방법은 유추이다. 가령 이미 해결한 경험이 있는 어떤 문제를 또다시 경험하게 된다면, 이전의 상황을 어떻게 해결했느냐에 따라 조치해야 할 사항 혹은 피해야 할 사항이 달라진다. 또는 그런 경우 친구에게 벌어진 유사한 일, 영화에서 본 것, 이 책에서 읽은 것 등이 참고가 된다. 이처럼 다른 상황과의 공통점을 찾는 것(유추하는 것)은 현재의 어려운 문제를 파악하는 좋은 방법이 된다. 그것은 문제에 대한 내담자의 감정적 느낌을 다 바꾸어 놓지는 못하더라도, 그 문제의 원인과 발생 경위를 파악하게 해주고 적절한 대응 방법을 생각하게 해 준다.

 은유의 치료적 적용을 위해서 현재 자신의 삶 속에서 어려운 상황이나 문제를 생각해 보고, 자신의 문제를 하나의 짧은 은유로 빨리 생각해 보자.

   "나의 문제는 마치 _____과 같다."

당신에게 있어서 빈 칸에 들어갈 수 있는 말은 무엇인가? 잼이 든 도넛? 벨이 울리고 있는 전화? 포커 게임? 용과의 싸움? 이 중에서 자신의 현재 상태를 나타내는 것은 무엇인가?

 은유를 통해 사물에 대해 연상하는 의미가 달라지고, 고통과 기쁨을 연결하는 것이 바뀌며, 말을 바꾸는 것만큼이나 효과적으로 삶이 변하기도 한다. 그러므로 사용할 은유를 신중하고 현명하게 선택해야 한다. 더욱 깊은 의미를 전하고, 자신뿐 아니라 주위 사람들의 삶의 경험을 풍요롭게 해 줄 수 있는 은유를 찾아야 한다. 누군가 제한적인 은유를 사용할 때 새로운 은유를 제시해 주어야 한다. 다음과 같은 방식으로 은유를 사용하는 방법을 연습해 볼 수가 있다.

인생은 무엇인가? 자신이 이미 선택한 은유를 적어 보라.

"인생은 마치 _____과 같다."

당신은 이미 삶을 위한 한 가지 이상의 은유를 가지고 있다. 그러므로 생각할 수 있는 모든 것(예 자동판매기, 계단, 상자, 안개, 하녀) 등)을 다 적어 보라. 거칠고 지친 상황에 있다면 삶을 전투나 전쟁이라 부르고, 좋은 상태라면 삶을 선물이라고 생각할지도 모른다. 생각나는 것을 모두 적어 보라. 그러고 나서 목록을 검토한 다음 자신에게 이렇게 물어보자. "삶이 이러저러하다면, 삶은 내게 무슨 의미를 지니고 있을까?" 삶이 신성한 것이라면 그건 무슨 뜻일까? 삶이 꿈이라면 무슨 의미일까? 삶이 무대라면 어떤 뜻일까? 자신의 은유는 힘을 북돋아 주는 동시에 한계로 작용하기도 한다. "세상은 다 무대다." 라는 말은 자신을 돋보이게 만들어 줄 수 있으므로 훌륭한 은유가 될 수 있다. 그러나 그와 동시에 진정한 감정을 나누지 못한 채 언제나 공연만 해야 한다는 것을 의미하기도 한다. 따라서 자신이 이용했던 모든 은유를 살펴보라. 장점은 무엇이고 단점은 무엇인가? 행복하고 자유로워지며, 더 많은 힘을 부여 받기 위해 삶에 적용하고 싶은 새로운 은유는 무엇인가?

5) 동일한 단어에 대한 상반된 이미지

☐ **목표** : 어떤 단어에 대한 시각적인 이미지 환기. 어떤 문제에대한 상호문화의식 제고.

❏ 절차 :

① 동일한 주제를 바라보는 두 가지 반대 방법들이 종종 있다는 것을 설명하는 것으로 시작한다. 예를 들어서, 참여자들에게 관람객으로 가득찬 매력적인 골프코스에서 경기하는 사진을 보여주거나 상상하도록 한다. 다음 질문들에 대한대답을 참가자들로부터 이끌어 낸다:

만약 당신이 1)대단한 골프 팬이라면, 2)정말로 게임을 싫어한다면, 마음속에 떠오르는 이 스포츠의 시각적인 이미지와 하나의 단어는 무엇인가?

② 여전히 동일한 과제를 수행 중이라면, 참가자들에게 동일한 이미지에 대한 두 가지 반대 명사나 형용사를 생각해 보도록 한다. 예를 들면:

A: 열광적인, 재미있는, 휴식, 하늘, 푸른 전망과 맑은 공기
B: 우둔한, 싫증, 스트레스로 가득 찬, 지옥, 비 환경적

③ 참여자들에게 이것은 개인적인 관점이라는 것을 설명한다. 또 그들에게 골프는 또한 더 거시적인 관점에서 보여질 수 있다는 것을 암시한다. 사회에 따라, 골프는 모든 사람들이 즐기는 운동이고 저렴하기도 하며(예: 스페인), 그것은 오히려 비싸고 그래서 오직 상류/중류 층 사람들이나, 다만 휴가 중인 사람들에 의해서만 애호되는 스포츠이다(스코틀랜드). 단어들을 이끌어 낸다: 대중적인/엘 리트적인

④ 참여자들에게 대중적인/엘리트적인 단어들을 표현하기 위

해서 다른 이미지들이 선택될 수 있는지를 묻는다.

모범 답: 적포도주 한 잔은 스페인이나 프랑스에서 일상적인 음료로 생각된다. 반면, 중국에서는 사치품이라서 대단한 치료적 성분을 가지고 있는 것으로 생각된다. 그리고 물론, 다른 수많은 나라에서는 금지되어 있다.

⑤ 참여자들에게 두 가지 이미지가 또한 동일한 주제의 두 가지 다른 관점을 표현 할 수 있다는 것을 암시한다. 예를 들어서, 참여자들에게 그들이 운전이라는 단어를 들을 때, 무슨 이미지가 마음속에 떠오르는지를 질문한다.
순수한 재미의 적극적인 이미지를 이끌어 낸다: **열린 공간, 자유, 안락한, 황홀한, 매력**, 그리고 부정적인 이미지: **교통혼잡, 스트레스, 오염, 도로작업**
그들에게 가능한 한 많은 디테일로 이들 정신적인 이미지들을 설명하도록 한다.

⑥ 참여자들에게 미리 준비한 한 장의 광고를 보여준다: 예를 들어서, 당신은 어떤 나라에서는 그것은 사치품이고, 다른 나라에서는 생필품이라는 것을 설명하기 위해서 수도꼭지와 한 잔의 물의 이미지를 선택할 수 있다. 광고지에 동반되는 텍스트의 도움이 광고의 전체적인 메시지를 어떻게 표현하는가?

⑦ 참여자들은 이들 단어에 대한 그들 자신의 '이중 메시지'를 마음속에 떠올릴 수 있다.

조합 :
현명한/늙은, 일하다/놀다
정보/침입, 사랑하다/귀찮게 하다
무서운/재 확신 ,   인도자/추종자

❏ 가이드 :
알면 알수록 복잡한 것이 사람의 마음인 것 같다. '열길 물속은 알아도 한 길 사람의 마음 속은 알 수 없다'는 옛말은 바로 이를 두고 한 말인 것 같다. 한 가지 하면 여러 가지 이미지가 떠오르고, 반대로 하나의 이미지가 떠오르면 여러 가지 생각이 난다. 우리는 프로이드를 통해서 인간 심리의 역동성에 대해 이미 알고 있었지만, 사실 알고 보면 우리가 살아 가고 있는 자연과 인간 삶의 이치도 그러하다. 태초로부터 자연은 땅과 하늘, 빛과 어둠, 남자와 여자, 등으로 이원화 되고 인간의 삶도 선과 악, 음과 양, 물질과 정신, 이성과 신성 등으로 이원화 되어 있다. 그러니까 우주만물과 자연의 섭리 그 자체가 이원화 되어 상호 대립, 갈등하면서 궁극적으로는 양 극단이 통일 혹은 통합으로 지향되고 있다. 그러한 자연의 일부로서의 인간 역시 그와 같이 이원대립적인 구조로 항상 삶의 모순과 갈등 속에서 그것들의 통합과 통일을 지향해나가고 있다. 그런 관점에서 볼 때 위의 글쓰기 과제는 특별한 것이 아니고 우리가 일상적으로 느끼고 또 생각하는 것이다. 어떤 하나의 주제에 대해서 찬반 양론의 구체적인 이미지가 있을 수 있고, 반대로 어떤 이미지에 대한 찬반 주제가 함께 있을 수 있다. 중요한 것은 이러한 현상을 갈등적, 배타적이기 보다는 당위적, 수용적으로 받아들이는 마음의 자세이다. 어떤 대립적 갈등이나 모순에 대한 해결은 그 다음 문제이다.
우리의 내면은 대립적인 양극성으로 이루어져 있다. 예컨대, 따뜻함과 차가움, 강함과 부드러움, 사나움과 인자함, 무거움과 가벼움, 밝음과 어두움, 뻔뻔스러움과 수줍음, 상냥함과 무뚝뚝함, 긴장함과 느슨함 등등 우리의 내부는 무수히 많은 대칭적인 요소들로 이루어져 있다. 그런데 이것들은 어느 것도 그 자체로서 나쁜 것은 없다. 단지 상황에 따라, 관점에 따라 그리고 개인적 배경에 따라 부정적으로 평가될 뿐이다.

성장과정에서 주위 환경이 개체의 양극성의 어느 한 측면을 비판적으로 보거나 매도할 때 개체는 그 측면을 부정하거나 억압하여 자신의 내부로부터 소외시키게 된다. 그렇게 되면 소외된 부분은 미성숙한 부분으로 남거나 억압되고, 외부로 투사되어 내적 혹은 대인갈등을 초래할 수 있다.

가장 이상적인 태도는 모든 양극성을 소외시키지 않고 잘 개발하여 접촉함으로써 인격의 통합성을 유지하는 것이다. 심리치료에서는 참여자로 하여금 미성숙한 양극성을 개발하도록 돕거나, 혹은 억압하거나 투사시킨 양극성의 측면들을 다시 접촉하여 통합할 수 있도록 돕는다.

자신의 양극성을 명확히 인식하고 접촉할 수 있는 사람일수록 자기 자신과는 물론, 타인과의 관계에서도 좀더 진솔하고 실존적으로 행동할 수 있다. 반대로 양극성의 어느 한 측면에 대해 잘 의식하지 못하고, 따라서 이를 잘 받아들이지 못하는 사람일수록 소화되지 못한 양극성의 측면을 파괴적인 행동으로 나타낼 확률이 높아진다.

한편, 참여자가 억압하고 소외시킨 양극성 부분(그림자)에는 반드시 공격충동이나 성충동, 질투심, 나태함 등 소위 사회적으로 쉽게 비판 받는 측면들만 있는 것은 아니다. 경우에 따라서는 사랑의 감정이나 섬세한 감정, 부드러움, 따뜻함, 생동적 에너지, 자신감 등 소위 사회적으로 바람직하게 간주되는 측면들도 억압될 수 있다.

심리치료의 중요한 목표 가운데 하나는 참여자로 하여금 자신의 양극성의 소외된 측면들을 접촉하도록 하여 이를 통합하도록 도와주는 것이다. 예컨대, 자신의 부드러움을 억압하고 있는 내담자에게는 실험을 통하여 이 부분을 접촉하고 통합할 수 있도록 해주고, 자신의 약한 모습을 인정하기를 거부하는 참여자에게는, 그러한 측면을 받아들이는 것이 진정으로 강해지는 길임을 체험하도록 도와주어야 한다.

8. 변화와 성장

1) 변화에 관한 시

❏ **목표** : 자신의 변화와 성장에 대한 은유적 표현
❏ **절차** :
① 칠판 위에 다음과 같은 어구를 쓰고, 참여자들에게 각 단어 그룹 사이에 무슨 관계가 있는지를 질문한다.

> 씨앗 꽃
> 강 바다
> 아기 어린이 남자/여자
> 애벌레 나비

여기에 몇 가지 가능한 대답이 있다:
∽ 하나는 다른 것이 된다
∽ 하나는 다른 것으로 성장해 간다
∽ 하나는 다른 것으로 변화되어 간다

② 참여자들에게 그들이 위의 예와 같이 똑같은 것을 묘사하는 단어의 쌍을 제시할 수 있는지를 질문한다. 칠판 위에 그들의 제안을 받아쓴다.

③ 인도자는 칠판 위에 여러 가지 다른 예들을 다 쓰고 나면, 두 가지 종류의 문장을 쓴다:

처음에 나는 … 이었다
그 뒤에 나는 … 이었다

참여자들에게 이들 문장을 완성하도록 한다. 아래는 인도자가 예로 든 다른 제안들이다.

물	증기	공기
꽃봉우리	꽃	과일
목화	옷	
나무	종이	책
산	바위	모래알

처음에 나는 나무였다
그 후에 나는 석탄이었다

처음에 나는 석탄이었다
그 후에 나는 불이었다

처음에 나는 불이었다
그 후에 나는 공기였다

처음에 나는 샘물이었다
그 후에 나는 바다였다

처음에 나는 씨앗이었다
그 후에 나는 해바라기였다

처음에 나는 꽃 봉우리였다
그 후에 나는 꽃이었다

④ 이제 참여자들을 두세 개의 그룹으로 나눈다. 칠판 위에 적혀 있는 것들이나 그들의 생각을 기초로 해서, 참여자들로 하여금 이들 문장과 같이 2행으로 구성된 문장을 쓰도록 한다.

⑤ 10분 후에, 그룹 성원들이 그들의 생각과 느낌을 함께 나누도록 한다.

❑ **수행과제** :

또 다른 변이형은 단순 현재와 단순 과거 형식 사이의 대조가 될 수 있다.

∞ 처음에 나는 … 이었다
∞ 지금 나는 … 이다

❑ **가이드** :

우리가 사는 세상은 항상 변화하고 있다. 변화의 모습이 눈에 직접 보이거나 보이지 않거나, 변화가 느리거나 빠르거나 간에, 자연과 인간존재의 한 축인 시간이 변화하는 한 세상의 모든 것은 언제나 변화

한다. 그러한 변화 속에서 살아가는 인간존재 역시 변화는 숙명적이다. 나서 자라고 죽게 되는 線的 변화는 인간의 거시적인 변화과정으로써, 이 과정은 어느 누구든지 거역할 수 없는 숙명적인 과정이다. 인간뿐만 아니라 모든 생명체는 이러한 시간의 선적 변화 속에 놓여 있는데, 이는 곧 자연의 섭리이고 모든 생명체의 공통된 속성이기도 하다. 따라서 우리는 이러한 변화를 자연스럽고 지극히 당연하게 받아들이는 수용적인 자세가 필요하다. 그럼에도 불구하고 그것을 그렇게 받아들이지 못하는 사람들이 있고, 또 대부분의 사람들이 인생을 살아가면서 그러한 경우를 한두 번쯤 겪게 된다. 여기에는 몇 가지 원인이 있을 수 있지만, 참여자들이 어떤 미해결 과제로 인해 자기 자신에게 몰입해 있을 때이다. 이러한 경우, 참여자는 주위 환경에서 일어나는 사건이나 상황을 잘 자각하지 못하여 현실과 단절될 수 있다. 이 때 참여자로 하여금 주위 사물과 환경에 대해 자각하도록 해줌으로써 현실과의 접촉을 증진시킬 수 있으며, 그 결과 오히려 과제를 자각하고 해결할 수 있는 힘을 얻도록 도와줄 수 있다.

짐킨(1976)은 어른은 무언중에 어린이에게 "너는 너 자신으로서는 이 세상에 설 땅이 없다. 너는 바뀌어야 한다. 네가 네 자신으로 남아 있으면 아무도 너를 받아들이지 않을 것이다."라는 잘못된 교육관을 비판했다. 그는 많은 어른이 어린이에게 자신을 세상에 맞추어야만 살아남을 수 있다고 왜곡된 인생관을 심어주고 있다고 개탄했다. 사람들은 어릴 적부터 이러한 거짓말에 속아서 자신의 진정한 삶을 살려는 본원적인 욕구를 짓밟힌 채, 아무 희망도 없이 타인이 제시한 가치관에 따라 삶으로써 목적 없이 산다. 우리는 이러한 타인에 의해 강요된 획일적인 삶의 환경을 단호히 거부하고, 모든 사람의 존재를 독특하고 가치 있는 것으로 생각하며, 각자 자신의 삶을 최대한 창조적으로 꽃피워 나갈 수 있다고 믿는다.

정신분석가 위니코트(1989)는 '참 자기'와 '거짓 자기'를 구분하였는데, 참 자기는 유기체가 환경과의 관계에서 환경을 신뢰하고 자신의 위치를 떳떳하고 가치 있는 존재로 체험하는 경향성이라고 하였다. 개체는 자신의 환경에 대한 신뢰감을 회복하고, 환경과의 적극적인 관계를 탐색하고 새로운 탐험을 시도해서, 이제까지 자신을 방어하려는 쪽으로만 행동해오던 참여자가 이제는 환경과의 접촉을 통해 스스로 변화 성장하게 된다.

이러한 변화는 비록 생명은 없지만 무생물에게도 마찬가지이다. 변화의 목적, 방법, 과정 등에서 유생명체는 능동적, 적극적, 지향적, 지속적인 반면, 무생물은 수동적, 소극적, 분산적, 단속적(斷續的)인 면에서 다를 뿐이다. 유, 무생물에서의 이러한 당위적, 추상적인 변화를, 구체적이고 경험적으로 파악하기 위해서 우리는 본문의 예를 자세히 살펴보고 충분히 연습하는 것이 중요하다.

우선 '절차 1'에서 예로 든 사물들에서 첫 번째 단어들인 씨앗, 강, 아기, 애벌레 등은 아직 구체적인 형태가 드러나지 않은 작은 생명체이거나 무생물이다. 씨앗, 아기, 애벌레 등은 유생물이고 강은 무생물이다. 그러나 이들 유, 무생물들은 항상 제자리에 멈춰 서 있는 고정체가 아니다. 시간이 흐름에 따라 그것들은 각기 꽃, 바다, 어린이, 나비 등은 비로소 구체적인 형태의 생명체로 성장, 발전해 간다. 즉, 씨앗→꽃, 강→바다, 아기→어린이→남자/여자, 모충→애벌레→나비로 성장해 가고 있다. 여기서는 사물의 변화의 결과나 과정이 단순하게 기호화 되어 있지만, 이들 변화는 끝없이 진행되고 있으며 그 과정도 복잡 다양하다. 한 마디로 존재가 있는 한 변화는 끊임 없이 계속되고 있는데, 이러한 변화의 과정 속에서 모든 존재는 성장, 발전해 나가거나 쇠퇴와 소멸의 과정을 겪게도 된다. 이러한 모습은 특히 인간의 성장과정에서 두드러지게 나타나고 있다. 변화의 과정을 어떻게 받아들이고 겪게 되는가는 인생의 성공과 실패에 직결되기 때문이다.

본문의 '절차3'에서 제시되고 있는 구조화된 시 형태 처음에 나는 … 이었다와 그 뒤 나는 … 이었다는, 개별적 인간의 변화의 모습을 주체화하고 내재화하기 위한 문장 구조이다. 바로 앞에서 살펴본 피상적 사물의 객체적, 추상적 변화를 자아화 하고 체험화 하기 위한 구조화 된 틀이다. 이 구조화 된 틀을 사용해서 과거와 현재의 나의 모습을 대조해 보고, 변화의 구체적인 과정을 반추해 볼 수 있다. 그래서 나에게 있어 그러한 변화는 긍정적/부정적이었는지, 능동적/수동적이었는지, 발전적/퇴보적이었는지 혹은 그때 나의 선택이 옳았는지/틀렸는지, 나의 생각과 감정이 진실인지/왜곡된 것인지에 관해서 꼼꼼히 점검해 볼 수 있을 것이다. 인간은 일생을 살아가면서 수많은 변화를 겪게 되는데, 특히 전환기에는 그러하다. 사춘기를 비롯해서 피아젯이 이야기 하고 있는 인간의 각 발달단계, 학교 졸업, 취업과 직장이동, 연인과의 헤어짐, 사랑하는 사람들과의 사별, 은퇴 등 인간의 내면적인 감정과 사고에 커다란 영향을 끼치는 변화들이 수없이 많다. 특히 오늘날과 같은 고도화된 첨단과학의 정보화 시대에는 그러한 변화들이 일상화되다시피 하고 있다. 극단적인 경쟁과 글로벌 시대의 무국적주의의 가치 속에서 인간의 진정한 삶의 가치와 방향을 상실하고 혼란하고 무질서한 변화의 소용돌이 속에 휩싸여 있다.

변화는 당연히 필요한 것이지만, 어떻게, 왜, 무엇을, 어디로 향한 변화가 필요한 것일까? 변화와 도전이 함께 요구되는 시대이다. 단순히 수용적인 변화가 아니라 좀 더 적극적, 주체적인 변화가 필요하다. 즉, 도전적인 변화를 통해서 자신의 삶의 목적과 가치를 실현시켜야만 한다. 이 장의 시 쓰기를 통해서 단지 '처음과 나중', '과거와 현재'의 변화의 모습만을 점검하는 데 그치지 말고, 부정적인 생각과 감정을 과감하게 긍정적인 생각과 감정으로 바꾸는 것이 필요하다. 즉, 자신의 핵심가치(core belief)를 재구조화 하는 것이 필요하다. 변화는 진리이고 인간존재의 근본 조건이다.

천하에 범사가 기한이 있고(To Everything There is a Season)
천하에 범사가 기한이 있고 모든 목적이 이룰 때가 있나니
날 때가 있고 죽을 때가 있으며 심을 때가 있고
심은 것을 뽑을 때가 있으며
죽일 때가 있고 치료시킬 때가 있으며
헐 때가 있고 세울 때가 있으며
울 때가 있고 웃을 때가 있으며
슬퍼할 때가 있고 춤출 때가 있으며
돌을 던져 버릴 때가 있고 돌을 거둘 때가 있으며
안을 때가 있고 안는 일을 멀리 할 때가 있으며
찾을 때가 있고 잃을 때가 있으며
지킬 때가 있고 버릴 때가 있으며
찢을 때가 있고 꿰맬 때가 있으며
잠잠할 때가 있고 말할 때가 있으며
사랑할 때가 있고 미워할 때가 있으며
전쟁할 때가 있고 평화할 때가 있느니라.
―「전도서 3장 1~8절」

2) 나이에 관한 시

❏ **목표** : 마음의 조건/상태 묘사를 위해 현재를 간략히 연습하기.
❏ **준비** : 칠판 위에 다음의 도표를 옮겨 적는다.

| 나는 … 하기에 충분히 늙은 나이이다 |
| 나는 … 하기에 충분히 젊은 나이이다 |

❑ **진행방법** :

① 참여자들로 하여금 칠판 위의 각 문장을 끝내기 위한 방법에 관해서 생각하도록 한다. 참여자들에게 그들을 돕기 위해서 인도자 자신에 대한 몇 가지 제안을 한다. 칠판 위에 그들의 제안을 적는다. 다음에 나열된 생각들은 참여자들에 의해서 제시된 것들이다:

나는 …하기에 충분히 늙은 나이이다	집을 떠나다
나는 …하기에 충분히 젊은 나이이다	나의 기억들을 쓴다
	춤춘다
	밤새 서 있다
	시험에 실패하다
	학교 가기를 중지하다
	직업을 얻다
	언어를 배우다
	고향집으로 가다
	시인이 되다
	아이를 가지다
	남자 친구를 가지다
	결혼하다

② 인도자가 칠판 위에 5~6개의 생각을 적고 난 후, 참여자들과 함께 그것들을 큰 소리로 낭송한다.

③ 이제 참여자들을 4~6개의 그룹으로 나눠서 작업하도록 한다. 그룹의 각 성원들에게 **… 하기에 충분한 나이와 …하기에 충분히 젊은 나이**에 해당하는 문장 하나씩을 쓰도록 한다.

④ 모든 문장들이 씌어 질 때, 각 그룹의 구성원들이 서로의 문장을 듣고, 그것을 2행으로 혹은 4개의 시행으로 정리하도록 한다. 그들에게 가장 흥미로운 질서를 발견 하도록 하기 위해서 시행들을 실험하도록 그들을 격려 한다

⑤ 10분 후에, 각 그룹이 그들의 문장들을 다른 그룹에게 되읽어 주도록 한다. 인도자는 또한 다음 시들을 그들과 함께 감상할 수도 있을 것이다.

11살
(1)
나는 들에서 일할 수 있는
충분한 나이이다,
할머니는 얘기 하신다:
너의 팔 다리는 젊고
그리고 강하다,
너의 마음은 녹슬지 않을 것이다,
우리는 특별한 일손들을 필요로 한다
작물을 돌보고
그리고 염소들을 먹이고
그리고 이 애쓴 보람없는 땅을 경작하기 위해서,

(2)
나는 거리에서 놀기에 충분히 젊다.
나는 일기쓰기에 충분한 나이이다.
나는 청바지를 입기에 충분히 젊다
나는 오랜 기억들을 갖기에 충분한 나이이다
나는 어린애를 돌볼 만한 충분한 나이이다
나는 밤새 춤추기에 충분히 젊은 나이이다.

나는 수많은 꿈들을 갖기에 충분히 젊은 나이이다.
나는 어떤 것들은 진실이 아니라는 것을 알기에 충분한 나이이다.

❏ **수행과제** :
이러한 활동의 또 다른 변이형:

나는 너무 어려서 …을 할 수 없다
나는 너무 늙어서 …을 할 수 없다

❏ **가이드** :
많은 심리학자들이 지적했듯이 인간이 태어나서 죽기까지는 여러 단계의 발달과정이 있다. 이는 인간이 나이를 먹고 성장해 가면서 각 발달단계마다 나타나는 사고와 감정, 그리고 행동특성이 있음을 의미한다. 사람이 각 발달단계에서 이러한 행동특성과 다른 모습을 보일 때, 우리는 간단히 말해서 그것을 비정상 혹은 이상심리라고 부른다. 따라서 인간은 무엇보다도 각 발달단계에 필요한 정신적 정체성을 갖도록 하는 것이 중요하다.

우리는 위와 같은 글쓰기 활동을 통해서 그러한 활동의 일부를 수행할 수 있다. 이러한 활동은 어떤 특정한 방법이라기보다는 참여자가 활동을 통해서 자신의 문제와 삶에 대해 새로운 시각을 갖게 되는 것을 뜻한다. 그런데 이는 어떤 문제에 대한 단순한 지적인 통찰이나 인지적인 재개념화보다 훨씬 넓은 개념이다. 참여자가 이러한 구조화된 글쓰기 활동을 통한 내면적인 문제극복 체험을 통하여 자신의 문제에 대해서는 물론, 삶의 전반에 대해 이제까지와는 다른 새로운 조망을 얻게 되고, 따라서 삶에 대해서 새로운 의미를 발견하게 되는 것을 뜻한다.

9. 자신의 여러 다른 모습 알아가기

1) 우리 자신을 응시하기

❏ **목표** : 몸, 신체적 특징 그리고 제스처에 대한 묘사와 내면의식의 표현과 탐구
❏ **준비** : A3용지. 크레용. 색연필
❏ **진행방법** :

① '캐리커처'라는 단어의 의미를 인도자가 설명하거나, 혹은 참여자들로부터 이끌어낸다.

캐리커처 : 어떤 사람이나 사물을 그들의 어떤 측면들을 우스꽝스럽게 만드는 방식으로 그리거나 묘사하는 것.

② 인도자 자신의 캐리커처 이미지를 칠판 위에 그리거나 참여자들에게 보여준다.
참여자들에게 그것을 묘사하도록 한다.
예 : "당신은 커다란 입술, 큰 코, 두꺼운 눈썹 등을 가지고 있다."

③ 참여자들에게, 그들의 가장 특징적인 신체적 모습들을 강조하면서, 마치 그것이 캐리커처인 것처럼 자기-초상화를 그리도록 한다. 참여자들은 오직 그들의 얼굴에 초점을 두어야만 한다. 그들에게 이것을 재미있는 과제로써 다루도록 하고, 너무 진지하게 받아들이지 않도록 한다. 참여자들은 그들의 캐리커처를 어떤 다른 참여자들에게도 보여 줘서는 안 된다.

주의 : 과제의 의도에 부합되는 또 다른 방법은, 참여자들에게 그들이 정상적으로 쓰기와 그리기에 사용하지 않던 손(왼손)으로 그리도록 하는 것이다.

④ 모든 스케치 그림들을 수집해서 재정리한다. 참여자들 각자에게 한 장의 캐리커처가 돌아가도록 그림들을 임의로 재배분하면서, 어떤 참여자도 자기 자신의 캐리커처를 받지않도록 한다.

⑤ 각 참여자들은, 그들이 받은 자기-초상화를 확인하기 위해서 노력한다. 그들은 참여자들 모두를 주의 깊이 보아야만 한다. 그들이 그들의 '파트너'를 발견했다고 생각할 때, 그들은 그들에게 접근해야만 하고, 그리고 그 초상화를 함께 설명하길 시도해야만 한다. 이렇게 함께 하는 동안, 각기 다른 사람들의 캐리커처를 설명하고 비교하면서, 모든 참여자들은 각자에게 접근해서 이런 방법으로 과제를 수행한다.

⑥ 가장 재미있는, 혹은 우스꽝스러운 자기-초상화를 전시하라. 참여자들은 여기서 얼굴과 제스처를 묘사하고 있는 어휘와 다른 이미지들에 대해서 토론한다.

❏ **응용문제** :

인도자는 참여자들이 그림 그리는 것에 흥미를 가지고 있다고 판단되면, 참여들로 하여금 위와 비슷한 절차를 따라서, 유명한 다른 사람들의 캐리커처를 그릴 수 있다.

왼손으로 시쓰기, 자유연상 시쓰기를 해보자. 왼손으로 어린 아이처럼 시를 써본다. 그리고 왼손과 오른손의 대화를 써 보자:

이런 글쓰기는 성인-자아와 아이-자아 사이의 대화를 가능하게 한다. 왼손으로 시를 쓰면 창의력과 정서를 우뇌가 촉진되고, 좌뇌는 이성과 논리를 관장하기 때문에 왼손으로 시쓰기는 조화롭게 인격을 통합한다.

왼손으로 선 그리기를 하고 난 후 이에 대한 느낌을 시로 써보자:

궁중악이나 드보르작의 '유모레스크', 모차르트의 '디베르티멘토' 등을 들으면서 왼손으로 자유롭게 선을 그어 본다. 매우 재미있게 자유연상의 힘을 빌어 그어 보는데, 이때 저절로 그어지게 놔 둔다. 그러면 무의식의 흐름을 볼 수 있다. 그리고는 그때의 감정, 연상을 시로 써본다.

❏ **수행과제** :

캐리커처는 대중적인 인물들을 비웃기 위한 방법으로써 존재한다는 사실과 그들은 아직도 정치인, 명사 등을 조소하기 위해서 미디어에서 사용된다는 사실을 설명하거나 이끌어 낸다.

❏ **가이드** :

우리는 종종 "나 자신도 나를 모른다"거나 "내가 앞으로 어떻게 변하게 될지 나도 모른다"는 등과 같은 말을 하는 때가 있다. 언뜻 보기에 참으로 아이러니컬한 말이 아닐 수 없다. 전인적인 한 인격체로서 왜 내가 내 자신을 알 수 없다는 것일까? 그것은 맞는 생각이고 맞는 말이다. 그러나 말처럼 그렇게 내가 내 자신을 완전하게 알고 통제할 수 없다는 것 또한 사실이다. 이미 우리가 앞 장에서 살펴본 바와 같이 우리의 인격은 id, ego, superego로, 혹은 의식, 전의식, 무의식으로 구성되어 되어 있기 때문이다. 인격의 이러한 구성요소들이 완전하게 조화를 이루고 평형상태를 이룰 때 우리는 완전한 인격의 소유자로서 내가 내 자신을 완전히 알고 판단하고 행동하는 등 통제할 수 있다. 그러나 그 구성요소들 중 하나만이라도 평형이 깨지고 불균형 상태가 되면 우리의 인격은 긴장, 불안 상태로 되고 스스로 통제할 수 없게 된다. 불행하게도 현실 속의 우리의 삶은 대부분 이러한 긴장, 불안, 초조 속에 살아가고 있다. 의식적으로 자아를 완전히 장악하고 통제하여 진정한 자기(self)로 살아가기 보다는 내가 나도 모르는 유동적이고 불확실한 삶을 살아가고 있다. 우리가 좀더 명확하게 내가 나 자신을 알고 완전한 조화와 균형 속에서 정체성을 유지하며 살아 갈 수 없는 것일까?

위의 과제는 바로 그러한 작업의 하나이다. 왼손으로 자기자신의 캐리커처를 그리는 행동을 통해서 평소에 '나도 나를 알지 못하는' 무의식적인 나 자신을 밖으로 드러낼 수 있다. 그리고 그러한 캐리커처에 대해서 참여자들이 함께 여러 가지 이야기를 나누는 '관계' 속에서 진정한 나 자신을 알 수 있게 된다.

이러한 방법은 인물묘사(Character Sketch)법으로 다른 사람 또는 자기 자신을 묘사해서 누군가와 갈등관계에 있거나, 누군가와의 어떤 모습으로 만나게 될지 미리 생각해 보고 싶거나, 더 직접적이고 친밀한 방법으로 자기 자신의 다양한 부분을 알고 싶어할 경우 사용할 수 있는 방법이다.

투사(projection)는 인물묘사의 중요한 방법이다. 우리를 삶 속으로 끌어들인 사람은 우리의 거울이다. 우리가 관계를 맺는 모든 사람들은 우리에게 무엇인가를 가르쳐 준다. 우리가 다른 사람의 어떤 특성을 좋아하거나 미워하고 있다면, 부정하고 싶겠지만, 그런 특성이 우리 성격(personality) 속에 존재하고 있으며, 우리 자신 속의 그 특성을 좋아하거나 미워하고 있을 가능성이 높다.

 이렇게 마치 거울로 비춰보듯 상대방의 모습에서 나의 모습을 비춰보는 것(mirroring)을 투사(projection)라고 한다. '당신을 화나게 하는' 어떤 사람에 대한 인물묘사 방법은 거울을 쳐다볼 수 있는 기회를 제공한다. '이 사람의 어떤 면이 나를 화나게 하고 저항감을 갖게 하여, 내 자신 속에서 그러한 면을 발견하기를 피하게 하는가?' 라고 자신에게 질문하라.

 나다니엘 호손(Hawthorne, N.)의 〈주홍글씨〉에서 청교도들은 헤스터 프린이 그들 중 한 명과 간통을 했다는 사실에 분노하여 그녀를 간부로 낙인 찍었다. 그녀의 범죄에 대한 형벌은 그녀가 범죄를 저질렀다는 사실을 항상 나타내도록 가슴에 붉은 글씨의 'A'자를 달아야 하는 것이었다.

 이것이 바로 투사이다. 사람들은 그들 자신의 성적 욕망을 용인할 수 없었다. 그래서 그들은 그것을 불쌍한 헤스터에게 '투사'했다. 그녀의 주홍글씨는 그녀를 비난한 사람들이 내적으로 지니고 있는 부정한 것의 외적 표상이다.

 당신은 스스로에게 다음과 같은 질문을 할 수 있다. 이 사람은 내가 이전에 억압했거나 부정했던 자신의 한 부분을 어떻게 비추고 있는가? 당신의 내면인격(subpersonality)에 대한 인물묘사이다. 내면인격 즉, 숨겨진 성격들(상처 입은 아이, 내적 비판자, 내적 지혜자, 완벽주의자, 양육자, 차분하지 못한 사람, 광대 등 자신의 다른 면들)에 대한 인물묘사를 해보라.

 투사는 반드시 부정적인 것만을 나타내는 것은 아니다. 우리는 흔히 우리의 성격 중 긍정적인 부분도 부정하고 다른 사람에게 '붙여 넣기'를 한다. 다시 말하지만 우상, 영웅 또는 선생님에 대한 인물묘사는 당신의 잠재력을 발견하는 데 도움이 될 수 있다.

인물묘사는 '다른 사람의 관점에서 자신을 바라볼 수 있는' 훌륭한 방법이다. 다른 사람, 아마도 당신이 관계유지에 어려움을 겪고 있는 사람의 관점에서 당신 자신에 대한 인물묘사를 써 보라. 이 사람은 당신을 어떻게 생각하고 있는가? 당신은 어떤 인상을 주는가? 이 방법을 통해 당신은 아주 많은 것을 발견할 수 있다.

2) 좋아하는 것

❑ **목표** : 다양한 상징과 이미지를 사용해서 참여자 자신을 소개하기.
　이미지가 어떻게 사용되는가 보여주기: 1)특별한 감정이나 경험을 환기 2)자기자신 소개하기
❑ **준비** : 각 참여자들을 위한 그림 판의 복사

〈좋아하는 사람〉	〈좋아하는 장소〉	〈좋아하는 상징〉
〈좋아하는 과거시간〉	〈좋아하는 시간〉	〈선호하는 혐오〉

❑ **진행방법** :

① 칠판 위에 여섯 개의 정사각형을 그린다. 각 정사각형 안에, 인도자는 다음의 각 항목들에 관해서 자신이 좋아하는 것들을 표현하는 상징, 아이콘이나 작은 그림을 그린다: 사람, 장소, 상징, 과거, 시간(이것은 년, 계절, 하루 중의 시간 등 어떤 방식으로 해석될 수 있다)

그러나 이들 각각의 표지나 상징의 중요성을 설명하지 않 도

록 한다. 인도자는 이러한 것들에 관해 시간을 길게 끌 필요가 없고 너무 잘 그리려고 할 필요도 없다. 단순히 인도자 자신의 마음속에 이들 범주를 표현하는 이미지를 포착하면된다. 여기서는 자연스러운 것이 더 좋다. 참여자들은 인도자가 이런 방식으로 자기 자신을 열고, 자신에 대한 깊은 이해가 시작된다는 사실을 인식하게 될 것이다.

② 참여자들에게 2인 1조로 그들이 할 수 있는 한, 가장 훌륭하게 여섯 개 이미지를 묘사하도록 한다. 그들에게, 이것들은 여섯 개의 다른 '좋아하는 것'들을 표현한다는 것을 이야기한다. 참여자들은 각 상자의 그림에 대한 기준이 무엇인가를 추측해야만 한다.

③ 참여자들이 대답을 하면, 인도자는 적당한 것으로 받아들인다./거절한다. 참여자는 각 이미지의 중요성을 설명한다.

예 :
　나는 이 상징을 좋아한다. 왜냐하면 그것은 나에게 희망과
　낙관주의를 표현하기 때문이다.

④ 참여자들에게 여섯 개 정사각형 판의 복사본을 나누어 주거나, 그들에게 그들 자신이 직접 그리도록 한다. 그들은 당신이 제시한 예를 따를 수 있고, 그들이 여섯 가지 좋아하는 것들의 그림을 그릴 수 있다: 사람, 장소, 상징, 과거, 시간, 그리고 혐오.

주의 : 참여자들은 그들이 그림을 그릴 때 자발적인 방법으로 그들

의 감정을 표현하는 것이 중요하다. 그림은 정확하거나 전문적으로 그려질 필요는 없다.

⑤ 그들이 그림 그리기를 끝내면, 2인 1조로 구성된 참여자들은 서로에게 그들의 이미지를 보여 준다. 그들은 차례로 상징의 의미를 추측하도록 한다.

⑥ 참여자들은 공개세션에서 그들이 그들의 상대방에 관해서 학습한 것을 보고한다.

❏ **응용문제 1: 인터뷰**
최상위 수준의 참여자들에게 적당하다. 참여자들은 2인 1조로 활동하도록 하는 대신에, 그들에게 그 과제를 개인적으로 수행하도록 하고 실내의 벽에 핀으로 고정시킨다. 각 참여자들은 하나를 택해서, 그룹의 성원들을 인터뷰해서 그것의 소유자를 발견하도록 한다. 참여자들은 상징을 많은 다른 방법으로 해석하는 것이 당연하기 때문에. 인도자가 소규모 참여자 그룹을 맡았다면 이 작업이 잘 이뤄지고, 매우 즐거울 수 있다.

❏ **응용문제 2: 고독한 마음**
참여자들에게, 마치 스케치가 '고독한-마음' 광고의 부분인 것처럼, 상징의 형식으로 그들 스스로의 이미지를 그리도록 한다. 이 활동의 요지는, 그림이 비슷한 취향을 가지고 있는 참여자 중, 또 다른 사람을 유인할 수 있다는 것이다.

❏ 가이드 :

　Jupiter 신을 상징하는 독수리와 Juno여신을 상징하는 공작새의 예에서와 같이, 은유에서 원관념이 사라지고 보조관념만이 있는 것이 가장 간단한 상징(symbol)의 개념이다. 이렇듯 은유와 상징은 유사한 면을 가지고 있으면서도 다른 면을 가지고 있다. 상징은 우주적인 차원에서 형성된 것이며, 언어가 형성되기 전의 상태에서 생성되는 것이다. 그러나 은유는 상징에 대한 언어적 혁신으로 상징을 명료하게 하는 차원에서 있는 것이다. 예를 들어 '더러운 때'는 상징적인 것이지만, 은유에서 '더러운 때'라는 상징을 죄와 악의 은유로 보고 해석하는 것이다. 그러므로 은유와 상징은 따로 존재하는 것이 아니고 서로 연속적인 관계에 있는 것이다.

　무의식이라는 용어로 어떤 미지의 영역을 일컫듯이, 우리는 흔히 상징이라는 말로써 논리적 개념이 담지 못한 어떤 영역을 지칭해 왔다. 그래서 상징의 해석의 문제는 사실 인간과 문화에 대한 심층적인 이해에 간과되어서는 안 될 작업이라 할 수 있다. D. M. Rasmussen은 상징 언어가 인간 경험을 표현하는데 있어 때로는 이성, 즉 합리적 양식의 담론보다 더 적절하다고 지적한다. 왜냐하면 투명하고 일의적인 개념에 비해 불투명하고 다의적인 상징의 이중적 지향성이야말로 독특한 인간 경험을 나타내는 데 보다 적절할 수 있다고 보기 때문이다. 상징이 이와 같이 본질적으로 다의적인 의미를 띠고 있기 때문에 상징을 해석하기 위해 어떤 한 가지 의미로 제한시켜 구체적으로 표현하려고 하는 것은 잘못이다.

　Louis K. Dupre는, 상징은 인간이 스스로를 통제하기 이전에 밖으로 드러나야만 하는 언어 안에 있는 인간의 욕망을 표현한다고 말하고 있다. 상징은 우리가 의식하고 있는, 그러나 말로 완전히 담아낼 수 없는 어떤 깊은 내면적인 힘을 나타내는 자연발생적인 표현으로서 무의식으로부터 생겨난다. 어떤 종류의 상징적 표현들은 하나의 보편적인 언어를 이루는데, 그것은 그 이미지와 의미가 여러 문명과 여러 세기에 걸쳐서 비슷한 형태로 나타나기 때문이다. 그런 언어를 형성하는 상징들은 내면적인 어떤 심리적인 힘에 대한 자연스런 표현으로, 심리학과 심리치료에서는 상징형성에 작용하는 무의식의 중요성을 오래 전부터 강조해 왔다. 프로이드는 신화와 동화가 무의식으로부터 온 상징적 언어를 갖고 있다고 믿었다. 또한 융도 집단 무의식 속의 원초적 상징을 원형(archetype)이라고 불렀고, 이 상징적 이미지들은 시간, 문화, 유전을 초월하여 모든 남녀가 보편적으로 물려받은 것이라고 주장했다.

앞의 글쓰기 과제에서 제시된 여섯 가지 항목에 대해서 참여자들이 그리는 상징, 아이콘, 작은 그림 등은 참여자 자신도 알지 못하는 사이에 무의식 속에 쌓여 있는 어떤 감정이나 경험들을 의미하는 매개가 된다. 의식 상태에서의 논리적인 설명이나 글보다 자신의 내면의 진실에 대한 더 많은 정보를 함축하고 있다. 마치 상징성이 강한 시작품이 다소 의미가 모호하긴 하지만, 다양한 해석의 가능성이 있는 함축성을 가지고 있는 것과 같다고 할 수 있다. 그렇기 때문에 앞의 과제 절차 5에서의 각자의 상징에 대한 추측과정은 중요하다.

10. 관계의 치유

1) 원인과 결과 논쟁 개발하기

☐ **목적** : 약물중독 예방 팜플렛 경고문 작성을 통한 약물의 위험성 예방 교육

이 활동은 마인드맵 기술을 사용하고 있다. 여기서 제시된 약물중독이라는 주제는 논란의 여지가 많으며 또 어떤 문화에서는 받아들이기 쉽지 않다. 그러나 거기서도 학교 어린이들을 위한 팜플렛의 맥락에 적합한 또 다른 사회적 문제가 있을 수도 있고, 그 절차는 아래에 설명되어 있다.

❏ **준비** :
이 활동의 주제는 약물 중독이다. 참여자들의 아이디어를 내지 못할 때 그들을 촉진할 수 있도록, 작업 전에 인도자 스스로 먼저 마인드맵을 준비하는 것이 좋다.

❏ **진행방법** :
① 인도자는 아래에 설명된 여러 방법 중 한가지를 선택해 주제에 대한 마음의 준비를 시킨다.
　— 요즘 젊은 세대들이 직면하고 있는 것 중 무엇이 가장 위험하다고 느껴지는지를 참여자에게 물어본다.
　— 약물 중독 관련 뉴스에서 소개된 전국적 또는 지역적인 사건들을 언급한다.
　— 약물 중독의 위험성에 대해 학생들에게 경각심을 일깨워 주기 위해 안내 책자의 내용을 언급한다.
② 참여자들에게 젊은 사람들을 위한 약물 경고 안내 책자의 일부분을 작성할 것이라고 설명한다. 그런 예로 들 수 있는 팜플렛 하나를 준비하고, 그것을 참여들에게 낭독해 준다.

예 :
　약물 중독자들은 중독성 마약에 '빠져' 있고 그것을 그만두지 못하는 사람들이다. 많은 약물 중독자들은 그들이 처음

부터 약물에 관한 전반적인 것을 알았다면 약물을 시작하지 않았을 것이라고 말한다. 여러분은 의사의 가방을 열고 그 안에 있는 약을 시험 삼아 약을 먹어 보고 싶은가? 여러분은 그렇게 어리석지는 않을 것이다. 왜 약물을 복용하는가? 약물 중독자로서의 삶은 너무나 힘들다.

참여자들에게 약물 중독의 결과에 대한 설명으로 위의 글을 완성하게 될 것이라고 알려 준다. 그들에게 각각 자기가 생각할 수 있는 모든 결과들의 마인드맵을 만들도록 한다. 이것을 작성할 수 있도록 몇 분간의 시간을 준다.

③ 참여자들에게서 아이디어를 이끌어내어 마인드맵을 칠판에 그려본다. 그것은 이와 같은 모습이 될 수 있을 것이다.

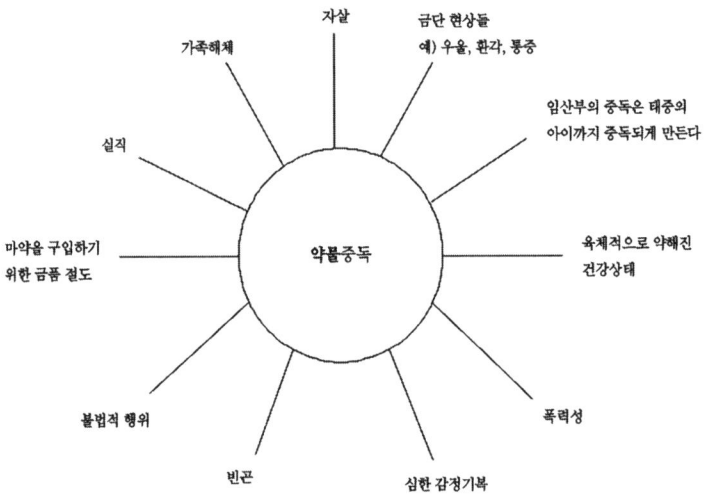

④ 칠판에 유용한 단어들을 목록화 하는 얼마간의 시간을 갖고서, 아이디어를 모으는 과정을 계속한다.

예 :
- ⁌ '마약'이라는 단어가 포함된 구절이 얼마나 많은가?
  (중독자, 중독, 복용, 의존, 중개상)
- ⁌ 마약 중독자는 어떠한 행동을 하게 되는가?
  (기분 변화가 심한, 폭력적인, 예측 불가능한)
- ⁌ 마약 중독자는 어떠한 문제들을 경험하게 되는가?
  (건강, 가족, 사회적, 감정적)
- ⁌ 약물 중독의 결과를 묘사할 수 있는 형용사들은 무엇인가?
  (불행한, 슬픈, 비극적인, 심각한, 운명적인)

⑤ 약물 복용의 결과에 관해 하나의 예문을 들고, 그것이 표현될 수 있는 다른 방법들을 보여준다.

예 :

　약물 중독자는 기분 변화가 매우 심할 수 있고 때로는 폭력적으로 변할 수 있다.
　이것은 가족의 해체로 이어질 수 있다.
　이것에 대한 하나의 결과로서 가족의 해체를 들 수 있다.
　결과적으로, 가족이 해체될 수 있다.

⑥ 참여자들을 소그룹으로 나누고 안내 책자를 완성하라고 요구한다. 그들이 작성하고 있는 문장들에 대해 서로 토론하고 또 다른 그룹과 비교해 보도록 한다.

❏ 가이드 :

위의 글쓰기 활동 과정에서 가장 중요한 것은 절차3의 '마인드맵'이다. 때로는 '클러스터링' 즉 '클러스터' 기법은 우리가 수많은 정보에 재빠르게 접할 수 있도록 도와주는 재미있고 쉽고 자연스러운 글쓰기 방법으로 '웹 기법'으로 불리기도 한다. 클러스터(cluster)란 포도, 버찌등꽃 등의 송이, 다발에서 나온 말로 같은 종류의 물건 또는 사람의 떼, 무리, 집단(group)을 말한다. 컴퓨터 용어로도 쓰이고 흔히는 산업 클러스터라는 말이 통용되고 있다. 글쓰기에서 이 기법은 한 가지 동일한 일에 대한 마음속에 흩어진 생각과 정보들을 다발처럼 연결된 지도로 그리면서 그 해결책을 찾아가는 것을 뜻한다. 클러스터 기법은 경영 기법으로 많은 인기를 누려 왔으며 브레인스토밍이나 프로젝트 경영에서 사용되어 널리 알려지게 되었다.

그러나 글쓰기 도구로써 사용될 때 '클러스터 기법'은 그 이상의 역할을 한다. 좌뇌와 우뇌 각자의 특성을 살려내어 양측 두뇌의 종합작용을 도와준다. '클러스터' 기법은 우뇌를 통해 무작위적인 상태에서 생각의 흐름이 쉽게 이루어지도록 돕는다. 좌뇌를 통해서는 정보들이 쉽게 구성될 수 있는 하나의 구조를 제공한다.

클러스터 기법을 시작하기 위해서는 종이 한 가운데에 열쇠가 되는 단어나 구절을 쓰고 원을 그린다. 그리고 자유연상을 시작한다. 연상되는 다른 생각들을 한 단어나 구절로 표현하여 둘레에 둥글게 원을 그린다. 이 각각의 원을 직선으로 연결한다. 그리고 새로운 연상이 떠오를 때마다 중심 원의 단어로 돌아가서 새로운 다발을 연결시킨다. 이런 식으로 종이전체에 문제가 되는 키워드를 중심 핵으로 잡고 그 생각에 연결되어 연상되는 생각들을 다발모양으로 계속 거미줄 치듯 연결시켜나가면 된다. 당장 당면한 가능성들을 다 생각해 낼 때까지, 아니면 이런저런 두서없이 연상되었던 생각들을 마음속에서 선명해지고 방향을 잡았다고 느껴질 때까지 계속 다발을 확대시켜 연결하는 것이다.

마음속에서 두서없는 연상이 선명해지고 방향을 잡아가는 전환이 이루어지면 클러스터 기법에서 생긴 생각들을 적기 시작한다. 아마 당신은 이 기법을 통해서 당신의 생각들이 어떻게 선명히, 빠르게, 그리고 우아하게 정리되는지 놀라게 될 것이다.

클러스터링은 시간을 아주 효과적으로 쓸 수 있는 글쓰기 기법이다. 클러스터링은 그 자체가 자연스럽게 이루어질 때 가장 훌륭하게 만들어지므로 대부분의 경우 5분도 걸리지 않는다는 것을 알게 될 것이다. 그렇다고 해서 클러스터 기법이 빨리 완성된다는 것 때문에 반신반의할 필요는 없다. 당신은 이 짧은 5분 동안 앞으로 수많은 글쓰기 작업에 지속적으로 적용될 충분한 '자료'들을 이끌어냈다는 걸 알게 될 것이기 때문이다.

단시간에 많은 양의 정보를 이끌어내고 싶을 때면 항상 클러스터 기법을 사용하자. 예를 들어, 당신의 꿈의 상징이나 등장인물들을 클러스터 기법으로 그려본다면 그들이 당신에게 주고 있는 메시지를 발견하는 통찰력을 얻게 될 것이다. 생각 다발인 쿨러스터는 종종 더 깊은 탐구를 위해 다른 글쓰기 기법과 자연스럽게 연결되는 실마리가 될 것이다. 또 '클러스터링'은 연상작용이기 때문에 당신의 잠재의식이 표면화 되도록 도와준다. 따라서 당신이 앞뒤가 막힌 기분일 때, 줄기가 다 잘려 나간 그루터기 같은 기분이 들 때, 아니면 정신적인 벽에 부딪쳐 더 이상 나갈 곳이 없다고 느껴질 때 사용하면 좋은 기법이다.

2) 가족들에 관한 시

❑ **목표** : 가족들의 특별한 역할과 일에 관해 생각하기
❑ **진행방법** :
① 참여자들에게 어머니, 아버지, 형제, 사촌, 누이동생, 아주

머니, 매부와 같은 가족 성원들을 목록으로 작성해서 인도자 에게 제출하도록 한 다음, 이들을 칠판 위에 쓴다.

② 좀 더 상위 그룹에게는 다음 시를 소개할 수 있다.

어머니가 된다는 것은 우리에게 무엇을 말해주는가?
물론 나는 그들을 사랑한다, 그들은 내 아이들이다.
저것은 내 딸이고 이것은 내 아들이다.
그리고 그들을 기쁘게 해주기 위해서 헌신하는 것이 내 인생이다.
그것은 결코 이용되지 않았다. 그것을 안전하게 지켜라. 그것을 물려주어라.

③ 이들 가족들 중에서 한 사람을 선택한다. 그룹 성원들로 하여금 인도자에게 다음 사항에 대해 이야기 해 줄 것을 요구한다:

- ∞ 가족 구성원들이 하는 특별한 것
- ∞ 그의/그녀의 특별한 성격은 무엇인가
- ∞ 이런 부류의 가족 구성원이 중요한 이유
- ∞ 어떤 면에서 이 가족들은 모든 다른 사람들과 다른가

칠판 위에 그들의 제안을 목록화 한다.
아래에는 참여자들에 의해서 제안된 몇몇 가족들과 동사들이 있다.

남자 동생 누나	이야기 한다 듣는다

엄마	절대로 멀리 가지 않는다
아주머니	항상 가장 잘 알려져 있다
아저씨	언제나 그들이 가장 잘 안다고
할아버지	생각한다
사촌	일요일에 방문한다
아들	차를 만든다
딸	소리지른다
	친구이다
	기억한다
	… 때문에 중요하다
	당신을 웃게 만든다

여기 한 편의 시를 예로 들면:

> 형제가 친구 같을 수 있다.
> 당신은 서로에 관하여 모든 것을 알고 있다.
> 종종 이것은 너무 많다.
> 종종 당신은 일들을 잊길 원한다.

④ 참여자들을 3~4개 그룹으로 나누어서 작업하도록 한다. 그들 각자가 쓰길 원하는 가족 한 사람을 결정하도록 한다. 그들이 함께 각자의 생각을 함께 나누도록 하고, 그래서 그들 모두가 찬성한 사람들을 적는다. 인도자는 또한 참여자들을 그들 각자가 희망하는 그룹에 편성시킬 수 있다:

- ∞ 동생에 관해서 쓰길 원하는 사람들
- ∞ 누이에 관해서 쓰길 원하는 사람들

일단 칠판 위에 가족 성원들이 기록되면, 참여자들은 한 사람을 선택하도록 하고, 동일한 선택을 한 참여자들이 한 그룹을 이루도록 한다.

⑤ 15분 후에, 그룹 성원들이 상호 그들의 시행을 함께 읽고 이야기하도록 한다.

□ **수행과제** :
① 흥미로운 수행과제는 그룹 성원들에게 그들의 시행을 결합하고, 그들을 다른 방법으로 구성하도록 하는 것이다.

어머니에 대해 2행
아버지에 대해 2행
어머니에 대해 2행
아버지에 대해 2행

또 다른 재미있는 수행과제는 참여자들에게 지금 그들의 문장에 항상, 절대로, 때때로 등과 같은 부사를 삽입하도록 하는 것이다.

② 참여자들을 소그룹으로 나누어 구성원 각자에게 한 가족의 역할을 부여하고 가족 공동시를 써보도록 한다. 가족 구성원 각자에게 시의 주제(각자의 문제점이나 가족에 대한 생각) 및 가족의 분위기에 관련해 한두 줄을 생각해 보도록 한다. 인도자는 이 문장들을 취합해서 칠판 위에 한 편의 가족시를 쓴다. 그 시는 감정을 정당화하며, 참여자에게 힘을 주

고 상호작용을 촉진하며, 가족 문제에 대한 토의를 증진시켜 준다. 다음은 그렇게 쓰여진 한 편의 가족시다.

>나는 집에서 가장 행복을 느낀다(인도자).
>나의 감정이 존중될 때(딸, 15세)
>나의 가족이 내 말을 관심 있게 들을 때(아들, 17세)
>우리가 함께 일을 할 때(아빠, 45세)
>우리가 함께 있을 때(엄마, 39세)

부모가 제시하는 문제점은 "가족 간의 논쟁과 일반적인 불만족"이다. 가족에게 무엇이 중요한지를 함께 말함으로써 가족 참여자들은 위의 시에서 나타난 요소들을 어떤 방법으로 언제 달성할 수 있는지를 구체적으로 명시할 수 있다. 각 참여자는 또한 좀 더 행복한 가족을 만드는 데 책임감을 갖게 될 것이다.

가족의 문제에 관련된 집단에서 공동 시는 감정을 일반화하고 정당화하며, 단결을 강화하고 참여자들에게 통제의 요소를 제공한다.

③ 참여자들에게 노래가사나 영화 속의 대화와 같은 익숙한 것들로부터 한두 줄을 가져와서 가족의 현재 기능이 어떠한 수준에 있는지 표현하도록 한다. 이 과정을 통해 참여자들은 개인으로서의 자신과 전체로서의 가족에 대해 그들이 느끼는 바를 묘사할 수 있게 된다.

이 과정을 촉진시키기 위해 문장완성 프로그램이 제공된다. 예를 들면, "우리의 가족은 (황폐한 벽돌로 된 …과 같이 집의 종류를 말한다)" 혹은 "나는 (동물형태를 말한다)처럼 느껴진다."

④ 문장 완성하기는 자기표현을 촉진하는 데 사용할 수 있도록 문장구조가 미리 설정되어 있다. Koch(1970)는 유아들에게 창의적인 쓰기를 격려할 수 있는 많은 기법들을 제안한다. 예를 들어, 모든 행이 "…라면 좋겠다"로 끝나는 시, 또는 "나는 늘 하곤 했지만/그러나 지금 나는 …" 처럼 서로 상반되는 내용이 반복되는 시를 쓰게 하는 것이다. 다음은 13세 아들과 엄마 사이의 의사소통의 문제를 다루고 있는 한 사례이다.

아들 : 나는 늘 화가 나곤 했어요.
　　　그러나 지금은 내 성질을 자제하고 있어요.
엄마 : 나는 존에 대해 늘 당황하곤 했어요.
　　　그러나 지금은 이해하고 있지요.

앞의 사례는 슬픔(아버지 또는 남편의 죽음), 분노 및 관련된 가족 문제들에 관한 토론을 시작하게 했다.

❑ **응용문제 :**
성인 그룹에 잘 작용할 수 있는 변이형:
각각의 참여자가, 가족들이 하고 있는 최소 두 가지 가족역할을 목록으로 작성 하도록 한다. 예를 들어서:

나는 딸, 누이, 그리고 약혼녀이다

나는 형, 아들, 그리고 아저씨이다

그런 다음에, 참여자들의 과제는 이들 역할의 각각에 대한 시행을 쓰는 것이다.

응용할 수 있는 또 다른 변이형은 참여자들이 가상적인 가정환경 속에서, 각자에 게 부여된 가족역할을 통해서 가족 간의 동질성이나 갈등을 시로 표현하는 것이다.

가족 구성 아버지, 어머니, 할머니, 누나, 동생, 오빠
공통 특징 우유부단하다. 남의 일에 간섭하지 않는다.
몸이 뚱뚱한 편이다. 감정이 둔한 편이다.
함께 즐기는 독서, 교회 출석, 여행, T.V시청활동
다른 사람들의 친밀한, 바쁜, 조용한
가족에 대한 평

위의 단어 목록으로부터 한 편의 시를 완성한다.

> 아버지는 항상
> 모든 일 앞에서 우유부단하다
> 주일마다 교회 가기를 망설이다가
> 끝내 거실의 소파에 주저앉고 만다
> 집안엔 무거운 시계추 움직이는 소리만 들릴 뿐 …

❏ **가이드** :
위의 내용은 다양한 구조화된 시 형식을 통해서, 가족 구성원으로서 가정에서의 각자의 역할, 자신의 성격 특징과 다른 가족과의 차

이, 이에 따른 가족 간의 불화와 갈등, 가족의 화해와 가정의 행복 등에 관해서 이해하고, 더 나아가 치료할 수 있는 시 쓰기이다. 이러한 시 쓰기는 참여자에게 정서적 동일화를 위한 안전한 거리를 제공하기 때문에, 어느 누구에게도 드러내 놓고 이야기하기 어려운 프라이버시도 진솔하게 표현할 수 있게 해준다. 무엇보다도 시를 통해서 어떤 사람, 사건이나 상황 등에 관한 자신의 감정과 생각을 밖으로 표현해 내는 일은 중요하다. 언어적이든, 비 언어적이든 표현은 소통의 시작이기 때문이다. 이 장의 본문에서 언급하고 있는 다양하게 구조화된 시적 형태는 바로 참여자 자신의 그러한 표현을 이끌어 내기 위한 하나의 열쇠이다. 가족관계의 특성상, 특히 우리나라와 같이 유교적 가부장적인 전통이 아직도 많이 남아 있는 사회에서는 가족 내의 어떤 갈등이나 불화와 같은 문제들을 자발적으로 얘기하는 것이 더욱 어렵다고 볼 때, 이러한 표현의 동기부여는 아주 중요하다. 참여자가 이렇게 동기화(자극)되면, 그는 자신의 내면 깊이 묻어두었던 생각이나 감정들을 시를 통해 밖으로 표현해 내면서 그에 대한 새로운 인식을 시작하게 된다. 즉, 그 동안의 자기 자신과 가족과 가정에 대한 생각에 조금씩 변화가 생기기 시작한다. 가족 내에서의 자신의 역할과 위상, 가족을 위해서 자신이 잘한 일과 잘못한 일들을 하나하나 점검하면서 새로운 대안을 모색해서 적용하려고 할 것이다. 자신의 잘못이나 실수에 대해서는 깊은 반성이 뒤따를 것이고, 다른 가족들의 잘못이나 실수에 관해서는 사랑으로 이해하고 포용하려고 하는 용서의 마음이 싹틀 것이다. 진정한 가족애를 새롭게 체험하면서 가족과 가정의 소중함, 그것을 지키기 위한 자신의 헌신적인 노력이 얼마나 중요한 지를 깨닫게 될 것이다.

현대사회는 가족애와 가정의 소중함이 절실하게 요구되는 사회이다. 특히, 급격한 산업화와 정보화로 인한 사회변동을 겪고 있는 한

국사회에서 그것은 무엇보다도 중요한 일이다. 매스콤에서는 우리나라가 세계적으로 수출 10위권의 경제대국이고, 하계, 동계 올림픽을 비롯해서 월드컵 등 주요대회를 모두 개최한 세계 5위의 스포츠강국이라고 얘기하고 있지만, 또한 자살률이나 이혼율, 범죄율 등에서는 최 하위라는 오명을 가지고 있는 나라라는 것 또한 사실이다. 점점 심화되고 있는 경제위기와 양극화로 인한 상대적 박탈감과 소외감 또한 확산일로에 있다. 소위 신자유주의적 경제의 극단적인 경쟁에서 탈락된 수많은 서민과 중소기업과 학생들과 청소년들이 삶의 위기상황으로 내 몰리고 있다. 이러한 급격한 변화와 위기 속에서 우리의 전통적인 사회가치와 질서는 무너지고 있으며, 그 와중에서 이혼율이 증가하고 수많은 가정이 해체되고 있다. 해체된 가정의 청소년들이 각종 범죄에 빠져들어 새로운 사회문제를 야기하고, 심지어는 존속살인의 패륜아로 전락되는 비극적인 상황도 벌어지고 있다. 가정에서, 학교에서, 사회에서 방치된 수많은 청소년들이 거리를 방황하고 있다. 누가 그들을 붙잡아 줄 수 있을까? 누가 그들의 황폐화 된 육신을 위로해 주고 사랑으로 감싸주고 새로운 삶의 길로 인도해 줄 수 있을까? 교회가? 학교가? 청소년 보호단체가? 그 모두가 아니다. 그들은 일시적인 도움이 될 수 있겠지만 근본적으로 그들을 치유하고 회복시킬 수는 없다. 그들에게 절실히 필요한 것은 그들의 부모님과 형제자매들의 따뜻한 사랑과 혈연적인 정이다. 그것은 곧 가족을 의미하고, 가족들이 함께 오순도순 살 수 있는 가정을 의미한다. 가족과 가정의 복원이 바로 근본적인 해결책이다. 그들은 가족과 가정으로 돌아가야만 하고 그럴만한 권리가 있다. 그러나 그것이 여러 가지 이유로 인해 쉽지 않은 것이 현실이다.

    우리는 가정과 가족이 해체되기 전에 그것을 굳건히 지키는 것이 중요하다. 그러한 일은 우선 일상생활 속에서 가족의 소중함을 일깨우고 가족애를 몸소 체험하는 생활이 필요하다. 그러나 문제는 그러한 사실을 알고 있으면서도 만네리즘에 빠져 있기 때문에 실천할 수 없는 것이 인간의 본성이다. 인간의 생각과 감정, 그리고 행동의 자동성을 깨뜨리기 위해서는 자극이 필요하다. 여기서 자극은 외부적인 물리적 충격이 아니고 내면적인 심리적인 자극을 의미한다. 그것은 곧 이 장에서 주제로 삼고 있는 구조화된 형태의 시 쓰기를 의미한다. 이러한 시 쓰기를 통해서 우리는 심리적, 정서적으로 가족애와 가정의 중요성을 실감나게 체험할 수 있을 것이다.

3) 우편엽서 시

❏ **목표** : 짧은 메시지 보내는 연습. 비공식적인 인사에 대한 형식
❏ **자료** :
   ∞ 친구로부터 받았던 우편엽서
❏ **진행방법** :

① 참여자들에게 다음과 같은 달 위의 모습을 상상하도록 한다. 당신은 데크에 앉아 있는 남자가 무엇을 쓰고 있다고 생각하는가? 참여자들이 몇 가지 단어나 구를 제시하도록 하고, 이것들을 칠판 위에 쓴다.

② 참여자들에게 인도자가 받은 우편엽서 몇 장을 보여준다. 참여자들에게 그것을 돌린다, 그리고 참여자들에게 그들이 우편엽서 위에 사용할 수 있는 어떤 다른 재미있고 혹은 유익한 구절들이 있는지 주의하도록 한다. 아래는 인도자가 참여자들과 함께 칠판 위에 작성할 수 있는 도표이다.

사랑하는_____	
----으로부터의 인사	
나는 당신이 할 수 있길 소망한다	보다
	듣는다
… 하는 것은 위대하다	느끼다
… 라는 것은 아주 유쾌했다	먹다
	마시다
내일 나는 … 일 것이다	만나다
	방문하다
지금 나는 끝내는 것이 더 좋다	
나는 … 하려 한다	

③ 인도자는 역시 실례로써 아래의 동일한 '우편엽서 시'들을 사용할 수 있다. 그러나 그들은 초보자들에 의해서 씌어졌고 그래서 약간의 실수들이 있다는 것을 ―조심하라.

그들은 어떤 예견된 구들을 사용하는가? 그들은 우편엽서의 전형적인 무엇을 사용하나?

∞ 인사말로 시작한다.
∞ 인도자가 행하고 그리고 본 것들, 그리고 인도자가 만난 사람들을 목록화 한다.
∞ 이러한 것들을 묘사하기 위해서 단수 과거를 사용한다.
∞ 미래계획으로 끝낸다.

  사랑하는 나의 아버지
  나의 작업실로부터의 인사
  나는 당신이 나에게 해법을 얘기해 줄 수 있길 원합니다.
  한국인을 만나는 것은 위대하다.

시를 쓰는 것은 위대하다.
축구를 배우는 것은 위대하다.
생선과 칩을 먹는 것은 위대하다.
나는 좋은 학생이 아니다.
내일 나는 좋아 질 것이다.
달로부터의 인사
나는 당신이 만든 모든 달나라 사람들을 볼 수 있으면 좋겠습니다.
그들은 당신처럼 보인다!
우리는 우주 정거장을 방문했다.
우리는 선장을 만났다.
우리는 커다란 기계를 통해서 지구를 보았다.
우리는 도시 위로 커다란 연기를 보았다.
내일 나는 집으로 날아갈 것이다.

④ 이제 참여자들이 그들 자신의 환상 우편엽서를 쓸 것이라는 것을 설명한다. 그들이 그들 스스로 선택한 환상 어구와 함께 … 으로부터의 인사 라는 구를 완성하도록 한다. 구는 사람이나 장소 다음에 이어질 수 있다.

달로부터의 인사
지구 중심으로부터의 인사
맨체스터 유나이티드로부터의인사
영화 속 인물, 이야기, 혹은 전설로부터의 인사: 우편엽서를 그 인물로 쓴다.
좋아하거나 유명한 월드 랜드마크로부터의 인사

칠판 위에 그들의 제안을 쓴다.

⑤ 이제 참여자들이 2~3개 그룹으로 나눠서 작업하고 '우편엽서'를 끝내도록 권유한다. 인도자가 칠판 위에 구성한 구들이 그들을 도울 수 있다.

⑥ 그들이 끝내면, 참여자들이 그들의 카드를 작업실의 다른 참여자들에게 '발송'하도록 권고하거나, 그것들을 방 주위에 전시하고 서로 간에 답장을 쓰도록 권유한다.

❏ **수행과제** :
∞ 참여자들이 그들의 친구들과 가족에 보내도록 실제 우편엽서를 만들고 쓰도록 한다.
∞ 참여자들 각자가 지금껏 살아온 삶에 대해 뒤돌아보면서 자기 자신에게 편지를 써보자.
　㉠ 편지에 들어 있는 내용들은 긍정적인 것들과 부정적인 것들 중에 어느 쪽이 더 많습니까?
　㉡ 자신에게 보내는 중요한 메시지는 무엇입니까?
　㉢ 그 메시지는 우호적인가요? 아니면 비판적인가요?
　㉣ 메시지의 형식은 명료한가요? 아니면 이중적인가요?

이 작업은 참여자에게 자신의 삶에 대해 성찰해보는 시간이 되며 또한 자신을 밖에서만 보다가 자신과 직접 대화해보는 체험을 통하여 자신과 가까워질 수 있는 계기가 된다. 그리고 편지의 내용분석을 통하여 자기 이미지가 어떤 형태로 형성되어 있는지 점검해볼 수 있다.

❏ **가이드** :
하이테크 시대가 되면서 세상이 많이 변했지만, 앞의 글쓰기 활동과 관련해서 우리가 변화를 실감할 수 있는 것은 편지를 주축으로 하는 서간예술의 퇴조이다. 성인들은 누구든지 편지지 위에 펜으로 안부 편지, 연애 편지, 사업상의 편지, 펜팔, 위문편지 등을 써본 추억을 가지고 있다. 그러나 인터넷과 컴퓨터의 보급이 보편화 된 지금은 e-mail이 더 보편화 되어 있다. 종이와 펜을 사용하는 대신 키보드와 모니터를 통해 편지를 쓰고, 우체부가 편지를 배달하는 대신 초고속 광통신망이 초속적으로 메일을 실어 나른다. 더욱이 요즘은 휴대폰, 스마트폰 등을 통해서 언제 어디서나 메일을 주고 받을 수 있다. 편의성과 신속성은 비교가 되지 않을 정도로 향상됐지만, 과거 연애 편지의 사랑과 낭만은 사라진 것 같다. 그러나 시대가 이렇게 바뀌었어도 편지는 여전히 글쓰기를 하는 우리 곁에 있고 예술로서 혹은 심리치료의 도구로써 그 유용성은 살아 있다.

치료에 있어서 '편지쓰기'의 사용은 치료적 수단으로서 서신왕래를 사용하는 프로이드의 실제를 따른 것일 수 있다. Bernell과 Motelet(1973)은 '서신왕래 치료법'을 멀리 떨어져 있거나, 인도자에 대한 참여자의 저항을 없애거나, 참여자의 강점(예:창의성)과 약점(예:청각장애 참여자들)을 보완하는 보조수단으로 사용할 것을 지적했다. E-mail 이용가능성은 치료적인 가능성을 더욱 증가시킨다. 또한 인도자는 참여자가 감정들을 정화하는 수단으로 편지쓰기(편지를 보낼지의 여부는 참여자가 선택할 수 있다)를 격려하는 수도 있다.

편지는 그 형식적 특성상 자신의 모든 것을 숨김없이 다 드러낼 수 있는 장점이 있기 때문에 인도자나 다른 참여자들과 직접 이야기하기 곤란했던 문제들을 표현할 수 있다. 그런데 위의 과제에서와 같이 지면이 매우 한정된 우편엽서일 경우에는 내용을 압축, 생략해서 핵심내용만 써야 하기 때문에 '순간포착' 기법을 사용해서 쓸 필요가 있다. 우리는 이 기법을 통해 자신의 삶의 영광과 고뇌, 평온함과 슬픔, 기쁨과 고통을 산문으로 기록하여 이를 기념하고 음미할 수 있다.

'순간포착'은 동결된 한 순간이다. 카메라의 셔터가 영원 속의 한 순간을 필름에 포착하듯이 '순간포착'은 감격과 감동의 순간을 보존한다. 순간포착은 감각을 통해 쓰는 것이 좋다. 이 기법은 당신으로 하여금 창조력을 최대한 발휘하게 하고, 시공간 속에서 한 순간의 소리, 광경, 냄새, 그리고 감정을 상세히 설명할 수 있게 한다.

좀 더 효과적인 심리치료를 위해서는 '보내지 않는 편지' 글쓰기 기법을 사용하는 것이 좋다. 이 기법은 분노와 슬픔 같은 깊은 내적 정서를 표현하기 위한 훌륭한 수단이다. 또한 어떤 일을 끝내거나 그 일에 대한 통찰력을 얻기 위해 선택할 수 있는 글쓰기 방법이다. 그뿐 아니라 위협적이지 않을 지극히 안전한 환경 속에서 당신의 의견과 내면의 느낌, 적대감, 분개, 사랑, 의견 충돌과 같은 감정을 터놓고 나눌 수 있다.

물론 '보내지 않는 편지'를 쓰는 중요한 요령은 "절대 보낼 생각은 하지 않는다."는 원칙을 전제로 하는 것이다. 그럼으로써 검열, 위험 부담, 누군가에 상처를 줄 가능성에 대한 두려움 없이 글을 쓸 수 있는 허가를 받는 셈이다. 물론 시간이 지난 후에 당신은 당신이 쓴 편지를 다른 사람과 나누고 싶을 수도 있다. 만일 그러고 싶다면 그렇게 해도 된다. 그러나 글을 쓰는 동안 당신이 그 편지가 아무에게도 보내지 않는 오직 당신만을 위한 것임을 잊지 않을 때 '완전한 진실을 더 빨리 말하는' 자유를 누릴 것이다.

4) 인도자와 참여자들의 일기 공유

❑ **목표** : 자신의 생각이나, 감상, 혹은 의견을 단지 참여자이기도 한 인도자와 공유할 수 있는 기회 제공하기

상담 회기에 일기쓰기나, 글쓰기 교본을 사용하는 방법은, 많은 인

도자들이 시도한 방법들 중 하나이다. 편지를 주고 받는 것과 마찬가지로, 일기를 공유하는 방법은 글쓰기 연습에 좋은 기회를 제공하는 장치이다. 중요한 차이는 일기를 쓰는 시간이 회기 내 시작 시간 대로 정해져 있고, 모든 참여자는 약 10분 안밖에 글을 쓸 것이 요구된다. 캐나다의 상담자자 Jerre Paquette은 그의 논문 '일상적인 기록'에서, 자신이 일기를 어떻게 사용해왔는지 그리고 15~16세 가량의 모국어사용 참여자들에게 일기가 효과적이라는 것을 개략적으로 설명하고 있다. 하지만 그는 일기쓰기의 성공적인 사례는 12세에서 60세의 참여자들에게서도 볼 수 있다고 보고한다. 기준과 절차는 참여자들의 수준에 따라 적당하게 수정될 수 있다. 아래 서술된 절차 1부터 5는 그의 방법에서 인용되었다.

❏ 진행방법 :

① 각 참여자에게 작은 소책자를 제공한다. 이 소책자는 앞으로 참여자의 개인 책자가 될 것이다. 단 주의할 점은 이 소책자는 인도자만이 볼 수 있고 다른 참여자들은 볼 수 없다는 것이다.

② 참여자에게 각자의 소책자는 작업실의 특정 장소에 두도록, 그리고 모든 회기가 끝날 때까지 참여자는 반드시 인도자와 상의한 후에 각자의 책자를 집으로 가져갈 수 있다는 것을 알려준다.

③ 참여자들은 어떤 형식의 어떤 주제의 글이든, 반드시 각 작업 시작 10분 동안에 책자에만 글을 써야만 한다. 상황이 요구되고 허락될 시, 때때로 인도자는 주어진 10분의 시간을

연장해줄 수 있다.

④ 대부분의 참여자들은 언제나 10분 안에 주어진 글을 쓸 수 있다.

⑤ 참여자의 글은 평가되거나 채점되지 않는다는 것을 참여자들에게 알려준다..

⑥ 인도자는 참여자들의 일기에 기록된 내용들에 반응을 보여서 인도자와 참여자 사이에 글로 기록된 대화와 과정을 만든다(혹은 참여자와 인도자 모두에게 수용 가능한 파트너).

❏ **응용문제** :

위에 설명된 방법은 상담 회기의 글쓰기의 일부로써 유지되는 일기쓰기이다. 참여자들은 또한 인도자의 노트와 질문에 대한 대답으로부터의 피드백을 토대로 집에서 일기를 쓰는 것이 필요하다. 참여자들을 위한 가이드라인은 아래와 같다.

글쓰는 이의 일기장 유지

모국어 글쓰기를 배우는 많은 사람들은 일기 쓰기를 통해 효과적으로 작문법을 배웠다고 말한다. 일기는 당신의 일상적 활동의 보편적 부분이나 혹은 삶의 특정한 부분에 중점을 둘 수도 있다. 여기 일기장에 대한 몇 가지 제안들이 있다:

내용

↬ 당신이 보거나 만난 사람에 관해서 써라. 그들에 관해서 당신에게 흥미로웠거나 좋아한 것과 싫어한 것을 말한다.

∞ 당신이 가본 곳에 대해 써라. 일기장에 붙이기 위한 몇 가지 인쇄된 기념품 - 안내책자, 티켓, 엽서 등을 수집하고, 이것들에 대해 무엇인가를 쓴다. 사진을 골라내고, 일기장에 붙이고, 그것에 대해 글을 쓴다.

∞ 하루 중에 일어난 특별한 주제를 선택해서, 그것에 관한 당신의 감정이나 의견들을 글로 쓴다.

당신의 첫 번째 일기를 위한 몇 가지 주제들이 있다:
오늘 당신을 즐겁게/화나게/슬프게 만들었던 것
당신을 생각하게 만들었던 몇 가지 흥미로운 정보
당신이 생각했던 주제 - 예) 미래의 공부 혹은 직장, 우정, 국가적인 큰 사건
당신이 대응할 필요가 있는 문제
당신의 문화 속에서 당신이 좋아하는 어떤 것과 그 이유.

언어
처음부터 문법에 맞춰 정확하게 쓰려고 걱정하지 마라. 당신의 생각들을 그대로 적어라. 그리고 나서 검토하고 수정하라. 페이지 가장자리나 끝에 확신이 안가는 점에 대해 메모를 해라. 당신의 질문에 답을 해주게 될 인도자와 당신의 다이어리를 함께 한다.

메모
낱장의 종이가 있는 링바인더를 일기장으로 활용하라. 그리고 각각의 일기 쓰기는 새로운 페이지에서 시작하여라. 이렇게 하면 공유하고자 하는 일기를 손쉽게 떼어 낼 수 있다.

❏ **가이드** :

이 단원의 글쓰기는 숙제나 과제로써의 글쓰기보다는 자연스런 자신의 생각, 행동, 혹은 의견을 나누는 글쓰기다. 인도자가 참여자가 되고, 참여자가 대화를 주도하게 된다. 이런 의미에서, 일기는 그들 자신의 선택한 주제에 대한 두 사람간의 의사소통의 한 형태이다.

그리고 그것은 언어를 사용한 하나의 실험의 수단이 된다.

일기쓰기는 '창의적 글쓰기'의 하나로 참여자의 진단과 치료를 위해 유용한 기법이다. 각각의 참여자들이 의미 있고 개인적인 방법으로 생각과 감정을 표현하는 수단을 제공한다. 그것은 참여자가 은밀한 방식으로 어려운 감정을 추려내려고 노력함으로써 참여자들에게 통제의 요소를 제공할 수 있다. 이러한 일기쓰기와 같은 저널쓰기의 구조화 정도는 임상적 목적과 참여자의 요구와 관련이 있다. 저널쓰기의 형식은 다양하다. 저널의 범위는 단순히 어떤 사람의 경험이 끝나지 않은 보고에서부터 사고와 행동의 고도로 구조화된 기록까지 다양하다. 일기를 쓰는 사람은 항상 인도자와 그 일기의 내용을 공유하거나 공유하지 않을 것인지에 대해 결정해야 한다. 스크랩북, 자서전, 개인의 일대기를 쓴 책 역시도 일기와 같은 저널쓰기의 다른 변형이다. 각 기법은 참여자에게 통제의 요소와 표현력의 요소를 제공한다. 그리고 각 기법은 역사적 관점과 상호관련성에 대한 느낌을 제공하는 잠재력을 갖고 있다.

저널쓰기는 특별히 학대 받는 여성과 함께 작업할 수 있는 영향력 있는 도구다. Fox(1982)와 Brand(1979)는 메모, 일기, 저널과 같은 개인적인 문서가 치료에 이용될 수 있는 도구라고 했다. 이러한 기법은 내적인 탐색을 격려하고, 자기-보고(self-reporting)와 관찰에 대한 관심을 증가시키고, 치료 회기 간의 연속성을 제공하고, 자신에 대해 쓰는 것을 요구하는 훈련을 통해 자신감을 조장하고, 감정의 표현을 용이하게 하고, 창조적인 수단을 제공한다. 저널과 다른 작문을 과제로 주는 것은 치료 회기 밖에서도 작업이 가능하도록 하는 것이다 그러나 참여자의 관점에서 그런 자료를 보게 함으로써 참여자의 통제능력을 허용하고 회기 간에 서로 연속될 기회를 주기도 한다.

11. 이야기 치료

1) 짧은—이야기

☐ **목표** : 이야기 언어의 연습. 이야기 과정(시작, 전개, 끝)서술하기
☐ **진행방법** :

① 칠판 위에 아래 어구들을 쓰고, 참여자들에게 그들이 어디서 이것들을 볼 수 있는가를 물어본다. 참여자들은 '이야기', '농담'으로 대답할 수 있을 것이다.

> 1 옛날 옛적에
> 2 그 후에
> 3 그는 말했다
> 4 그녀는 말했다
> 5 마침내/지금

② 그룹은 정확히 5개의 문장으로 하나의 이야기를 하려고 한다는 것을 설명한다. 각 문장은 칠판 위의 어구들 중 하나로 시작될 것이다. 참여자들에게 차례로 각 문장을 완성하도록 해서, 그룹으로부터 하나 혹은 그 이상의 짧은—이야기를 이끌어 낸다.

③ 이제 그룹을 몇 개로 나누고, 각 그룹 성원들에게 백지 맨 꼭대기에 있는 문장 1를 끝내도록 한다.

옛날 옛적에 …

④ 그런 다음에 그들은 옆 사람에게 원고를 넘겨서 문장2를 쓰도록 한다.

그 후에 …

⑤ 모두 다섯 개의 문장이 씌어질 때까지 차례로 원고를 돌린다. 그리고 각 그룹 성원들은 그들 자신의 원고를 다시 되돌려 받는다. 상위 수준의 참여자들은 매 구를 이어서 쓰는 데에 긴 시간을 원할지도 모른다. 이것은 그룹 활동의 페이스를 잃게 할 수도 있다. 이에 인도자가 사용할 수 있는 여러가지 전략이 있다:

- 쓰기의 각 단계를 1분으로 제한한다. 참여자들에게 맨처음에 이것을 설명한다. 그리고 1분이 지나면 각 단계를 중지시킨다.
- 쓰기의 각 단계를 구, 핵심어, 혹은 문장으로써 표현된, 정확히 하나의 새로운 생각으로 제한한다.

⑥ 참가자들에게 그들의 짧은―이야기를 그룹의 나머지 성원들에게 큰 소리로 낭독할 기회를 준다.

❑ **응용문제** :

① 이러한 활동의 '추측' 게임의 응용변형에서, 각 그룹 성원들은 그들의 문장이 다른 사람의 눈에 띄지 않도록 종이를 접는다. 이것은 참여자들이 종종 즐기는 즐겁고 신기한 문장들을 많이 만들어 낼 수 있다.

② 인도자는 이야기의 단계들을 도입하기 위해서 다른 핵심 구들을 사용할 수 있다. 예를 들자면:

옛날 옛적에 … 이 있었다
어느 날 …
그 다음 날 …
그 후 …
결국에 …

③ '아주 실제적인' 접근을 하고 싶어 하는 성인 참여자들을 위한 응용변형은 이 시를 간략하게 재미있는 대화의 기록으로 구성하는 것이다.

내가 만났던 어느 날 …
그/그녀는 … 을 말했다
나는 … 을 말했다
그녀는 … 을 말했다
나는 … 을 말했다
그 뒤에 …

여기에 그 예로, 바쁜 사서이자 시인이 쓴 시가 있다.

오늘 아침 회사에 반쯤 갔을 때 나는 존을 만났다
우리는 함께, 한 블록 혹은 두 블록을 걸었다. 나는
늦었고 그래서 서둘렀다, 그리고 K는 말했다, '왜
이토록 꼴사납게 서두르는가? 무슨 일이 있는가?'
나는 그를 쳐다보았다 그리고 생각했다. 태양은 빛났다.
그는 똑같이 늦었다 그리고 서두르지 않았다.

나는 목표지점을 보았다. 나는 말했다, '왜 우리가 걱정하는가?

인류는 몇 살인가, 백 만살,

이백만 살? 그리고 그 시간에도 불구 하구

우리는 1분 늦는 것을 두려워한다! '나는 천천히 걸었다.'

'작은 전망, 그렇지? K는 말했다. '정말로!'

결국 무엇이 지각인가? 나는 말했다. '범죄?'

그 뒤 존은 청계천을 따라서 왼쪽으로 갔다.

나는 잠시 거닐었다 — 그런 다음 속력을 냈다.

❏ 가이드 :

① 이야기는 항상 단순 과거시제를 사용한다. **옛날 옛적에** 라는 구는 과거시제의 사용을 암시하고 있다. 그러나, 참여자들은 구두로 이야기 된 많은 농담과 이야기들에 단순현재를 사용한다는 것을 주목할 지도 모른다:

그는 …을 말한다   그 다음에 그녀는 …을 말한다

이것은 단순 현재의 정확하고 수용 가능한 용법이다. 참여자들이 원한다면 그들이 이것을 사용하도록 해도 된다. 그러나 그들이 사용하는 시간 부사구들이, 옛날 옛적에서와 같이 과거를 암시한다는 것을 주의해야 한다.

② 짧은—이야기는 한 마디로, 스토리를 이야기 한다. 바로 몇 개의 문장 속에 짧은—이야기는 인물이나 상황 전개를 추적할 수 있다. 그리고 우리를 '모래알 속의 세계'를 보게 만든다. 완벽한 짧은—이야기는 그 속에 50개 정도의 단어를 갖

는다, 어느 시인에 의해 씌어진 다음의 예에서와 같이.

(1)
옛날 옛적에
한 남자가 사랑에 빠졌다
그는 구혼했다
마침내 그녀를 쟁취하고
결혼했다
그들은 각자 서로에게 익숙해져 갔다
그는 변화를 주목했다
그녀의 얼굴이 침울했다
그는 무엇이 잘못되었는가를 물었다
그녀는 말했다, '나는 모른다.'
그는 물었다, '당신은 나를 사랑하는가?'
그녀는 말했다, '옛날 옛적에'.

(2)
옛날 옛적에
외국으로부터 온 소년이 있었다.
그 뒤 그는 독일에 왔다.
그 뒤 그는 영국에 왔다.
그 다음 그는 매우 혼란스러웠다.
그는 말했다, '나는 혼란스럽다!'
선생은 말했다, '그것은 정상일 것이다!'
지금 그는 그것이 정상이길 기다린다.

동서고금을 통해서 사람이 사는 곳에 이야기가 있고, 삶이 있는 곳에 이야기가 있다. 삶이란 곧 이야기로 구성되어 있다. 이와 같이 이야기 속에서 살아가는 우리의 삶 속에서 어떤 의미를 찾기 위해서 사람들은 자신이 겪은 경험들을 무엇보다도 시간적인 흐름의 순서에 꿰 맞춰 가는 경향이 있다. 이야기가 시작, 중간, 끝의 시간 구조에서 우리는 이것을 볼 수 있다. 이런 시간 구조 속의 이야기를 통해서 우리는 과거에 누구였고, 현재 누구이며, 미래에 누구이고자 하는지를 결정한다. 삶의 이야기는 참여자에게 과거와 현재, 그리고 미래에 대하여 어떤 의미를 찾게 하며, 시간적 흐름 속에서 자신의 정체성에 대한 통전성(Wholeness)과 치유를 경험하게 된다.

때때로 이야기는 매우 무질서하고 혼란스러운 모습 속에 있거나 참여자가 너무 고통스럽거나 거칠고 격한 감정 속에 있기 때문에 다른 사람이 이야기를 듣기 위해 가까이 가기가 어려운 경우도 있다. 듣는 사람을 위해서뿐만 아니라 참여자들 각 개인을 위해서 이야기하기를 위한 구조적인 어떤 형식을 쓰게 하는 것이 필요할 수도 있다. 이것은 이를 테면 편지쓰기라든지 미완성의 우화를 준비하여 어떤 이야기를 구성해 나가게 한다든지 하는 것이다. 우리가 앞에서 연습해본 '짧은—이야기'도 이런 구조화된 이야기 쓰기의 일종이다.

미완성의 우화나 동화들은 어떤 구조를 준비시켜 주는 또 다른 방법으로, 평범한 설명의 한계를 넘어서는 어떤 상황에 관해서 생각해 내는 어떤 방법을 알려준다. 우화는 인도자와 참여자 사이의 이야기가 진전되지 않고 막혀 있다는 느낌을 받거나 똑 같은 종류의 이야기 대본이 계속해서 반복되고 있을 때, 우화는 다른 등장인물들, 다른 시간의 틀과 이야기 내용 등을 끌어들일 수 있게 하므로 이야기가 고착되었거나 난관에 부닥쳤을 때 특별한 도움이 될 수가 있다.

White와 Epston(1990)은 여러 가지 글쓰기 방식들에 대한 이론적인 구조화와 실제에의 적용을 통해 이야기치료를 발전시켰고, 특히 '문제의 객관화', 자신의 삶을 '이야기'하고 '다시 한번 이야기하기'를 하도록 유도하는 편지를 사용했다. 그들은(1990: 217) 또한 Bruner의 이론에 기초하여 다음과 같이 주장했다.

"우리는 연구의 초점을 이야기와 글쓰기를 이용하는 치료행위에 맞추려 한다. 이 두 방식은 세상에 대한 새로운 관점을 얻게 하는 데 유용하고, 존재할 수 있는 여러 가지 세계들에 대한 상상력을 키울 수 있게 해 주며, 새롭게 펼쳐지는 어떠한 상황에 대한 인식의 재창조과정에서 반드시 필요한 경험들을 실제적으로 느낄 수 있게 해 주며, 자신들의 인생과 인간관계를 다시 한 번 기술하는 과정을 통하여 여러 사람들을 이야기에 참여시키면서 인간관계를 다시 한 번 생각해 보게 한다."

'이야기 치료'와 시치료는 둘 다 치료라는 목적을 위해 언어를 사용한다. 문헌들을 살펴보면 감정 표현이 정신적, 육체적 건강에 긍정적인 효과를 가져오고, 감정의 억제는 부정적으로 작용한다는 것을 나타내 주는 것이 많았다(Smyth, 1998). 또한 정신적 충격을 경험했을 때 감정을 글로 표현하는 것이 정신적, 육체적 건강에도 도움이 된다는 사실은 많은 연구들을 통해 지지 받고 있다(Donnelly와 Murray, 1991; Francis와 Pennebaker, 1994 등).

2) 독서일지 작성
❏ **목표** : 읽기에 통합된 글쓰기 연습
❏ **준비** :
인도자는 다음 페이지에 주어진 가이드 라인 혹은 변형된 가이드 라인의 복사본이 필요하다. 이 가이드 라인은 언어레벨이나 내용에 따라 조정될 수 있다. 예를 들면, 인도자는 세 가지의 독서일지 형태 중 한두 가지 정도를 제시할 수 있다.

위의 과정 활동을 한 후에, 참여자들에게 보여줄 독서일지 예문들을 수집하는 것이 유용할 수 있다.

숙제로, 각각의 참여자에게 흥미로운 지문 하나씩과 그것에 대해 말하기 위한 문장 몇 개를 준비할 것을 요구한다. 인도자는 몇 가지 자료를 제시한다 - 예)신문, 잡지, 교과서, 도서관, 축하카드, 안내책자, 인터넷.

인도자 자신도 책제목, 신문표제, 사진 등이 있는 흥미로운 지문 하나를 준비한다. 그것에 대한 간단한 설명도 준비하고, 가능하다면 그것의 OHT 도 준비한다.

❑ **진행방법 :**
- 참여자에게 당신이 어제 흥미로운 글, 이야기 등을 읽었다는 것을 얘기하고, 그것이 왜 흥미로웠는지 얘기하라. 그 때 OHT 위에 글 제목, 기사표제, 사진 등을 보여준다.

몇몇 참여자를 선택해서 그들이 발견했던 책이 왜 흥미로운지 다른 참여자들에게 이야기하도록 한다. 그런 다음에 참여자들이 이야기 중에 사용했던 유용한 표현어구를 찾아낸다.

예 :

그것은 나에게 감동이 되었던, 인간미가 넘치는 이야기이다.
한쪽에 치우치고 편파적인 논쟁이다.
우리 모두가 생각해 볼 필요가 있는 사회적인 문제이다.

그것은 나에게 일어났던 어떤 일을 기억나게 해준다.
나로 하여금 …에 관해 생각하게 만든다

나로 하여금 화가 나고 슬프게 만든다 왜냐하면…
난 …을 상상하려고 노력했다. 나는 …
나는 … 방법을 생각해 보았다.

① 참여자에게 4명 정도의 그룹을 지어 그들의 글을 보여주고, 그것에 대해 서로 얘기하도록 지시하라. 참여자들을 모니터하고, 표현이 필요한 곳에 도움을 주고 관심 있는 글들을 메모한다.

② 인도자가 메모한 글들의 참여자를 선택한다. 그리고 그들의 글에 대해 얘기하도록 하고 칠판에 표현을 전개하도록 한다.

③ 참여자들에게 글쓰기의 발전을 위한 독서일지 읽기의 가치를 얘기한다(그리고 물론, 읽기 개발을 위해). 가이드라인의 복사본을 나누어주고, 참여자들과 함께 그것의 요점들을 살펴본다. 글들의 자료에 대해 토론하고 그것들에 대한 그들의 생각을 이끌어 내라. 그들의 첫 번째 일지 제출 날자를 정한다.

❏ 가이드 :
어떤 참여자는 단어 습득을 위해 그들 자신의 독서일지를 사용하길 원하고, 자신만의 단어목록이나 혹은 단어장을 만든다는 것을 발견했다. 참여자들로 하여금 습득된 단어를 그들의 일지쓰기에 사용하도록 하는 것은 유익한 일이다.

독서일지 만들기

1. 일기장을 선택하라 - 예) 스프링 제본된 노트나, 링바인드 된 낱장의 노트. 종이 두께는 다른 글들을 오려 붙일 수 있을 정도의 두께여야 한다. 글쓰기는 새 페이지에 시작하고 페이지의 한 쪽면에만 써라. 인도자의 메모를 위해 페이지의 한쪽 공간을 남겨 둔다. 만일 인도자가 페이지 위에 직접 노트하길 원한다면, 여백을 넓게 충분히 남겨둔다.

2. 매주 하나 혹은 두 개의 글을 선택한다. 글들의 가능한 자료에 대해 당신의 동료나 인도자와 얘기한다. 이것들은 신문이나 잡지, 교육기관의 안내서 혹은 도서관의 책 등 일 수 있다. 인터넷이나 교과서의 글들에서도 찾아 볼 수 있다. 그 글을 당신의 독서일지에 붙이든지 아니면 다른 플라스틱 바구니에 넣어 둔다.

3. 어떤 종류의 일지를 쓸지 선택하라. 아래 세가지 예를 참조하라.
   - 요약 : 글의 내용을 요약하는 한 줄의 문장을 써라.
   - 반응 : 당신이 읽은 글에 대한 어떤 종류의 반응을 쓴다. 만약 자신이 신문사설을 읽었다면, 논설위원에게 편지형식으로 당신의 반응을 쓸 수 있다. 당신의 반응에 도움될 만한 힌트가 있다:
     - 당신은 글에서 흥미 있는 무엇을 배웠습니까?
     - 당신은 어떤 것을 동의하거나 반대했습니까?
     - 당신은 당신이 읽은 것을 좋아했습니까?
     - 작가의 스타일을 좋아합니까?
     - 글 중에 당신에게 개인적으로 의미 있었던 것이 있었습니까?
   - 묘사 : 당신은 글을 어떻게 다뤘는지에 대한 어떤 의견을 쓴다. 예를 들면:
     - 맨 처음에 무엇을 보았는가? 그림? 제목?
     - 글을 읽고 이해하는데 얼만큼의 시간이 소요됐는가?

- 글의 전체 혹은 일부분을 몇 번이나 읽었는가?
- 글에 관해서 특별히 어려웠던 어떤 것이 있었는가?
- 어떤 단어의 의미를 찾아야 했는가? 새로 나온 단어의 의미를 추측할 수 있었는가?

인도자가 평가하기 위해서 당신의 일지를 수시로 점검할 것이다. 당신이 독서일지쓰기에 관한 어떤 질문이 있다면, 각 일지의 끝부분에 메모해 놓는 것을 기억하라.

독서치료는 특별한 문제나 관심사에 대해 추천해 준 책을 읽는 것을 강조한 도서관 사서들에 의해서 발달되었다. 독서치료의 선구자 중 한 사람인 Shrodes(1949: 28)는 독서치료를 "독자의 인성과 문학작품 사이에 이루어지는 역동적인 상호작용의 과정이며, 인성을 측정하고 적응하며 성장하는 데 사용될 수 있는 심리학 분야"로 정의했다. 그녀는 정신분석학 관점에서 참여자가 심리치료와 문학작품에 참여하는 과정을 기술했다. 심리치료와 문학작품을 읽는 과정은 모두 동일시, 카타르시스, 통찰을 필요로 한다.

Rubin의 두 권의 책 〈독서치료: 이론과 실제(Biblioptherapy: A guide to Therapy and Pratice)〉(1978a)와 〈독서치료 자료도서(Bibliotherapy Source book)〉(1978b)는 독서치료 분야를 더 많이 발저시켰다. 〈독서/시치료: 상호작용과정〉(Biblio/Poetry Therapy: The Interactive process, Hynes and Hynes-Berry)〉(1986)은 "참여자-문학-촉진자(치료자) 사이의 세 관계"에 초점을 둠으로써 "상호작용적인 독서치료"와 "읽기 치료"(처방에 따라 읽기)의 차이를 밝힌 탁월한 텍스트를 제공했다. 임상적으로 작용할 때 "상호작용적 독서치료"와 "시치료"는 본질적으로 동의어이다. 이들 치료의 이론적 배경은 프로이드의 정신분석학, 융의 분석심리학, 그리고 아들러의 개인 심리학, 퍼얼스의 게슈탈트 이론 등이다.

3) 도입 문장 쓰기

❏ **목표** : 참여자들이 이야기 서술에서 방향감각을 개발하는 것을 돕기

다양한 소설이나 단편 소설로부터, 몇몇 흥미롭고 재미있는 도입문을 찾거나 자신만의 어떤 것을 구성해보자. 아래의 예시들은 중급 단계의 참여자들에게 적당하다.

예 :

커튼들은 없었다. 창문은 밤하늘의 색과 선명하게 구별되었다. 방 안에는 어둠이 짙게 깔려 있었다. 침묵.	모든 것이 잠든 것 같았던 어느 무덥고, 졸릴 듯한 오후, 해가 지기 전 나는 내가 언덕을 얼마만큼이나 올라갈 수 있을지 보기로 했다.
그 사고를 본 사람은 아무도 없다. 검정색 작은 차는 절반이 물에 박힌 채, 다리 옆 언덕 아래 부분에서 발견되었다. 젊은 여자의 시신 또한 발견되었다.	그가 문소리에 깨어났을 때, 그는 힘겹게 눈을 붙이고 있는 것처럼 보였다. 그는 졸려 하며 일어났고, 그것은 단지 아침식사를 배달하는 로봇이라는 것을 알았다.
우리는 역의 소음과 혼란을 뒤로 한 채, 찬란한 햇살 속으로 우리의 길을 갔다. 우리 주변엔 마을이 높게 들어섰고, 색색의 집들이 층을 지어 있었다. 믿을 수 없는 해안의 푸르름을 내려다 보면서.	'당신은 당신이 오히려 이기적이라고 생각하지 않아?' 민수의 목소리가 차갑게 들렸고 영희는 그를 불편하게 바라보았다.

❑ 진행방법 :

① 도입 이야기 중 하나를 골라서 참여자들과 함께 논의해 본다. 참여자들에게 이야기의 등장인물들이 누구인지, 배경이 어디인지, 이야기는 어떻게 진행되고, 그리고 무슨 일들이 일어날 것인지를 상상해 보라고 한다(도입 문장은 반드시 적당한 언어 수준에서 선택되거나 쓰여져야 한다).

② 참여자들에게 2인 1조 활동을 하도록 하고, 그들의 논쟁을 이끌어 줄 주제 몇 개를 제시한다. 참여자들의 토론에 대한 집중력을 향상시키기 위해 시간제한을 두어도 괜찮다.
가능한 질문들:

예 :

당신의 생각에 이 문장들 중 어느 것이 시작 문장으로서 가장 효과적인가 그리고 그 이유는?
그 도입 문장은 어떤 형식의 글을 보이는가?
이야기가 어떻게 진행된다고 생각하는가?

③ 전체 참여자들과 피드백하는 시간을 갖고 그들의 의견을 수렴한다. 자발적인 의견이 있다면, 참여자들에게 그 의견에 대한 질문들을 묻게 한다. 그렇게 함으로서 모든 참여자들이 논의에 참여할 수 있게 한다.

④ 참여자들을 2인 1조로 구성한다(혹은, 똑같은 도입문장을 선택한 참여자들을 4명씩 묶는다). 그리고 그들에게 나머지 이야기를 계획하도록 한다.

⑤ 참여자들은 계획을 따르지만, 개인적인 이야기들을 쓴다. 글쓰기를 일시 중지해서 서로의 작품을 읽고 조언한다. 참여자들이 좀더 유연한 방법으로 요강을 사용할 수 있게 격려한다. 그들 스스로의 생각을 좀 더 정교하게 하는 것은 물론, 그들 스스로의 생각에서 벗어나 좀 더 발전된 타인의 의견을 수렴하는 것까지 포함한다.

□ 가이드 :

훌륭한 작가들은 믿을 수 있는 방향감각을 지니고 있다. 작가들 중에서 이러한 감각 개발을 시작하기 위한 하나의 방법은 위와 같은 이야기 쓰기를 통해서이다. 이들은 특별히 효과적인 시작으로부터 어떤 종류의 목표를 향해 앞으로 움직여 나가는 감각을 필요로 한다. 이 활동은 글쓰기 작업에서 많은 원칙들을 보여준다. 절차의 3단계는 아이디어를 모으고 내용을 계획하는 단계에서 그룹내의 아이디어의 활성화를 가능케 한다. 4단계는 그들이 어떤 글쓰기 계획이 자유스런 분위기를 방해하는 것이 되지 말아야 한다는 것을 인식하는 것이 중요하기 때문에, 각 참여자들에 의해서 유연한 방법으로 사용될 수 있는 요강의 공동 계획을 세운다. 5단계는 작가와 독자의 관점에서 수정과 퇴고를 할 수 있는 참여자들의 역할모델을 제공한다.

글쓰기에서 가장 중요하면서도 작가에게 부담이 되는 부분이 글이 처음 시작되는 도입부이다. 대부분의 작가들은 정도의 차이는 있겠지만, 이러한 경험을 했을 것이다. 이러한 어려움을 사전에 방지하기 위해서 위의 과제에서와 같이 작가가 글을 쓰기 전에 자기가 쓰고자 하는 글의 분명한 방향감각을 가지고 있어야만 한다. 이는 곧 그 글의 목표 혹은 주제이기도 할 것이다. 이러한 방향이 설정되면, 작가는 무엇보다도 먼저 자기가 쓴 글의 독자를 생각해야 한다. 독자들의 취향, 수준, 연령, 성별 등을 고려해서 그들의 눈높이에서 그들의 기대치에 부응하는 글을 써야만 한다. 이는 현대와 같은 정보화 시대에서 쌍방향의 정보교환과 수용자 중심의 시대에는 더욱 그러하다.

인도자는 참여자들과의 사전면담에서 진단된 참여자 각자의 문제를 반영하는 도입문장을 사전에 준비해야 한다. 이 작업에는 동화를 사용하는 것이 유용하다.

12. 환경자각과 주의 집중

1) 지시문 작성

- **목적** : 긴급한 공지문을 사용해서 경고하기.
- **준비** : 이번 선택된 주제는 산불에 관한 공고이다. 인도자는 미리 산불을 보여주는 사진이나 그림을 준비한다. 연습 문제지를 복사하여 각각의 참여자 또는 소그룹 단위로 나누어 준다.

- **진행방법** :
  ① 먼저 참여자들에게 사진을 보도록 하고, 그 사진이 무엇을 보여주는지 말해보도록 한다. 그들은 그 사진 속의 상황을 설명하기 위해 다른 단어들을 사용할 수도 있다. 얼마나 많은 참여자들이 산불의 경험이 있는지 물어보고 그 경험을 함께 나눌 수 있도록 한다.

  ② 참여자들에게 공공 경고 포스터를 작성하게 될 것이라고 설

명한다. 그들이 이에 대해 몇 가지 제안을 할 수 있는지를 알아보고, 칠판 위에 가능한 여러 가지 형식들을 보여주도록 몇 가지를 쓴다. 그리고 나서 참여자들의 수준에 맞는 형식을 선택한다.

예 :
모든 창들과 문들을 닫아라.
외벽 가까이에 있지 마라.
당신의 차가 출발 준비가 되어있는지 확인해라.
통고를 받은 즉시 당신의 집을 떠나라.

③ 참여자들에게 일반적인 충고, 특히 화재 예방 기간에 접할 수 있는 충고에 대해 생각해 보라고 한다. 그리고 집에서 빠져나올 수 없다면 무엇을 해야 하는지 물어본다(연습문제참조). 참여자들을 그룹으로 나누어 아이디어를 만들 수 있도록 한다. 참여자들에게 완성되지 않은 포스터를 주면서 아이디어를 낼 수 있도록 유도하고, 인도자는 자기 자신의 예시를 준비한다.

예문 :

당신이 화재 위험 지역에 산다면,
∞ 당신의 집을 거품식 방화 시스템을 통해 보호한다.
∞ 당신의 집 주위 10m 내에 초목을 제거하도록 한다.
∞ 집 근처에 나무를 심지 않는다.
∞ 당신의 정원에 수분을 많이 함유하고 있는 식물을 심는다.

날씨가 굉장히 건조할 때
∞ 정규적으로 지역 TV를 시청하거나 또는 라디오 뉴스를 듣는다.

- 화재의 모든 원인에 대해 경계 태세를 유지한다(예, 메마른 잔디에 있는 깨진 유리).
- 화재의 징후에 대해 주의를 기울인다.
- 안전한 지역에 이르는 모든 가능한 탈출경로에 대해 숙지해야 한다.
- 항상 이동 수단이 준비되어 있도록 한다.
- 중요한 서류나 귀중품을 준비해 놓는다.

화재가 발생했는데 집에서 빠져 나오지 못했을 때
- 블라인드를 내려서 강한 열을 차단한다.
- 외벽으로부터 떨어져, 집 중앙부분에 머무르도록 한다.
- 바닥 가까이 자세를 낮추어 좋은 공기를 접할 수 있도록 한다.

연습 문제

공고
산불
라디오나 TV를 계속 틀어 놓으십시오. 당신의 생명을 구하기 위해 최근의 일기 예보에 귀를 기울인다.
당신이 화재 위험 지역에 살고 있다면,
- 당신의 집을 화재 방지 계통을 통해 보호해라.
- 지역 라디오 채널 주파수에 맞출 수 있는지 확인해라.
_____
_____
_____

날씨가 위험할 정도로 건조할 때,
- 화재의 어떤 징후에 대해서도 주의를 기울인다.
- 정규적으로 지역 기상 예보를 듣는다.

```
_____
_____
_____

화재 발생시 집에서 빠져 나오지 못했을 때,
☞ 집 안으로 들어간다.
☞ 모든 창문들과 문들을 닫는다.

_____
_____
_____
```

④ 각 그룹이 주어진 과제를 완성하면, 그들에게 그들의 경고문을 읽게 하도록 하고 다른 그룹들이 그것을 이해하는지 확인한다.

❑ **수행과제** :

유용한 수행과제는 참여자들에게 자신의 거주지에서 발생하는 또 다른 위험에 대해 비슷한 형식의 포스터를 고안하도록 하는 것이다. 예를 들어, 태풍, 홍수, 혹은 지진 등이 될 수 있다. 참여자들이 인터넷에 접속할 수 있다면, 그들은 그것을 이용해 유용한 정보를 찾을 수 있을 것이다.

❑ **가이드** :

이 글쓰기 활동 과정에서 우리가 자연스럽게 접할 수 있는 심리적 효과는 '현상 알아차림'이다. 현상 알아차림은 개체와 환경의 상호작용 과정에서 발생하는 현상들을 알아차리는 것으로서, 이는 개체가 삶을 영위하기 위해 필요로 하는 가장 기본적인 행위이다. 즉, 유기체 욕구와 신체감각, 그에 따른 감정, 환경적 사건 그리고 현재의 상황에 대한 지각 등을 포함하는데, 만일 개체가 이러한 현상들을 잘 알아차리지 못하면 개체는 환경에 유기적으로 적응하는 데 실패하고 만다.

환경 알아차림이란 주위 환경에 무엇이 있는지, 어떤 일이 벌어지는지 등을 알아차리는 것이다. 예컨대, 길을 가다가 길 가운데 웅덩이가 생긴 것을 알아차린다든지, 혹은 동네에 새로 공사판이 생긴 것을 알아차리는 것과 같은 것이다. 환경에 대한 알아차림은 환경과의 접촉을 위해 매우 중요하다. 주위 환경에 어떤 일이 벌어지는지 혹은 어떠한 변화가 있는지를 알아차리지 못한다면 환경과의 효과적인 접촉이 불가능하기 때문이다.

미해결 과제로 인하여 자신의 내적인 문제에 사로잡혀 있는 개체는 환경을 잘 알아차리지 못하며, 따라서 환경과의 접촉이 원활하지 못하다. 만일 미해결 과제가 쌓여있으면 개체는 주의를 미해결 과제에 많이 빼앗기기 때문에 주위 환경의 현상이나 사건들에 대해 충분히 주의를 기울일 수 없으며 따라서 환경에 대한 알아차림이 낮다.

Polster(1974)는 편향이라는 개념으로 이러한 현상을 설명했다. 이는 개체가 환경과의 접촉 과정에서 자신이 감당하기 힘든 외부 자극으로부터 자신을 보호하기 위해 환경에 대한 알아차림을 차단시키는 것이다. 이러한 현상은 시각뿐만 아니라 청각이나 촉각, 후각, 미각 자극에 대해서도 관찰된다. 즉, 개체는 미해결 과제가 축적되었을 경우 자신의 내부에 많은 에너지를 빼앗기기 때문에 외부의 소리를 잘 듣지 못하거나, 촉각이 둔해지거나 냄새를 잘 못 맡거나 혹은 음식 맛을 잘 못 느낀다.

환경에 대한 알아차림은 신체감각 알아차림, 욕구 알아차림, 감정 알아차림 등과 서로 무관하지 않다. 이런 것들에 대한 알아차림은 환경 알아차림을 증가시켜주고, 또한 역으로 환경 알아차림은 그런 것들에 대한 알아차림을 높여준다. 그래서 참여자에게 내부지각과 환경지각을 번갈아 가면서 해보도록 함으로써 내적 공상에서 벗어나서 현실과의 접촉을 높여줄 수 있다. 참여자 자신의 내적 상태에서 해방되고 환경과 접촉할 준비가 되면, 인도자는 이 때 참여자에게 환경 접촉을 시켜주는 것이 바람직하다. 가령, 다른 참여자들과의 눈 접촉을 시키거나 서로간에 피드백을 주도록 하는 것이다.

2) 묘사에 집중하기 위한 연습

❏ **목표** : 참여자들이 묘사하는 데서 선택과 집중의 중요성을 발견하는 것을 돕는다

❏ **준비** :

인도자는 잡지나, 우편엽서 혹은 인도자 자신의 여러가지 사진들로부터 오려낸 그림 철을 만들 필요가 있다. 이것들은 참여자들에게 흥미로운 장면이나 삶의 순간을 보여주기에 알맞은 사진들이다. 다른 그룹에서도 쓰일 이 자료를 준비함에 있어서, 각 그룹의 인도자들과 함께 준비하면 효과적일 것이다. 만약 사진들이 카드에 덧붙이거나 코팅을 한다면, 인도자들은 반영구적인 자료로 만들 수 있을 것이다. 사진은 선명해야 하고 각기 상호 관련된 관계가 파악될 수 있는 여러 가지 사물들이나 사람들이 있어야 한다. 예에서와 같이, 삶의 순간이나 장면들이 가장 적합하다.

❏ **진행방법** :

① 각각의 참여자들에게 준비한 사진을 나누어 준다(이 활동역시 2인 1조 작업이 좋다). 참여자들에게 그들의 사진을 자세히 관찰해보고, 차례로 각 구성부분들을 살펴보도록 한다.

그들은 사진작가나 예술가가 사진에 담아내려 한 것 같이 장면을 분명하게 단어로 묘사할 수 있는가?

② 참여자들에게 사진에서 가장 중요하고 충격적인 것이 무엇인지 결정하라고 말한다. 참여자들이 그것을 묘사하는데, 맨 처음 무엇에 관하여 쓸 것인가? 그들은 그 사진의 다른 부분들을 어떻게 설명할까?

③ 참여자들에게 사진 묘사에 대한 초안을 작성하라고 말한다. 그들이 초안 작성을 끝내면, 다음 질문들을 칠판에 적는다.

- 사진에서 집중하는 것은 무엇이고, 사진 속에서 그곳은 어디인가?
- 당신은 이러한 초점을 당신의 단락 어디에서 묘사 하였는가?
- 당신은 당신의 글에서 어떤 순서를 따라 썼는가? 예를 들어, 전경에서 배경으로, 오른쪽에서 왼쪽으로, 위에서 아래로? 만일 그랬다면 그 이유는?
- 당신은 그 순서를 수정시킬 수 있겠는가?
- 만약 당신이 순서를 바꾼다면 당신의 묘사는 어떻게 변화할 것인가?

④ 참여자들에게 이들 질문들에 맞지 않는 그들의 작업을 재검토하고, 재 작업을 시작하도록 격려한다.

❏ 가이드 :
사진을 이용하여 묘사계획을 세우는 것은 참여자들이 장소나, 사람, 혹은 장면과 같은 비연대기적인 묘사기술을 발달시키는 데에 있어서 선택과 집중이 중요하다는 걸 깨닫게 하는데 유용한 기술이다. 인도자는 참여자가 그것의 진실한 이미지를 재구성할 수 있도록 어떤 것을 묘사하기 위한 최선의 방법을 결정해야만 한다. 이것은 맨 먼저 무엇에 초점을 두고, 다양한 요소들을 어떻게 관련시킬 것인가를 결정하는 것을 의미한다. 이 활동은 인도자의 목적에 관련된 역할과, 참여자의 흥미와 관련된 역할을 소개하는데 사용될 수 있다.

우리는 대상을 인식할 때 우리에게 관심 있는 부분 즉, 선택과 집중을 받는 부분은 지각의 중심 부분으로 떠올리지만 나머지는 배경으로 보낸다. 예컨대, 그림을 감상할 때 그림은 전면으로 부각되고 액자는 뒤로 물러가며, 다음 순간 액자에 관심을 가지면 액자가 전면으로 떠오르고 그림은 시야에서 사라지는 현상을 경험할 수 있다. 이처럼 어느 한 순간에 관심의 초점이 되는 부분을 前景(figure)이라 하고, 관심 밖에 놓여있는 부분을 背景(ground)이라고 한다. '루빈의 꽃병'으로 유명한 이 개념은 처음에 덴마크 심리학자 Rubin에 의해 거의 1세기 전에 심리학에 소개되었다.

게슈탈트 치료에서 개체가 게슈탈트를 형성하여 지각하는 것도 전경과 배경의 관계로 설명한다. 예컨대, 갈증을 느낀다는 것은 그 순간에 갈증이 전경으로 떠오르고 다른 것은 잠시 배경으로 사라지는 것이다. 따라서 게슈탈트를 형성한다는 말은 개체가 어느 한 순간에 가장 중요한 욕구나 감정을 전경으로 떠올린다는 말과 같은 뜻이다.

《 참고서적 》

강응섭외 역(2005). 『정신분석 대사전』. 루디스코, 미셸플롱 저.
　　　　서울: 도서출판 백의.

김윤식 편저(1988). 『문학비평용어사전』. 서울: 일지사.

김재홍 편역(1983). 『시학』. W. Hamilton Fyfe 저(1967). 서울: 평민사.

김정규(2011). 『게슈탈트 심리치료』. 서울: 학지사.

김정일 역(1999). 『프로이드』전집 1~19. 프로이드. 서울: 도서출판 열린책들.

김종주 역(2002). 『라깡과 프로이드의 임상정신분석』. Dany Nobus 저(2000).
　　　　서울: 하나의학사.

김준오(1991). 『시론』. 서울: 삼지원.

김진숙 역(1998). 『만다라를 통한 미술치료』. 수잔 핀쳐 저. 서울: 학지사.

권명수 역(2002). 『자기심리학』. 앨런시걸 저(1996). 서울: 한국심리치료연구소.

박경애(2007). 『상담의 주요이론과 실제』. 서울: 교육아카데미.
　　　— (2010). 『인지치료기법』. Robert L. Leahy 저(2003).
　　　　서울: 시그마프레스.

백상창 역(1999). 『프로 심리학』. 캘빈. S. 홀. 저(1984). 서울: 문예출판사.

변학수(2005). 『문학치료』. 서울: 학지사.
　　　— (2002). 『통합적 문학치료』. 서울: 학지사.

설기문외 역(2011). 『NLP 입문』. 조셉 오크너·존 시모어 공저(1990).
　　　　서울: 학지사.

설영환 역(1992). 『아들러 심리학 해설』. A. 아들러/H. 오들러 저.
　　　　서울:도서출판 선영

양유성(2008). 『이야기 치료』. 서울: 학지사.

원동연외 공저(2005). 『5차원 독서치료』. 서울: 김영사.

오규원(1999).『현대시작법』. 서울: 문학과 지성사.

오세영외 공저(1999). 『시창작 이론과 실제』. 서울: 시와 시학사.
우리어문학회 편(2001). 『한국문학과 심리주의』. 서울: 국학자료원.
유근조 편저(1992). 『한국현대시특강』. 서울: 집문당.
이부영(2011). 『분석심리학』. 서울: (주)일조각.
이영식(2009). 『독서치료』. 서울: 학지사.
이봉희외 공역(2006). 『저널치료』. 캐서린 아담스 저(1990). 서울: 학지사.
이태동 역(1992). 『칼 융의 심리학』. 욜란드 야코비 저. 서울: 성문각.
임진수(2005). 『환상의 정신분석』. 서울: 현대문학사.
정인석(2008). 『의식과 무의식의 대화』. 서울: 대왕사.
최범식(2009). 『심상치료의 이론과 실제』. 서울: 시그마익스프레스.
최현 역(1999). 『융심리학 입문』. C·S 홀 외 공저(1973). 서울: 범우사.

Adler, J. (1973) 'Integrity of body and psyche: Some notes on work in process', in 『What is Dance Therapy, Really?』ed. B. Govine and J. Chodorow (Columbia, Maryland: American Dance Therapy Association)42-53.

Allan, J. (1988) 『Inscapes of Child's World』(Dallas: Spring Publication).

Arleen McCarty Hyness and Mary Hyness-Berry. (1986) 『Biblio/Poetry Therapy , The Interactive Process: A Handbook』(North Star Press of St. Cloud, Inc).

Arther J. Clark. (2002) 『Early Recollections; Theory and Practice in counselling and Psychotherapy』(Brunner-Routledge, New York London).

Ben Goldstein. (2008) 『Working with Images』(Cambridge University Press).

Dallet, J. (1982)'Active imagination in practice', in 『Jungin Analysis』ed. M. Stein(La Salle: Open Coutr)173-91.

Douglas, C. (1993)『Traslate this Darkness: The life of Christiana Morgan』(New York: Simon and Schuster).

― (1995)Personal cmmunication.

Erikson, E. (1963) 『Child and Society』(New York: W. W. Norton and Co.).

Franz, M.-L. von(1980) 'On active imagination', in 『In ward Journy: art as therapy(La Salle and London: Open Court, 1983)』125-33.

Hanna, B. (1953) 'Some remarks on active imagination', 『Spring』, 38-58.

Ira Progoff. (1992) 『At a Journal Workshop』(Penguin Putnam Inc.).

John Fox. (1977) 『Poetic Medicine』(Penguin Putnam Inc.).

Johnson, R. A. (1986) 『Inner Work: Using dreams and active imagination for persoal growth(San Francisco: Haper and Row).

Jung. C. G. (1928b) 'The technique of differentiation between the ego and figure of the unconscious', 『Cllected Works』, vol. 7(Princeton: Princeton University Press, 1953/1966; third printing, 1975) pars. 341-73.

— (1916/58) 'The transcendent function', 『Colleted Works』, vol. 8 (Princeton: Princeton University Press, 1975) 'Prefatory Note' and pars. 131-93.

— (1921) 『Psychological Types: Colleted Works』, vol. 6(Princeton: Princeton University Press, 1971, second printing, 1974)[Difinition of fantasy, pars. 711-22; transcendent function, pars. 184; symbol, pars. 827-28].

— (1928-30) Dream Analysis- notes of the seminar』, ed. Wm. McGuire(Princeton: Princeton University Press, 1984)[Patient danced her mandala painting for Jung, p. 304].

— (1933/50) 'A study in process of individuation', 『Cllected Works』, vol. 9.1(Princeton: Princeton University Press, second edition, 1968) pars. 525-626.

— (1961) 『Momories, Dreams, Reflections』(New York: Random House-Vintage Books, 1965).

— (1951-61) 『Letters』, vol. 2 (Princeton: Princeton University Press, 1975).

Kalff, D. (1980) 『Sandplay』(Santa Monica: Si해 Press).

Nicholas Mazza. (2003) 『Poetyr Therapy』(New York and Hove: Brunner-Routledge)

Philip Barker. (1985) 『Using Metaphors In Psychotherpy』(Brunner/Mazel, publishers, New Yo크, 1985).

Rilke, R. M. (1903-8/1984)『Letters to a young Poet』, trans. Stephen Mitchell(New York: Vintage Books, 1986).

Samuales, A. (1985) 『Jung and the post-Jungians』(London/New York: Routledge).

Stewart, C. T.(1981) 'Developmental psychology of sandplay', in 『Sandplay Studies: Orgins, theory and pratice』, ed. G. Hill(San Francisco: C. G. Jung Institute of San Francisco)39-92.

Stewart, L. H. (1982) 'Sandplay and Jungian analysis', in 『Jungian analysist』, ed. M. Stein(La Salle: Open Court Publishing Co., second editition, 1995) 372-90.

Winnicott, D. W. (1971) 『Playing and Reality』(New York: Basic Books).

《 찾아보기 》

ㄱ

가스통 바슐라르 23
가치 58, 82
갈등 151, 186
감각세계 143
감각적인 단어 143
감정 36, 74, 143
감정 단어 훈련 131
감정반응 74
감정이입 156
감정의 고조 130
감정의 형태화 95
감정의 이미지화 123
감정의 은유적 표현 123
감정의 객관적 표현 128
강박관념 81
객관적인 거리 131
객관적인 실체 126
관점 바꾸기 210
관찰자 시점 213
개별성 31
개인 무의식 21
거울 110
거짓자기 237
게스탈트 143, 166, 297
고독 64
고체성 115
공동시 146, 260

공상 24
공황상태 131
꿈 30, 47, 65, 170
꿈 작업 70, 88
그림기법 29, 41, 49, 53, 61, 127
그림자 38, 79
근육감각상상력 51
글쓰기 49, 95
기록 63
기분 47
기본적 이미지 26
기억 23, 33, 35, 44, 167, 180
기억의 현재화 177

ㄴ

낭만주의 130
낯설게 하기 143
내면성 25
내면 작업 60
내면의 눈 62
내면의 목소리 48, 53
내면의 자기 62
내면의 장소 68
내면의 정서 127
내면적인 존재 109
내부 자각 295
내성 41
내적 언어 193

내적 형상 95
내향성의 기술 41
놀이 44, 170

ㄷ

다각화 210
대본 79, 205
대상 24
대상의 본질 24
대인관계 161
대인지각 161
대화 58, 62, 64, 71, 156
도덕적인 견해 82
독서일지 284
독서치료 286
동일시 286
두려움 157, 161
듣기 76
드라마 방법 42
드로잉 49, 61

ㄹ

로버트 프로스트 213
레시피시 133
릴케 58
리스트 시 133

ㅁ

마루놀이 50
마비 증세 81

마술 91
마야 110
마음 198
마음의 눈 50, 126
마인드 맵 217, 253
마중물 66, 69, 109
만다라 상 30, 95
망상 33, 93
명사화 137
명상 36
모더니즘 시 127, 140
모래놀이 34, 50, 53, 95
묘사적 이미지 133
무의식 26, 28, 143, 198
무의식적 감정 47
무의식적 욕구 151
무의식적 이미지 47
문학 특성 23
문학 정의 147
문학치료 28
물질 24
물질적 상상력 24
물질적 이미지 24
물질적인 의식 88
물리적인 형태 50, 60
물리적 현실 115
물리적인 환경 62
미술치료 28
미적거리 127

ㅂ

바바라 한나 44
바슐라르 원형 27
바슐라르 상상력 27
반사 110
배경 297
백일몽 33, 60
변증법적 방법 41
변화 180, 186, 233
병리학적 33
보기 48, 56
보조관념 225
분노 89
본능 39, 87
분자 115
분자적인 구조 116
분석심리학 26, 38, 94
분화 226
불투명체 115
비구체 명사 137
비언어적 매체 44, 53
비언어적 행위 76
비유법 127
비판적 주의력 94
비현실의 기능 26
빈 의자 요법 166

ㅅ

사고와 이미지 분자 117
사고패턴 151, 221
사물시 133, 137
寫像 226
사원소론 25
상상 23, 35, 60, 156
상상기법 163
상상내용 시각화 29, 166
상상력의 자주성 25, 26
상상의 환경 60
상상적 대화 163
상상적 동반자 46
상상체험 32
상징 30, 127, 226, 251
상징형식 68
상징적인 놀이 35, 42, 50
상징적인 실연 50
상징적인 장소 68
상징적인 표현 56
상징적인 형태 111
생리적 구조 32
생략과 압축 127, 140
서정적 발라드 130
선입관 66
선험적 환상학 26
선호감각체계 143
선호표상체계 52
성격장애 29
소극적인 능력 93
속 감정 188

수동적 상상 32, 96
수동적 태도 47
수동적인 환상 60, 67, 73, 91
수퍼 에고 246
순간포착 271
순환 114
슈클로프스키 143
스트레스 171, 206
시 93, 127
시각적인 기억 52
시각화 208, 225
시각화된 기분 48
시각적인 이미지 48
시인 58
시점 212
시 치료 286
신경증 29
신체운동방법 41, 51
실연 61, 89
심리 정신적 문제 29
심리치료 28
심리적 표상작용 25
심상형성 기관 23

ㅇ

아니마 38, 79, 89
아니무스 38, 79
아동기 44
양심적인 행동 82

애니홀 197
애디슨 23
억압 27, 33, 77, 232
에고 246
에너지 체계 31
에식스 84
에토스 84
역동적 상상력 25
역동적 에너지 30
예술심리 치료 34
역동 68, 231
연극 95
연습 41
역동적 과정 43
역할 바꾸기 46
열등감 64
외적 경험 118
외상 171
외적 언어 193
요리어휘 144
욕망 143
우디 앨런 197
우울증 49, 64, 81, 206
운동 53
원관념 225
원물 23, 26
원형 31, 39, 84, 252
원형적 상상력 25
원초적 이미지 26

유도된 심상 79
유예된 주의 93
유추 75, 127, 227
유희 44
윤리적 균형 84
율리시즈 200
융합이론 225
은유 30, 225
음악치료 28
의미의 함축성 130
의식 27, 28, 58, 67, 78, 95, 97, 198
의식의 공백 94
의식의 흐름 196
의식화 127
의인화 127
이드 246
이드의 1차 과정 143
이미지 23, 36, 65, 73, 110
이미지화 127
인물묘사 181, 216
이상심리 242
이완 94
인지이론 130
일기쓰기 275

ㅈ

자기 30, 38, 44, 112, 246
자기 결합 119
자기 관찰 29
자기 방어 170
자기 사고 37
자기 심상 80
자기임(selfhood) 30
자기 초상화 244
자기치료 35
자서전적 대화 217
자아 38, 58, 78, 131
자아-마음 60, 65, 66
자아상 161
자아실현 29, 30
자아 콤플렉스 33
자연 29
자연적인 리듬 112
자연적 시간 206
자연적 치유 34
자유 연상 33, 44, 112, 246
잔영 24
잠재의식 116, 257
재현적 이미지 137
재형태화 117
저널쓰기 275
적극적 상상 23, 27, 32, 47, 50, 57, 63, 95, 161
적극적 환상법 29, 41
전경 143, 297
전지적 시점 213
전체성 84

절대적 상상력 26
절충 55, 57
점토 작업 53, 95, 127
정서 39, 44
정서적 동일화 264
정신분석 61
정신 에너지 94
정신치료 28
정체성 31, 156
조각 49, 61, 127, 93, 95
존슨 61
조작 64, 179
존재적 생성 25
주관적 시간 206
주의-집중 127
주체의 상호 작용 24
중첩의 기법 53
증상 207
지각 23, 115
진공상태 56, 60
집단 무의식 30, 33, 58, 85
집짓기 놀이 35, 45, 51
징검다리 167

ㅊ

차별화 과정 57
차별화의 기술 41
참여의식 36
참자기 237

창조적 심상 79
창조성 37
체험 23
초대 58, 62, 68
초월과 통합 24
최면 41
추상적인 관념 126
춤 49, 93
충동 48, 88, 151

ㅋ

카타르시스 286
콜리지 23
콤플렉스 39
클러스터 256
키이츠 93

ㅌ

타임머신 167, 176
텍스트 197
퇴행 44, 170, 206
통전성 281
통제 74
통찰 37, 51, 56, 83, 89, 90, 151, 157, 162, 163, 186, 242, 257, 271, 286
투사 232, 246
트라우마 127
티나 켈러 40

ㅍ

파운드 시 133
판단중지 94, 137
페르소나 38
편지쓰기 270
평형상태 86
표면성 25
표상체계 52
프로이드 27, 28, 143, 198, 231
플래쉬백 158

ㅎ

하강기술 29, 41
하위텍스트 197
한정물 24
환경지각 295
환영 33
환상 35
환시 41
핵심가치 239
현상 알아차림 291
현자의 방식 112
형식주의 143
형태적 상상력 23
형태적 이미지 23
형태화 117, 127
호흡 112
회고록 35
회고법적 묘사 161

적극적 상상과 치유의 글쓰기

발 행 일	1쇄 2012년 7월 5일
	2쇄 2013년 3월 4일
	3쇄 2023년 4월 9일

지 은 이	한성우
발 행 인	李憲錫
발 행 처	오늘의문학사
출판등록	제55호(1993년 6월 23일)
주 소	대전광역시 동구 삼성1동 125-6 한밭오피스텔 401호
전화번호	(042)624-2980
팩시밀리	(042)628-2983
카 페	cafe.daum.net/gljang(문학사랑 글짱들)
전자우편	hs2980@hanmail.net

공 급 처	한국출판협동조합
주문전화	(02)716-5616
팩시밀리	(02)716-2999

ISBN 978-89-5669-507-5
값 15,000원

ⓒ한성우. 2023

* 이 책의 판권은 저작권자와 오늘의문학사에 있습니다.
* 이 책은 E-Book(전자책)으로 제작되어 ㈜교보문고에서 판매합니다.
* 잘못 만들어진 책은 구입하신 서점에서 교환해 드립니다.